本书撰写人员名单

主　　编：庄天慧

副 主 编：杨　浩

撰写人员：蓝红星　陈光燕　张海霞　曾维忠
　　　　　孙锦杨　杨晨遥　张维泰　郝奥亚
　　　　　刘　成　许　慧　王明月

新时代中国县域脱贫攻坚案例 研究丛书

丹巴

高山峡谷里的脱贫致富曲

全国扶贫宣传教育中心／组织编写

人民出版社

前　言

脱贫攻坚是党和国家的战略部署，是关系全局关系大局的大事情。党的十八大以来，以习近平同志为核心的党中央把扶贫开发工作提升至治国理政新高度，高规格召开中央扶贫工作会议进行部署。习近平总书记关于脱贫攻坚的一系列重要讲话精神，为全国范围内有效开展精准扶贫、精准脱贫指明了方向。为确保农村贫困人口到2020年如期脱贫，各级政府切实落实领导责任，切实做到精准扶贫，切实强化社会合力，切实加强基层组织，把脱贫攻坚作为重中之重来抓，中央财政扶持资金和国家重大项目向西部尤其是国家级贫困县重点倾斜，社会保障和基本公共服务加快向贫困地区、贫困人口延伸覆盖，对民族地区、革命老区采取特殊支持政策，为脱贫攻坚如期完成提供了坚强保障。

丹巴是典型的少数民族地区贫困县，高山峡谷的地理环境、灾害易发的生态环境、落后的经济基础条件，严重制约着脱贫攻坚任务的如期完成。为坚决打赢脱贫攻坚战，同全国人民一道步入全面小康社会，丹巴县以习近平新时代中国特色社会主义思想为指导，充分发挥政治优势和制度优势，扎实推进精准扶贫、精准脱贫落实落地。

丹巴县制定了基础设施、产业扶贫等10个扶贫专项方案，并每年制定若干实施方案，打出"3+10+N"政策组合拳，完善了脱贫攻坚总体设计。创新构建了"两不愁三保障"和"四个好"相统一的工作目标体系，基本形成制度设计完备与政策举措精准相统一的总体推进思路，探索形成帮扶工作"先难后易"和脱贫摘帽"先易后难"相统一的工作推进路径，成为有力、有序、有效推进脱贫攻坚的重要保证。

丹巴县注重理清思路，明确目标任务，精准扶贫，确保扶贫对象到2020年与全省、全州同步进入小康社会，强化使命担当，打赢脱贫攻坚战。全县以《贯彻〈关于创新机制扎实推进农村扶贫开发工作的意见〉实施方案》（川委厅〔2014〕9号）确定的六大机制改革为基础，综合脱贫攻坚出台的各项机制，全面谋划脱贫机制改革。一是对接四川省委的"六个精准"、10个专项扶贫计划和"五个一批"工程，出台了相关细则；二是以精准识别为契机，建立并完善了扶贫对象县域数据库，确保了县、乡、村和国扶办子系统数据的一致性；三是创新管理体制，成立了县脱贫攻坚办公室，建立了第一书记手机打卡考勤系统，制定了沙盘作战、现场验靶的考核机制。

总结丹巴县脱贫攻坚典型经验有利于为少数民族地区和深度贫困地区、深度贫困人口后续发展提供经验借鉴，对相关政策完善提供一定参考，也为其他国家和地区少数民族地区贫困治理提供了"治本"的借鉴范本。

目　录
CONTENTS

第一章	导论	001
第一节	美丽而贫困：脱贫前的"千碉之国"	002
第二节	县域贫困概况：区域整体贫穷之困	009
第三节	脱贫关键制约：千载积贫根治之难	016

第二章	筚路蓝缕减贫之路	021
第一节	丹巴脱贫攻坚总体部署	022
第二节	肯抓实干真扶贫，靶向施策斩贫根	024
第三节	格桑花开正当时，扶贫硕果分外香	029

第三章	以人为本，聚力齐心激发帮扶能力	039
第一节	发展中的"紧箍咒"：丹巴人力之困	041
第二节	序幕曲：激发履职热情，增强"想为"意识	042
第三节	行进曲：强化扶贫责任，坚定"敢为"决心	050
第四节	保障曲：提升服务水平，提高"能为"本领	060
第五节	加速曲：整合多元力量，拿出"有为"行动	068
第六节	结论与启示	073

第四章	守护生态底色，高山峡谷筑坦途	077
第一节	民族地区可持续发展之困	078
第二节	把绿水青山变成"金山银山"	083
第三节	铺就高山峡谷里的脱贫致富路	105
第四节	结论与启示	113

第五章	以业为纲强"造血"，格桑花开致富路	117
第一节	民族地区市场化发展三大困	119
第二节	科技扶贫：技术"方子"拔掉穷"根子"	128
第三节	产业扶贫：四大措施形成"绿色+特色"	136
第四节	就业扶贫：传承传统技能发挥比较优势	143
第五节	结论与启示	148

第六章	跟党走沐党恩，跳起精神扶贫"新锅庄"	151
第一节	民族地区内源扶贫之困	153
第二节	"廉洁+美德"融入传统文化	155
第三节	搭嘉绒文化"通勤车"提志气	161
第四节	"五+七"育脱贫精神动能	166
第五节	"软硬"兼施提升脱贫环境	171
第六节	结论与启示	177

第七章	汇聚社会真情，弹奏峡谷脱贫美丽乐章	181
第一节	做深"造血援助"，抓实产业扶贫	182
第二节	做精"长效援助"，抓实就业扶贫	188
第三节	做优"内生援助"，抓实智力扶贫	191

　　　　第四节　做实全域帮扶，留下带不走的"援藏队伍"…… 193
　　　　第五节　结论与启示……………………………………… 197

第八章 | 乡村振兴：嘉绒儿女，伟大征程再起航………… 199

　　　　第一节　念兹在兹，巩固脱贫成效不松手……………… 200
　　　　第二节　携手奋进，探索藏区乡村振兴路……………… 202

第九章 | 再谈丹巴脱贫攻坚经验…………………………… 223

　　　　第一节　丹巴为什么能脱贫……………………………… 224
　　　　第二节　丹巴脱贫亮在何处……………………………… 227
　　　　第三节　民族地区脱贫之思……………………………… 230

附　录 | 丹巴村级建制调整情况…………………………… 239

参考文献……………………………………………………………… 245
后　记………………………………………………………………… 251

第一章

导 论

丹巴县位于四川省西部、甘孜藏族自治州东部，享有"美人谷""千碉之国""中国最美丽的乡村"等美誉，是藏汉羌等多民族交往交流交融的典型区域。近年来，丹巴县以习近平新时代中国特色社会主义思想为指导，聚焦"两不愁三保障"目标，坚持把脱贫攻坚作为最大的政治责任、最大的民生工程、最大的发展机遇，以修建千年古碉的工匠精神、制作嘉绒服饰的绣花功夫打出一场漂亮的脱贫攻坚战。丹巴县2014年精准识别贫困村54个，贫困人口2245户、8564人，贫困发生率为16.8%；到2018年底，县摘帽"一低三有"、村退出"一低五有"、户脱贫"一超六有"和"三率一度"全面达标，全县54个贫困村全部退出，累计减贫2179户、8300人，贫困发生率降至0.52%，脱贫成果显著，走出了一条具有丹巴特色的脱贫之路。

第一节 美丽而贫困：脱贫前的"千碉之国"

一、高原藏区，山高地险，大美天成

丹巴县位于甘孜州与阿坝州交界地带，是川西北高原藏区连片贫困地区。其位于甘孜藏族自治州东部，是甘孜州的东大门，东与阿坝州小金县接壤，南和东南与康定市交界，西与道孚县毗邻，北和东北

与阿坝州金川县相连。丹巴县地势西高东低，海拔1700—5521米，境内高山对峙，峰峦重叠。丹巴县面积5649平方公里，辖12乡3镇、181个行政村、4个社区，总人口7.02万人，其中农村人口5.03万人，占72.16%；藏族人口5.05万人，占72%，是以嘉绒藏族为主的少数民族聚居县。丹巴县城位于大渡河畔的章谷镇，海拔1860米，距州府康定137公里，距成都368公里。

丹巴县属岷山、邛崃山高山区，是川西高山峡谷的一部分。由于山脉受大地构造带的控制，多为南北走向，地势西高东低，北高南低，西南高东南低。西南方向的海子山为全县最高点，海拔5820米，东南方向的大渡河为全县最低点，海拔1700米，高低悬殊4120米，一般高差为2000—3000米。境内高山对峙，峰峦重叠，峡谷深邃，沟壑众多，属典型的高山峡谷地貌，而山脉走向又挟持河流走向。大金川由北而南，先后纳入西部的革什扎河、东谷河，在县城折而东流，又纳入由东北南下的小金川，始称大渡河，其水向东南流入康定县境。受地形、气候、植被和成土母质等因素影响，丹巴土壤分为七个土类，除潮土属零星分布外，均呈由低海拔向高海拔垂直分布，依次为：山地褐土—山地棕壤—山地暗棕壤—亚高山草甸土—高山草甸土—高山寒漠土。其中，山地褐土保水保肥性较强，1700—2800米地带为山地褐土主要区域，是农业发展的集中区域。

丹巴县是甘孜州的农业大县。丹巴属青藏高原季风性气候，气候带谱基本齐全，以河谷北亚热带为基带，从河谷到半山山顶，垂直变化十分明显，具有"十里不同天、一山四季天""山下开梨花、山腰开桃花、山上飘雪花"的特点。县域日照充沛，年均日照2318.5小时，全年无霜期267天，年降水量550—700毫米，90%降雨集中在6—9月，年平均气温14.2℃，冬无严寒、夏无酷暑、干湿分季、春秋相连，日照长、空气优、气候多样且立体气候特征明显。森林覆盖率59.65%，珍稀动植物、野生菌类种类丰富，是不可多得的植物基因库，有草本植物342种、木本植物223种、药用植物227种，国家一类重点保护动物6种、二类保护动物和省重点保护动物各30余种。丹巴是我国生物多样性保护的关键区域、长江上游生态保护前沿区域、西南地区重点林区、川西生态屏障重要区段。

丹巴县能源、矿产资源丰富。全县水系发达、河流纵横，溪沟密布，大金河、小金河、革什扎河、东谷河、大渡河五条河流在境内流长165.22公里，呈树枝状分布，支流、支沟达121条，自然落差大、水流湍急，集雨面积4097.85平方公里，水能理论蕴藏量377.2万千瓦，可开发量274.15万千瓦。境内还有丰富的地热资源，具有一定开发价值。现已探明有色、稀有和特种非金属等矿产29种，其中特大型矿床1处，大型矿床5处，杨柳坪铂镍矿储量位居全国第二。

丹巴县旅游资源丰富多彩，自然风光神奇美丽。丹巴境内有"天然盆景"、党岭风光，集雪山、森林、海子、温泉、草甸于一体，获得"中国最美丽的乡村""中国历史文化名村""中国景观村落"赞誉。域内的墨尔多神山纳山、水、林、崖、洞108圣景于一炉，自然风光神奇美丽、多姿多彩，堪称人间仙境，美不胜收。"古碉·藏寨·美人谷""东女国故都""大渡河畔第一城""天然地学博物馆"等旅游形象品牌已成为丹巴代名词，著名的甲居藏寨、墨尔多神山、中路石棺墓群、莫斯卡格萨尔石刻等都是丹巴县内的旅游资源。其旅游资源涵盖自然旅游资源、历史文化旅游资源和社会旅游资源三大类，17个亚种，30个小类，既有奇异壮丽的自然景观，又有旖旎瑰丽的民族风情，古老而神秘的民族历史文化。

二、千碉之国，多彩文化，历史厚重

丹巴县素有"千碉之国"的美称，大大小小的古碉有上千座，历史久远。据不完全统计，如今县境内仅存古碉166座，主要分布在梭坡、中路，其中梭坡84座、中路21座，其余散存于各乡。现存古碉最早修建于唐代，最迟为清朝平定大、小金川之时。古碉一般高20余米，最高达50米，内建楼层十余层至二十余层，每层可容纳十余人，每座碉容纳百余至二百余人。这些古碉的建筑形式多种多样，从形状上可分为四角碉、五角碉、六角碉、八角碉、十三角碉。丹巴是历史上的东女国，数千年前嘉绒藏族先民便在此繁衍生息，并创造了举世罕见的石室建筑文化。丹巴自古便有"千碉之国"的美誉，关于碉楼的历史，最早可以追溯到秦汉时期，当时被称为"邛笼"。到了隋唐时代，这种碉楼在四川西部和整个藏东地区盛行起来。丹巴碉楼源自羌碉，但其宏大的规模、非凡的气势、千姿百态，已远非羌碉所能比拟。嘉绒藏寨依山而卧，错落有致地融于自然环境中，体现了天人合一的古老理念，把神秘的古老风水学说与浓厚的宗教文化底蕴融为一体。藏族碉楼与战争密切相关，它的作用以防御为主，兼有多种功能。专门防御的碉楼位于寨口或要隘险道上，是阻止敌人入侵，保护村寨、部落和地区的战争工具。石碉是"一夫当关，万夫莫开"的坚固工事，居高临下俯视敌人，远则箭射枪击近则滚木礌石；在战争中碉楼也可用来燃放烽火，传递战争信息。此外，藏民相信碉楼可以起到求福保平安、避邪祛祟的作用。修建在屋后的高碉与居住的楼房紧紧相连，属于家用的碉相对矮小，一般用作贮藏室、防范匪盗，战事来临之际亦可用作防御。碉楼建筑通常坐落在视野开阔的山腰或山头，有的是独立建筑，有的与民居等相对低矮的建筑融为一体，形成"碉房相连"的独特景观。

丹巴藏传佛教文化丰富。丹巴地区是古人类活动最早的地区之一，由于藏族是全民信教，因此在藏区宗教文化历史久远，内涵丰富。在川西地区，随着历史长河的进程，逐渐形成了以墨尔多山为中心的藏传佛教圣地，宗教文化精深博大。丹巴县的藏传佛教教派众多，五大教派中格鲁（黄教）、宁玛（红教）、噶举（白教）、萨迦

（花教）、苯波（苯教）均有分布。此外，汉传佛教和道教在丹巴也有一定的影响。丹巴的宗教文化主要体现在宗教建筑（寺庙）艺术、宗教活动和宗教绘画与雕塑艺术方面。

丹巴嘉绒文化底蕴深厚。丹巴地区古称嘉莫·查瓦绒，简称"嘉绒"，意为藏区四大峡谷之一的东女国气候温和河谷农区的人，习称嘉绒娃，是藏族重要的组成部分。嘉绒藏寨在《后汉书》中即有记载，称之为"众依山居址，累石为室"。嘉绒藏寨民居的建筑风格采用的是古老的片石砌墙技术，这种奇特的建筑技术和各种装饰，文化内涵丰富，有着很高的研究价值和观赏价值。丹巴嘉绒藏族人民能歌善舞，素有"歌舞之乡"的美誉，民间舞蹈十分丰富，其中以丹巴锅庄、弓剑舞最具民族特色。嘉绒藏族服饰是整个藏族服饰中颇具代表性的，服饰多是用氆氇、呢子、毛料等上品料制作，上衣外套分大领和小领，也有长装和短装。

三、大山深处，地广人稀，发展滞后

丹巴县县域内呈现出多民族融合，但在辖区5649平方公里的面积内只居住了6万余人。丹巴县2013年总户数17574户，总人口数60639人，其中农业人口50533人，非农人口10106人，男性30766人（具体见表1-1）。丹巴县2018年末常住人口69708人，同比增长15.80%，其中：城镇常住人口17783人，同比增长49.60%，城镇化率25.51%，同比增长7.01%。丹巴县为多民族融合县，全县有藏、汉、羌、回、彝、满、土家等民族，藏族人口占绝对多数（占78.88%）。藏族人又分为四种：嘉（甲）绒、康巴、安多、尔龚。藏族人口中又以嘉（甲）绒藏族人口占绝对多数。

表1-1　丹巴县人口统计表（2013年）

乡镇	总户数	人口				
		合计	男	女	非农人口	农业人口
	17574	60639	30766	29873	10106	50533
章谷镇	3996	8821	4871	3950	8084	737
巴底	1370	5213	2560	2653	165	5048
巴旺	919	2986	1475	1511	186	2800
聂呷	759	3441	1680	1761	134	3307
革什扎	1249	4935	2391	2544	228	4707
边耳	481	2026	1019	1007	51	1975
丹东	368	1366	689	677	38	1328
东谷	769	3499	1768	1731	151	3348
水子	885	3529	1769	1760	108	3421
格宗	1159	4368	2169	2199	176	4192
梭坡	798	3314	1663	1651	126	3188
中路	726	3037	1519	1518	111	2926
岳扎	1283	4496	2274	2222	169	4327
半扇门	1631	5109	2637	2472	253	4856
太平桥	1181	4499	2282	2217	126	4373

数据来源：丹巴县2013年统计年鉴。

表1-2　丹巴县各民族人口统计表（2013年）

乡镇	合计	藏族	汉族	回族	羌族	满族	土家族	苗族	彝族	其他
	60639	47407	10024	543	2627	8	4	4	19	3
章谷镇	8821	5399	3028	166	204	8	3	4	7	2
巴底	5213	5170	35	2	5	0	0	0	0	1
巴旺	2986	2600	373	5	8	0	0	0	0	0
聂呷	3441	2730	660	40	9	0	0	0	2	0
革什扎	4935	4628	289	0	17	0	1	0	0	0
边耳	2026	2010	16	0	0	0	0	0	0	0

续表

	合计	藏族	汉族	回族	羌族	满族	土家族	苗族	彝族	其他
丹东	1366	1362	3	1	0	0	0	0	0	0
东谷	3499	2779	695	6	15	0	0	0	4	0
水子	3529	2754	722	18	34	0	0	0	1	0
格宗	4368	3178	1186	0	2	0	0	0	2	0
梭坡	3314	3240	74	0	0	0	0	0	0	0
中路	3037	2512	488	11	25	0	0	0	1	0
岳扎	4496	2786	1309	38	363	0	0	0	0	0
半扇门	5109	3640	1003	253	212	0	0	0	1	0
太平桥	4499	2619	143	3	1733	0	0	0	1	0

数据来源：丹巴县2013年统计年鉴。

地处西部大山深处，经济发展严重滞后，发展速度缓慢。丹巴县是一个欠发达的少数民族山区县，在历史发展过程中经济社会状况呈现出发育程度低，乡与乡之间发展不平衡，生产力发展总体水平及人民群众生活水平偏低，自然、半自然经济比重大等问题。改革开放以来，丹巴县县域GDP从1990年的5786万元到2005年的12526万元，增长约116%，增长速度严重滞后，此期间全国GDP从1990年的1.89万亿元到2005年的18.73万亿元，增长约为10倍。2005年后，伴随着西部大开发进程的加快，2006年国务院常务会议审议并原则通过《西部大开发"十一五"规划》，丹巴县加快了发展脚步，县域GDP从2005年的12526万元到2014年的122056万元，增长约为10倍，此期间全国GDP从2005年的18.73万亿元增长到2014年的64.13万亿元，增长约为3.5倍。虽然由于国家政府资源的倾斜，丹巴县现代化发展得到了一定的保证，可是对比全国发展速度，经济增长不管是质上还是量上都远远不足，这也是地处我国西部大山深处地区长期处于贫困的主要原因。到2015年，丹巴县GDP才达到13.32亿元，人均地区生产总值达到1.91万元，年均增长

11.68%。地方公共财政一般预算收入2015年达到0.86亿元，年均增长0.9%；社会消费品零售总额2015年达到4.46亿元，年均增长19.6%；民营经济增加值2015年达到5.12亿元，年均增长12.7%；城镇化率2015年达到29.08%。

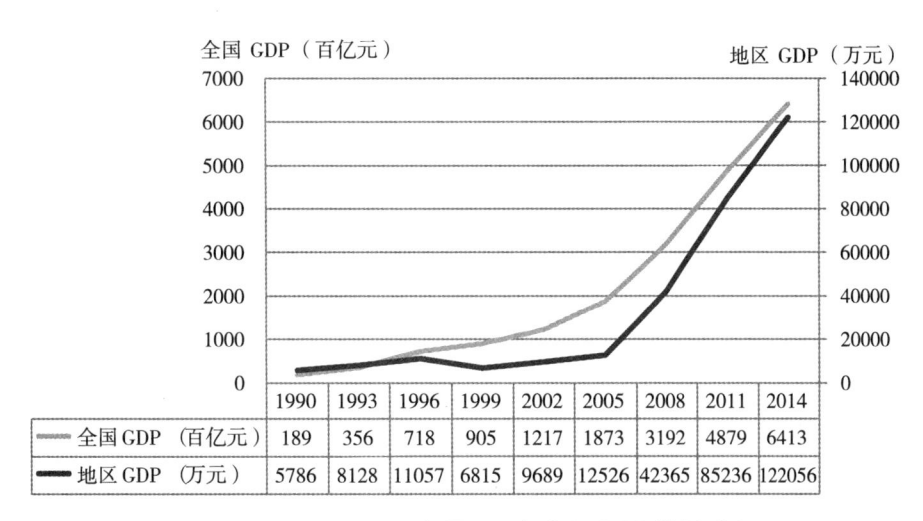

	1990	1993	1996	1999	2002	2005	2008	2011	2014
全国GDP（百亿元）	189	356	718	905	1217	1873	3192	4879	6413
地区GDP（万元）	5786	8128	11057	6815	9689	12526	42365	85236	122056

图1-1 1990—2014年丹巴县与全国GDP增长对比

第二节 县域贫困概况：区域整体贫穷之困

一、贫困基本情况

丹巴县是四川省全省脱贫攻坚"四大片区"8个贫困县和全省45个深度贫困县之一。2014年丹巴县贫困人口0.8万人，其中女性人口占比51.4%、少数民族人口89.8%、持有残疾证的残疾人7.2%、享受低保人口14%、参加大病医疗保险100.0%。

表1-3 甘孜州深度贫困县贫困人口基本信息情况（2014年）

县	各类贫困人口占比（%）				
	女性	少数民族	持证残疾人	现役军人	享受低保
理塘县	51.7	99.6	3.3	0.2	33.8
德格县	52.8	100.0	3.1	0.2	56.5
石渠县	51.9	99.7	2.3	0.2	50.1
色达县	52.2	99.9	2.1	0.3	45.5
甘孜县	52.8	99.9	3.0	0.2	63.4
新龙县	53.9	99.8	2.6	0.1	39.9
白玉县	56.2	100.0	3.3	0.2	35.0
炉霍县	55.6	99.7	3.5	0.3	23.5
道孚县	55.2	99.3	3.1	0.2	38.6
雅江县	52.1	99.7	3.6	0.1	39.1
巴塘县	51.2	99.8	2.5	0.2	50.6
丹巴县	51.4	89.8	7.2	0.0	14.0
康定县	50.8	91.3	5.9	0.1	23.1
稻城县	53.0	99.3	4.7	0.0	68.1
得荣县	52.5	99.9	6.2	0.0	56.6
乡城县	52.4	99.5	5.0	0.4	70.4
九龙县	48.4	72.9	4.3	0.0	24.6
泸定县	49.1	30.6	10.5	0.2	23.5

数据来源：四川农业大学西南减贫与发展研究中心课题组：《深度贫困地区脱贫攻坚进程和对策研究》。

丹巴下辖12乡3镇、181个行政村、4个社区，总人口7.02万人。2014年，丹巴县精准识别建档立卡贫困户2245户，贫困人口8519人，贫困发生率16.8%，其中贫困村共计54个，贫困村占比29.83%。贫困村有贫困人口689户2741人，占总贫困人口的32.18%；非贫困村有贫困人口1556户5778人，占总贫困人口的67.82%。贫困村的贫困发生率为19.26%，略高于非贫困村的贫困发生率15.79%，丹巴县的贫困人口相对集中于贫困村。

表1-4 2014年建档立卡户和非建档立卡户在贫困村和非贫困村的比较

	贫困村	占比	非贫困村	占比	合计
建档立卡人数	2741	32.18%	5778	67.82%	8519
非建档立卡人数	11488	27.16%	30814	72.84%	42302
合计	14229	28.00%	36592	72.00%	50821

丹巴地处四川藏区，贫困发生率居高不下。2014年，四川省建档立卡贫困发生率为9.6%，四川藏区建档立卡贫困发生率为20.1%。其中，甘孜州建档立卡贫困发生率为23.2%，丹巴县建档立卡贫困发生率为16.8%。从建档立卡贫困发生率来看，四川藏区贫困发生率远高于四川省贫困水平。由于自然、地理、历史、文化、政策等多重因素影响，四川藏区基础设施薄弱、自然资本缺乏、思想观念落后、市场化程度低，导致深度贫困。

丹巴县贫困发生率高于四川省平均水平，略低于四川藏区、甘孜州全州平均发展水平。这与丹巴县在甘孜州乃至整个四川藏区所处位置有关。丹巴县地处甘孜州东部，是甘孜州的东大门，东与阿坝州小金县接壤，南和东南与康定市交界，相较于甘孜州其他贫困县具有相对地理上的区位优势。因此，丹巴县经济发展水平在甘孜州全州内具有相对优势，2014年丹巴县人均GDP位居甘孜州18个县第六，居于前三分之一，因此丹巴县贫困发生率略低于全州平均水平。

表1-5 甘孜州各县2014年人均GDP （单位：元）

九龙县	康定县	泸定县	丹巴县	石渠县	得荣县	稻城县	乡城县	新龙县
38602	67611	27494	24027	7785	25913	20006	28323	16628
巴塘县	甘孜县	雅江县	道孚县	白玉县	炉霍县	德格县	理塘县	色达县
22694	12112	20224	13731	19675	12381	8099	14564	11462

数据来源：四川农村统计年鉴（2015）。

二、贫困人口分布

全县贫困面宽量大,各乡镇贫困发生率高。根据 2014 年丹巴县各乡镇贫困人口数据,了解到丹巴县是典型的全域贫困地区,贫困人口分布呈现中心乡镇贫困人口多、偏远区贫困发生率高的现象。巴底镇的贫困人口总数最多有 875 人;其次是太平桥乡,有贫困人口 790 人;贫困人口最少的镇是章谷镇,贫困人口仅 137 人。全县超过二分之一的贫困人口集中于章谷镇、岳扎乡、革什扎、梭坡乡、水子乡、聂呷乡、巴旺乡、中路乡等 7 个中心乡镇,其余二分之一的贫困人口则分散分布于剩余的 7 个地理位置较为偏远的乡镇。除县城所在章谷镇外,丹巴所有乡镇贫困发生率均在 13% 以上。

贫困人口分布呈现区域性贫困与结构性贫困并存现状。由于丹巴山高水急的特征,各乡镇分布在县域的五条"沟"内,基础建设成本高,交通的不便导致贫困人口都是贫困程度深的"硬骨头",脱贫难度大。丹巴县以高山深谷为主,农业生产环境恶劣,加之信息闭塞,群众观念落后,超过 70% 的农村地区仍徘徊在"猪粮安天下"的传统农牧业层面,农产品等特色产业因水利等基础设施落后、农户科技水平不高、管理投入不到位,增收效果大打折扣。在贫困村内,距离公路沿线较近的贫困村发展相对较好,局部集中性贫困得到基本缓解,但余下的贫困人口居住更为偏远、更为零散,结构性、个体性贫困交织。丹东、太平桥等连片贫困地区在交通、水利、安居、人居环境、文化建设等方面明显滞后于全县平均水平,区域性贫困与结构性贫困突出。

稳步减贫,打赢脱贫攻坚战。丹巴县 2014 年识别贫困人口 8564 人,2014 年减贫 1061 人;2015 年减贫 1597 人,剩存贫困人口 5906 人;2016 年减贫 1309 人,剩存贫困人口 4556 人;2017 年减贫 1608 人,剩存贫困人口 2958 人;2018 年减贫 2694 人,剩存贫困人口 264

人，贫困发生率不足0.5%。贫困人口最多的巴底、半扇门等均已实现贫困人口全部脱贫的伟大壮举。由于丹巴独特的地理和自然环境，交通建设极为困难，因此丹巴县在2014年至2017年集中攻坚基础设施，在夯实发展基础的前提下，布局一村一品等特色、优势产业带动贫困群众实现增收，因而丹巴2018年脱贫人口约为2017年和2016年脱贫人口之和。

表1-6　丹巴县各乡镇贫困人口分布及变化

乡镇	2014年总人口数	2014年贫困发生率	建档立卡贫困人数				
			2014年底	2015年底	2016年底	2017年底	2018年底
章谷镇	8821	1.55%	118	94	0	0	0
巴底	5213	16.78%	780	626	528	422	0
巴旺	2986	17.85%	454	364	271	133	0
聂呷	3441	16.74%	525	381	310	207	0
革什扎	4935	14.35%	670	531	399	265	35
边耳	2026	15.10%	300	235	170	88	0
丹东	1366	19.18%	221	182	115	69	0
东谷	3499	14.60%	393	308	221	151	72
水子	3529	16.83%	515	387	303	161	72
格宗	4368	13.83%	528	422	337	273	0
梭坡	3314	18.80%	562	460	348	194	0
中路	3037	16.96%	462	359	329	210	0
岳扎	4496	16.46%	625	471	351	227	0
半扇门	5109	14.35%	628	504	399	231	0
太平桥	4499	17.56%	722	582	485	327	85
合计	60639	16.80%	7503	5906	4566	2958	264

数据来源：丹巴县2014—2018年贫困户花名册。

三、致贫原因分析

（一）区域性贫困原因分析

自然环境恶劣，区位封闭，带来物质贫困。恶劣的自然环境是导致农牧民贫困的主要原因，脆弱的生态环境直接制约了产业开发与经济发展；加之自然灾害频发，产业基础十分薄弱，可利用资源少，经济发展难度大，贫困户只能靠天吃饭，收入低且来源单一。恶劣的人居生存环境对群众的身体健康造成威胁，高原性疾病、慢性病等发病率高，给贫困家庭造成巨大的经济负担，阻碍了贫困户脱贫，因病致贫成为主要致贫因素。地质灾害频发，水土流失加剧，土地贫瘠，水资源缺乏。丹巴县贫困村多分布在干热河谷地带半山腰上，贫困地区生产生活受制于自然环境的影响，特别是对于高山区而言，其生存环境恶劣，基础设施建设滞后，较为封闭的环境成为滋生"贫困文化"的土壤。

市场化水平低，导致收入贫困。由于其自然环境恶劣和基础设施建设滞后，丹巴县与外界交流的渠道有限，较少受到市场经济发展所带来的冲击，而且丹巴历史上一直是以农耕、畜牧业为主的自给自足的自然经济，生产工具十分落后，生产力水平低下。闭塞的自然环境以及原始落后的生产生活方式，使广大农牧民难以适应市场经济的要求，农牧业生产率和农畜产品商品化程度很低，大大制约了人均水平的提高。

思想观念封闭，导致精神贫困。以往扶贫理念重物质扶持，忽视对接贫困群体的文化需求，常常导致简单的"给予—索取"的悖论。实现可持续性脱贫，须改变这些群体的扶贫观、发展观，使其逐渐与现代的财富观接轨。深度贫困地区交通封闭，逐渐形成了自给自足的小农经济，与现代市场经济脱节。丹巴贫困群众文化水平较低，文盲半文盲率高，有的群众不会讲国家通用语言，"圈内"交往的文化不断强化，塑造着贫困户的基本特点和特征，并代际相传。文化的落后使贫困户对自身和扶贫政策缺乏认知能力，缺乏脱贫的内生动力，自我脱贫意识不强。①

（二）农户致贫原因分析

致贫原因多重叠加，多维致贫与多元返贫并存。2014年精准扶贫启动后，通过多轮复核，丹巴核定全县贫困户2245户、贫困人口8564人。在这2245户贫困户当中，有974户因病致贫，占比43.4%；416户致贫原因是缺资金，占比18.5%；372户致贫原因是缺技术，占比16.6%；有212户因残致贫，占比9.4%；200户致贫原因是缺劳动力，占比8.9%；其他致贫因素包括，31户致贫原因是交通条件落后，占比1.4%；25户致贫原因是自身发展动力不足，占比1.1%；10户致贫原因是缺土地，占比0.4%；5户因灾致贫，占比0.2%。

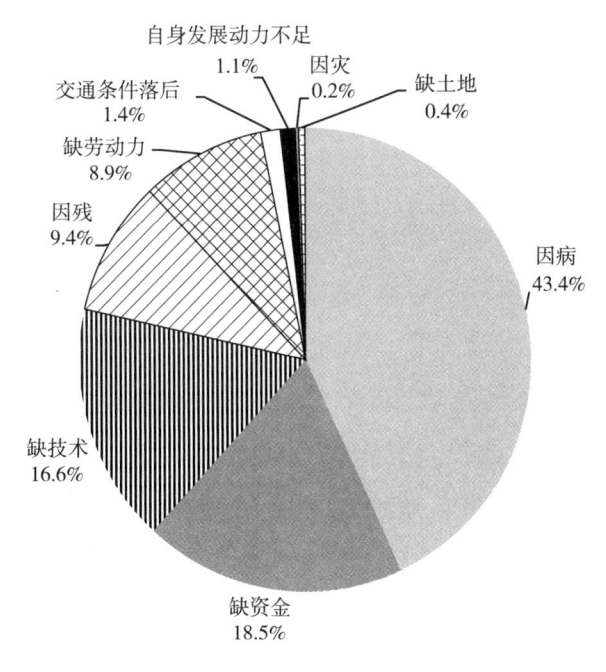

图1-2 丹巴县贫困人口致贫原因分析

数据来源：丹巴县2014年贫困户花名册。

---

① 参见张跃平、徐凯：《深度贫困民族地区贫困特征及"扶志"与"扶智"的耦合机制建设——基于四川甘孜、凉山两州的调研思考》，《中南民族大学学报（人文社会科学版）》2019年第5期。

致贫因素相互交织、多维叠加,增加了贫困人口致贫概率。重大疾病、重大灾害、缺少资金、缺少技术等是造成丹巴县农村贫困的重要原因,物质贫困和能力贫困并存。由于丹巴县贫困地区大多处于交通闭塞、深山峡谷边坡地带,山体滑坡、旱灾和水灾易发,自然灾害频发,因灾返贫风险大;在贫困乡村,传统农业的种植模式占比较大,农业增收的渠道有限,现代农业的普及程度还有待大幅提高,稳定脱贫的基础仍然薄弱,已脱贫人口在抗风险能力上依然较脆弱,无法实现稳定脱贫,因病、因灾、因学返贫现象较为突出。

第三节　脱贫关键制约:千载积贫根治之难

一、自然条件恶劣,土地资源紧缺

丹巴县山高坡陡,峡谷深切,地势险峻,地层复杂,自然条件极其恶劣。由于地质构造发育,降雨集中,泥石流、滑坡、崩塌等地质灾害十分突出,地质灾害点多面广、隐蔽性强、危险性大,素有"地质灾害博物馆"之称。其中,"11·22"康定大地震对丹巴人民生产生活破坏尤其严重,造成丹巴县的房屋、工矿商贸业、农牧林业、家庭财产和交通、水利、电力、通信等基础设施不同程度受损,经济损失达29906.6万元。特殊的地质环境一方面造成丹巴县的公路里程长、施工难,施工条件艰险,建设成本较高;另一方面由于灾害频繁,已有的公路年年垮、年年修,高昂的维护成本给当地带来了巨大的财政负担。

除了地质灾害以外,丹巴县境内五条山脉、五条河流呈梅花状分布,高差悬殊,沟壑纵横。金川河流域面积广,积水大,五条河流在县城汇集,因此,丹巴县每年的5月到10月都是汛期,防汛压力较大,严重威胁当地群众的人身安全和财产安全。

丹巴耕地面积较少,土地质量差。一方面,丹巴全县仅有耕地3万余亩,人均不足0.6亩,农业生产用地极其紧缺;另一方面,丹巴土壤分为七个土类,除潮土属零星分布外,均呈由低海拔向高海拔垂直分布,依次为:山地褐土—山地棕壤—山地暗棕壤—亚高山草甸土—高山草甸土—高山寒漠土,其中只有1700—2800米地带的山地褐土保水保肥性较强,才能够用于农业发展,故现有耕地多为坡地,肥力较低,质量较差。

二、基础设施落后,发展能力欠缺

丹巴对外交通建设落后。丹巴县位于川西高原的深山峡谷中,距成都340公里,是甘孜州的东大门。由于地方财政有限,对交通道路建设的投入有限,加上受地质灾害频繁的影响,丹巴县的道路交通基础设施条件落后,造成群众出行困难。以前丹巴县通往外界主要依靠省道S319,县内很多村之间不通路或者没有通硬化路,严重制约了丹巴经济发展。在瓦丹路修通之前,丹巴到成都要花2天时间,2015年7月瓦丹路全线通车后,丹巴县与外界的交通才逐步改善。

丹巴县不仅和外界交通不畅,县域内的交通条件也相当滞后。截止到2014年,丹巴县的通村硬化路率仅为16.8%,绝大多数未实现通村路硬化。并且由于丹巴县独特的地理位置,丹巴县大多数村寨都分布在河流两岸的半高山、高山地区,农牧民出行和生产生活物资都要通过跨河桥梁。但是农村公路索桥多、危桥多,断头路多;部分村公路修通了,但桥还是危桥或索桥,仅供行人通过,当地群众利用索道把农用车辆吊过河运输,存在较大的安全隐患。

山高谷深,日常生活生产用水困难。地处干热河谷的丹巴县历来缺水,缺水不仅影响农民日常生活,还严重影响到农村农业生产活动。由于丹巴地理位置独特，农作物多种植在陡坡之上，坡上种植的农作物全看老天爷"脸色"。有时候连最耐旱的玉米都会颗粒无收，遇上干旱年，家里的猪和牛就只有放养在山上，让它们自己找水喝，一切听天由命。

基础设施的不健全，限制了当地农民的发展。丹巴县的基础设施建设滞后，最主要的体现就是道路交通基础设施的不健全，严重影响了当地农民的出行和经济发展。道路作为农村经济运行的"血脉"，是保障农村居民生产生活的生命线。要解决贫困群众的生活困难，道路"血脉"就必须得畅通。丹巴隶属藏区，交通匮乏使得对外交流贸易不畅，信息进不来，产品出不去，是丹巴长期处于贫困的重要原因之一。以巴底镇尔波村为例，该村距离县城40余公里，2018年前通村公路没有建设前，群众到县城需要一天多时间，所有的生活用品都是靠人背马驮，村里的土特产品没法运出来，没法卖成钱，当地群众干部戏称"晴天出门一身灰，雨天出门一身泥"。

三、生计策略单一，收入水平低下

环境闭塞，谋生方式单一。丹巴农村大都是以家庭为单位的传统小农经济，农户们以种植粮食作物为主，但由于人均耕地面积有限，其目的主要是用于满足自身消费，生产力水平低，抵抗自然灾害能力弱，并没有形成产业。由于耕地存在地薄、地碎导致农产品产量低，难以形成规模化生产，且由于坡地多、耕地灌溉面积少，农业靠天吃饭，产量很难保证，缺乏依靠农业种植来发展经济、增加收入的基本条件，而且不多的土地也多是山岭薄地，土地贫瘠，产量很低，生产的粮食仅能满足自需。另一方面，丹巴的旅游业虽然多年之前就已经萌芽，但是长期以来都以接待散客为主，一直处在发展初期阶段的自发状态，缺乏科学的规划和充分的投入。而丹巴农牧业产业发展因受地理、气候、交通等客观因素制约，存在"先天不足"，同时又受信息、技术、人才、资金、市场等主观因素的影响，导致"后天缺陷"。多年来，产业发展举步维艰，困难重重，"小、散、乱"的现状短期内无法彻底改变，农牧民群众增收、脱贫、致富、奔小康的可持续发展严重缺乏产业支撑。

内贫外困，收入水平低下。由于丹巴县域内外道路交通设施的不通畅，外出务工机会较少；地处大山深处，周边开发性项目少，就近打零工的机会也不多。除了在有限土地上付出更多劳动外，多数当地农民无专门技术，只能靠采虫草、松茸，附近干粗重活来增加收入，维持生活。另一方面，缺乏基本农田水利设施的问题仍普遍存在，不多的田地大多靠天吃饭，收成极不稳定，原有的农田水利设施因洪涝损毁程度高，多数已发挥不了应有作用。除了农业缺乏其他兼业行为，严重影响了当地农民的收入水平。丹巴地属藏区，少数民族在县域内占多数，农业生产技术较为落后，农业生产经营粗放，在农业产量不多的情况下，没有形成产业，缺乏与外部市场衔接。一方面农产品产量小，仅能满足自足；另一方面无法提高农产品附加值，无法对接外部农业市场，导致农业收入低下。

四、教育水平落后，人力资本受限

平均受教育水平不高。丹巴县内建档立卡贫困户普遍学历水平较低，高等学历人才较少。根据丹巴县2014年建档立卡贫困人口数据显示，在2245户贫困户中，文盲和半文盲的有234人，占比10.4%；小学文化水平的1187人，占比52.9%；初中文化的766人，占比34.1%；高中和大专文化的58人，占比2.6%。在8564人的贫困人口中，小学及以下文化水平的有6300人（包括幼儿），占比73.6%。受教育水平低下，使当地农民普遍缺乏掌握相应现代农业生产技术和相关技能，导致生产水平和生活现状落后。

教育、医疗公共服务资源短缺，人力资本受限。教育、卫生等公共产品供给的不足，导致民族贫困地区人力资本积累严重不足。民族地区严酷的自然环境与落后的基础设施，导致教育、卫生与公共服务资源的严重短缺。虽然学校条件逐步改善，免费教育的年限在延长，医院保障水平在提高，但合格教师、医生的缺乏仍是民族地区面临的共同难题和突出短板。根据丹巴县2014年建档立卡贫困人口数据显示，在2245户贫困户、8564人的贫困人口中，到县外打工的仅有89人，占比仅为1%；身体患有慢性病或者残疾等非健康人口达到2265人，占比达到了26.48%。贫困农牧民家庭部分收入来自小孩放牛、放羊、挖虫草、捡贝母，孩子上学不仅少了这笔收入，还要承担其教育成本，增加家庭负担，因此影响了父母送孩子上学的积极性。另外，由于居住分散，上学路程远，不少学校教学质量和办学水平难以得到有效保障。缺乏教育设施设备，教师队伍水平不高，客观上的物质约束使得不少普通群众更看重寺院教育。教育基础的落后和软硬件环境交叉制约，使得藏区学生普遍入学难、辍学易、留不住，导致了人力资源素质偏低、人力资本不足。教育水平影响了相应生产技术和理念的掌握，而身体的非健康状态影响了农民从业能力，在双重因素的影响下，导致当地农民工人力资本有限，生计渠道单一，最后陷入长期贫困。

第二章

筚路蓝缕减贫之路

到2020年现行标准下农村贫困人口全部脱贫、贫困县全部摘帽，是我们党立下的军令状。脱贫攻坚越往后，难度越大，越要压实责任、精准施策、过细工作。要继续选派好驻村干部，整合涉农资金，改进脱贫攻坚动员和帮扶方式，扶持谁、谁来扶、怎么扶、如何退，全过程都要精准，有的需要下一番"绣花"功夫。防止返贫和继续攻坚同样重要，已经摘帽的贫困县、贫困村、贫困户，要继续巩固，增强"造血"功能，建立健全稳定脱贫长效机制，坚决制止扶贫工作中的形式主义。

——2017年3月8日习近平总书记参加十二届全国人大五次会议四川代表团审议时的重要讲话

第一节 丹巴脱贫攻坚总体部署

一、脱贫攻坚是党和国家的战略部署，是关系全局关系大局的大事情

党的十八大以来，新一届中央领导集体把扶贫开发工作提升至治国理政新高度，高规格召开中央扶贫工作会议进行部署。中央把脱贫攻坚作为重中之重来抓，明确要求确保农村贫困人口到2020年如期脱贫，采取力度更大、针对性更强、作用更直接、效果更可持续的政

策措施。中央财政扶持资金和国家重大项目向西部尤其是国家级贫困县重点倾斜，社会保障和基本公共服务加快向贫困地区、贫困人口延伸覆盖，对民族地区、革命老区采取特殊支持政策。

二、坚决打赢脱贫攻坚战，让全川贫困地区和贫困人口同全国一道奔向全面小康

以习近平新时代中国特色社会主义思想为指导，发挥政治优势和制度优势，坚持把脱贫攻坚作为最大的政治责任、最大的民生工程、最大的发展机遇，扎实推进精准扶贫、精准脱贫落实落地，四川省先后出台并实施了《四川省农村扶贫开发纲要（2011—2020年）》《贯彻〈关于创新机制扎实推进农村扶贫开发工作的意见〉实施方案》《关于建立扶贫项目审批权下放到县实行责任、权力、资金、任务"四到县"制度的意见》《四川省贫困县农村扶贫开发工作考核办法（试行）》《四川省农村扶贫开发条例》《关于集中力量打赢扶贫开发攻坚战确保同步全面建成小康社会的决定》等规章制度，制定基础设施、产业扶贫等10个扶贫专项方案并每年制定若干实施方案，打出"3+10+N"政策组合拳，完善了脱贫攻坚总体设计。创新构建"两不愁三保障"和"四个好"相统一的工作目标体系，基本形成制度设计完备与政策举措精准相统一的总体推进思路，探索形成帮扶工作"先难后易"和脱贫摘帽"先易后难"相统一的工作推进路径，成为有力、有序、有效推进脱贫攻坚的重要保证。

三、丹巴有关脱贫攻坚实施的顶层设计思路

依据《四川省农村扶贫开发纲要（2011—2020年）》《四川省农村扶贫开发条例》《中共四川省委关于集中力量打赢扶贫开发攻坚战确保同步全面建成小康社会的决定》《中共甘孜州委关于集中力量打

赢扶贫开发攻坚战确保同步全面建成小康社会的决定》和甘孜州扶贫和移民工作局《关于做好"十三五"农村扶贫开发规划编制工作的通知》，丹巴县注重理清思路，明确目标任务，精准扶贫，确保扶贫对象到 2020 年与全省、全州同步进入小康社会，强化使命担当，打赢脱贫攻坚战。全县以《贯彻〈关于创新机制扎实推进农村扶贫开发工作的意见〉实施方案》确定的六大机制改革为基础，综合脱贫攻坚出台的各项机制，全面谋划脱贫机制改革。一是对接四川省委的"六个精准"、22 个专项扶贫计划和"五个一批"工程，出台了相关细则；二是以精准识别为契机，建立并完善了扶贫对象县域数据库，确保了县、乡、村和国扶办子系统数据的一致性；三是创新管理体制，成立了县脱贫攻坚办公室，建立了第一书记手机打卡考勤系统，制定了沙盘作战、现场验靶的考核机制。

第二节　肯抓实干真扶贫，靶向施策斩贫根

一、锁定目标任务，科学谋划脱贫攻坚路径

深入学习习近平总书记扶贫开发重要战略思想和中央、省、州关于精准扶贫精准脱贫决策部署，严格按照省州关于"五年集中攻坚、一年巩固提升"和"每年有新变化、三年上新台阶、五年全面脱贫"的总体要求，准确把握丹巴县贫困面广、量大、程度深的县情和发展不平衡不充分的阶段性特征，明确"到 2018 年实现县'摘帽'，2019 年进一步巩固提升，在全州率先完成脱贫攻坚任务"的工作目标；确立"锁定任务、聚焦标准、精准帮扶、保障有力"的工作思路；强力落实例会研判部署、项目资金整合、帮扶力量汇聚、督查督导问效、强化攻坚纪律等工作方法，按照责任落实、政策落实、工作

落实要求，切实做到扶真贫、真扶贫，脱真贫、真脱贫。

二、强化使命担当，扣紧压实脱贫攻坚责任

落实党政主责，成立以县委书记和县长任双组长的脱贫攻坚工作领导小组，累计召开领导小组会议56次、专题会议127余次，县委常委会、县政府常务会专题研究脱贫攻坚工作114次，出台《关于集中力量打赢扶贫开发攻坚战确保同步全面建成小康社会的决定》等一系列重要指导性文件。

突出部门主抓，50个县级部门结对帮扶54个贫困村，明确脱贫攻坚分管负责同志，每周派员进乡入村不少于2天，着重开展贫困户结对帮扶工作，特别是22个专项部门切实发挥行业部门优势，统筹整合使用涉农扶贫资金10.42亿元。

强化基层主推，乡镇立下"军令状"，实行党政"一把手"包总、副职包片、干部包村、村干部包户工作机制，统筹抓好贫困村与非贫困村、贫困户与非贫困户相关工作。深化干部主帮，35名县级干部既当指挥员，又当战斗员，包干负责15个乡（镇）及54个贫困村，并统筹组织联系乡镇县级帮扶部门力量；包括54名第一书记在内的162名驻村工作队员和54名农技员全覆盖驻村入户；1715名帮扶责任人包干负责贫困户政策宣传、感恩教育、文明习惯养成等工作，常态化倾情开展帮扶。

三、坚持集思广益，建立健全脱贫攻坚机制

例会研判机制。15个乡（镇）和22个专项部门实行"周报制"，汇总推进情况报县攻坚办，县攻坚办实行"周会制"，梳理问题，即时化解，并将重大事项报县领导小组，县领导小组实行"月会制"，分析研判攻坚形势，研究解决重大问题。

项目推进机制。聚焦基础设施、扶贫产业等项目，整合使用资金，发挥资金效益，并按照责任、质量、时限"三定"要求，明确县级牵头领导和责任部门，倒排工期、挂图作战，严把工程质量，务求项目效果。

精准帮扶机制。推行以全县公职人员牵头，与扶贫对象结对认亲，链接扶贫专项部门、社会扶贫力量等的"1+1+N"帮扶机制，实现帮扶工作既"精"又"准"。

督导问责机制。采取明察暗访等形式，定期或不定期对脱贫攻坚工作情况进行督促检查，并严格落实问责办法，对识别不精准、工作不力的2个乡（镇）实行目标考核等，查处扶贫领域案件43件43人，切实做到扶贫工作延伸到哪里，监督就跟进到哪里。

问题整改机制。针对各级督导检查、巡视巡察、考核验收反馈问题1400余个，严格落实"责任制+清单制+限时办结制"整改机制，逐一梳理、形成清单、建立台账，以点带面、举一反三，确保整改实效。

微信平台推进法。层层建立脱贫攻坚微信群，即时发布扶贫政策、部署要求、工作动态和经验做法，常态化晒进度、谈感受、剖不足，实现了脱贫政策传递快、发现问题整改快、经验推广快。

四、注重靶向施策，精准落实脱贫攻坚措施

围绕教育支持、医疗救助、住房安全、产业发展、就业增收等精准帮扶、聚力攻坚，精准扶贫期间，累计投入资金12.56亿元。

打好基础设施建设攻坚战。通过精准扶贫，丹巴县全面完成54个贫困村幸福美丽新村和通村路硬化、文化室、卫生室及15个乡（镇）中心校、卫生院、便民服务中心建设，新建通信基站37个，实现行政村道路通畅100%、农村生活用电和安全饮水全保障、通信网络全覆盖。

打好产业扶贫攻坚战。精准扶贫期间,落实贫困村产业扶持资金2700万元、非贫困村贫困户产业扶持资金463.5万元,发放小额信贷3872万元（此为2018年底统计数据）,成立专合组织337个,流转土地2952亩,建成特色农业基地7.55万亩、中药材基地4830亩,发展乡村酒店100家、民居接待294户,确保村有产业、户有致富门路、人有就业,实现了贫困人口不愁吃、不愁穿。

打好搬迁扶贫攻坚战。精准扶贫期间,完成易地扶贫搬迁527户,同步推进搬迁群众安全饮水、生活用电、安全住房、广播电视全部达标,确保"搬迁一户、稳定脱贫一户",实现了贫困人口住房安全有保障。

打好教育扶贫攻坚战。全面落实学前教育、义务教育、高中教育各项惠民政策,发放教育救助、建档立卡特别资助金758.79万元,全县无贫困家庭适龄儿童辍学,实现了贫困人口义务教育有保障。

打好健康扶贫攻坚战。每个贫困村配备一名乡村医生和一名乡（镇）卫生院驻村巡回医生,全覆盖建立贫困群众健康档案,全面落实"十免四补助"政策,筹措医疗救助金620万元、累计支付417.55万元,贫困群众分级诊疗、合规转诊、慢病门诊治疗自付费用均控制在5%以内,实现了贫困人口基本医疗有保障。

打好就业扶贫攻坚战。围绕"就地就近就业、异地转移就业和自主创业",组织开展技能培训1238人,落实公益性岗位2165个,引导就业600余人次,实现了"每个有劳动力的贫困家庭至少有一人就业",得到了社会和同行认可,2017年全省就业扶贫现场会也在丹巴召开。

打好保障扶贫攻坚战。精准扶贫期间,针对劳动能力弱、增收困难的人群,围绕"托底线、救急难、可持续"原则,开展低保对象动态摸排调查及低保标准提升工作,兑付低保金8147.74万元。

打好生态扶贫攻坚战。精准扶贫期间,在有劳动力的贫困人口中选聘选派生态护林员、草管员1600余名,常态管护280万亩森林资源，新建林业产业基地7530亩，完成草原禁牧补助、草畜平衡奖励305万亩；累计投入资金3.92亿元，实施以主城区为中心、辐射5条流域的"1+5"灾害全域治理，完成避险搬迁安置703户、工程治理30处、排危除险40处、综合整治2处，全力维护人民群众生命财产安全，实现了生态改善和脱贫攻坚"双赢"。

打好社会帮扶攻坚战。整合东西部扶贫和成都市成华区对口帮扶资金2亿余元，实施各类帮扶项目41个，引进爱心组织和开展"扶贫日"活动，捐赠现金166.55万元、物品折资91万元，有力助推脱贫致富。

打好防止返贫攻坚战。扎实开展已脱贫户、已退出村"回头看""回头帮"工作，22个专项部门和"五个一""三个一"帮扶力量做到责任不减、政策不减、力度不减。同时，按照打赢脱贫攻坚战三年行动统一部署，超前谋划脱贫"摘帽"后剩余贫困人口帮扶和后续巩固提升工作，确保脱贫成果经得起历史和实践检验。

五、突出党建引领，全面激发脱贫攻坚动力

始终坚持党建引领脱贫攻坚，着力发挥基层党组织战斗堡垒作用和共产党员先锋模范作用，全面激发贫困群众内生动力。

建强基层干部队伍，配齐配强54个贫困村驻村工作队，制定出台第一书记管理办法、驻村工作队员管理办法等规定。精准扶贫期间，提拔重用脱贫攻坚一线干部88人（其中第一书记30人），15个乡（镇）党政正职不脱贫不调整、不摘帽不调离，保持整体稳定。

强化基层组织示范引领，探索"党支部+合作社+龙头企业+农户""党支部带头+党员示范+群众参与"等模式，评定党员"六好"示范岗180个，培育致富带头人372名，实施党员精准扶贫示范项目54个。

坚持扶贫与扶志、扶智并重，深入实施"润育工程"，强化"感

党恩、爱祖国、守法制、奔小康"思想意识。精准扶贫期间，开办181所"村级农民夜校"、15所"中心农民夜校"，举办各类教育培训4000余场次、覆盖5万余人次；深入开展"讲文明·爱卫生·树新风"和致富能手、文明户、遵纪守法户、孝顺媳妇等评比活动，用"身边人"讲"身边事"，弘扬传统美德，引领新风正气；扎实推进乡村治理，健全自治、法治、德治相结合的乡村治理体系，创建省级"四好村"7个、州级81个、县级89个。通过党建引领，脱贫攻坚内生动力全面激发，特别是广大党员干部履职尽责、无私奉献地奋战在脱贫攻坚一线，涌现出一个又一个先进典型。边耳乡日卡村老支书西布秦麦更布身患重病仍坚守岗位，最终永远倒在扶贫路上，用生命书写了新时代优秀共产党员和藏区扶贫干部的光辉形象，他的先进事迹被人民日报、新华网等主流媒体广泛宣传报道。

第三节 格桑花开正当时，扶贫硕果分外香

一、农村发生了美好巨变

（一）生活生产有保障，农民焕发新动力

脱贫攻坚工作开展以来，农村整体面貌发生了翻天覆地的变化。贫困发生率从2014年的16.8%降至2018年底的0.48%，农村人均纯收入从2014年的7317元增长为2018年的13074元，年均增速15.6%。

住房、饮水、用电安全有保障。丹巴县建档立卡户共2245户，享受住房安全保障政策有667户（其中享受易地扶贫搬迁527户，藏区新居140户），实现了建档立卡贫困户100%有安全住房。同步

推进搬迁群众安全饮水、生活用电、安全住房、广播电视全部达标,确保"搬迁一户、稳定脱贫一户",实现了贫困人口住房安全有保障。

控辍保学,适龄儿童100%教育,做好了普通高中国家助学金588人次,补助58.8万元。资助非义务教育阶段学生116人,发放资助金30.75万元;资助建档立卡本专科学生新生入学学费27人,资助资金1.5万元。建立教育扶贫救助基金500万元,惠及建档立卡贫困学生2454人,发放救助资金248.3774万元。建档立卡特别资助842人,发放特别资助金189.1万元。

健康医疗有保障。全面完成贫困人口医疗保险参保率100%,全面落实"十免四补助"政策,全面完成贫困人口家庭医生签约服务100%,全面实施贫困人口因病住院治疗一站式服务,分级诊疗、合规转诊和慢病门诊治疗救助,贫困人口医疗费用自付费用控制在5%以内。全面实施贫困人口免费健康体检工作,完成贫困人口免费健康体检8564人次,完成率100%,支付体检经费82.53万元。全面完成贫困村卫生室业务用房(与活动室打捆建设)建设和维修改造项目,验收达标并投入使用;每个贫困村卫生室配齐一名合格乡村医生/执业(助理)医师、一名乡镇卫生院驻村巡回医生,每个贫困村卫生室配齐必用的医疗设施设备;完成15个乡镇卫生院标准化建设项目,验收合格并投入使用,配齐了必要的设施设备;完成县级综合医院创建"二级甲等"医院,妇计中心、疾控中心、中藏医院分别创建"二级乙等"医疗机构。

(二)思想观念注活力,精神面貌换新颜

挖掘嘉绒文化,打破文化贫困怪圈。丹巴县充分利用和挖掘嘉绒文化对精准扶贫中贫困群众的精神引领作用,赋予在新时代扶贫工作中嘉绒文化的新内涵,从自上而下的社会风气转换建设和群众感恩教育两方面入手,使丹巴县在脱贫攻坚中形成扶贫干部与困难群众一条

心齐发力的原动力。同时，丹巴县创新了文化扶贫方式，通过发动干部与贫困户坐在一个火炉上或院坝边面对面交心谈心、共同参与文娱活动，对群众开展政策、知识文化和文明卫生知识宣讲教育、群众感恩教育，以春风化雨的形式，持之以恒对贫困地区的群众加强自强、诚信、知耻、好学、求新、务实等中华民族美德教育，树立良好的社会风气，培养丹巴县贫困地区群众正确的文化价值和经济思维。将文化扶贫本质内涵深入到贫困户思想中去，在提供基本公共文化设施条件来提高其科学文化素质的同时，对其进行思想生活教育，激发对外界信息主动探索学习的欲望，将贫困户的主观能动性与为其创造的客观条件结合起来，进而有效地发挥精神文化的内源性作用，让贫困户在各项扶贫实施过程中更具有参与性、创造力和活力。

从"小"抓起，精神面貌焕然一新。丹巴县持续性抓群众感恩教育、政策宣讲，进一步强化群众"感党恩、爱祖国、守法制、奔小康"意识，激发群众内生发展动力。开展环境卫生整治，通过洗头、洗脸、洗澡、洗衣服、洗被子、清扫庭院、规整物品，做到干净、整洁、卫生的"五洗一清一规三做到"活动，群众养成好习惯、形成好风气。通过"小培训"，发挥"农民夜校"作用，针对不同群体和需求，开展小范围的农业知识、经营管理知识、实用技术、职业技能等强基提能培训，提升农牧民群众的就业技能、文化素养和产业技能，不断增强群众创业本领和致富能力。通过"小活动"，挖掘具有本地民族特色的文艺文化，群众建立了自己的文化活动队伍，采取"送文化下乡、自创节目、兄弟乡（村）文化队、结对一家亲出节目"的形式，举办寓教于乐的文艺文化活动，进一步密切干群联系，丰富群众精神文化生活。通过"小评比"，开展爱国感恩、勤俭致富、和谐友爱、先锋模范、卫生整洁、遵纪守法、孝老敬亲的评比活动，发放一批性价比高又实用的小奖品提高群众参与热情，形成家家参与创建、户户争创先进的比学赶超浓厚氛围。

(三) 因地制宜补短板，基建筑牢硬环境

农村基础条件发生了翻天覆地的变化。丹巴县实现了行政村村村通硬化路。2015年做准备打基础，2016年完成22个贫困村、2017年完成11个贫困村、2018年完成21个贫困村的道路建设，2018年底已全部实施完工并组织验收，建设里程共计360.6公里，下达资金共计1.67亿元，农村公路路侧护栏完成实际需要的80%。完成54个幸福美丽新村建设，全面解决54个贫困村用电问题；实现行政村通信网络全覆盖。

全面解决农牧民群众安全饮水问题，完善农田水利基础设施建设。新增耕地灌溉面积0.32万亩，改善灌溉面积0.16万亩。实施干热河谷太阳能提灌站建设，投资4500万元的光伏太阳能提灌站及配套节水灌溉、水池等，解决了5个乡8个村用不上水的历史性难题；实施饮水安全巩固提升项目，全面解决2206户8430人建档立卡贫困户安全饮水问题，农村供水保证率、水质合格率、自来水普及率全面提升。不仅让百姓喝得上水，喝得健康，还要让耕地不再"靠天吃饭"。丹巴因地制宜壮大干旱河谷地区特色产业发展，助推脱贫增收，采取引、提、灌一体化建设，切实解决产业发展用水问题，在有条件的村实施农田水利建设，打通农业灌溉"最后一公里"毛细血管，建设完善产水配套。

举全县之力，地灾防治效果初显。丹巴高度重视地质灾害防治工作，成立突发性地质灾害应急抢险队38支420人；先后投入1000余万元，建成动雨量站15处、简易雨量站100处、无线广播55处、自动水位站2处、视频站2处、气象站3处；将应急抢险经费纳入财政预算，汛前为各乡（镇）和相关部门及时拨付防灾专项经费，为相关职能部门配备应急专用车，各乡（镇）配备警报器、救灾帐篷、粮油、棉被、照明灯、急救药品等防灾物资，确保受灾群众"有饭吃、有水喝、有住处、有衣穿、有医看"。丹巴取得了初步防治成效，特别是成功应对

了 2014 年"8·9"东谷乡二卡子沟特大地质泥石流灾害，15 分钟内紧急转移 451 户 1521 名受威胁群众，实现零伤亡，创造了防灾救灾奇迹，受到了党中央、国务院和省州各级领导高度关注。

（四）特色产业再提档，农旅结合促致富

培育壮大优势产业，农村产业提档升级。丹巴依据资源禀赋、市场空间、环境容量、产业现状、新型主体带动能力和产业覆盖面，将特色产业培育和基地建设紧密结合，按照"依托一个抓手、深化两大布局、打造一个品牌、发展六大产业"的"1216"发展战略，依据"巩固传统产业、提升优势产业、挖掘特色产业"的发展思路，建基地、拓市场、创品牌，全面推进特色农牧业产业发展，产业规模不断扩大，产业发展水平不断提升。通过几年的不懈努力，到 2018 年丹巴全县蔬菜种植面积达 1.9 万亩，总产量达 4.2 万吨；水果种植面积达 2.97 万亩，总产量达 1.52 万吨；酿酒葡萄基地 4200 亩，总产量达 205 吨；羊肚菌种植面积达 3759.97 亩，采收鲜菇 260 吨；新建道地名优中药材 4830 亩。建设完成藏猪（藏香猪）养殖基地 7 个、本地鸡养殖基地 3 个、丹巴黄羊良种繁育基地 2 个，发展高山中蜂养殖户 160 户；农牧业产业正向构建产地特色、产业特色、产品特色的现代高效农业产业体系迈出坚实的一步。

农旅结合，建成休闲农业与乡村旅游一体示范区。丹巴县因地制宜，选择区位条件较好、生态环境优美和民风民俗奇异的乡镇打造旅游产业，覆盖面极广，主要包括聂呷、中路、巴旺 3 乡 10 个行政村。旅游业以突出农业在乡镇旅游中的积极作用为中心，以形成农旅互动为着力点，发挥自身优势，形成规模化产业集群和经济增长群。依托运作良好、特色鲜明、收益明显的现代农业科技园区、大渡河河畔田园景观等多元景观，以聂呷乡、中路乡和梭坡乡为核心区建成一批集创意农业示范、田园风光摄影、旅游休闲观光、民俗风情体验为一体的休闲农业与乡村旅游示范区。通过完善旅游基础设施，全面提高了农村人居环境建设，相继荣获"中国最美乡村""全国最美古镇"等荣誉；通过节庆活动"丹巴美人谷马拉""四川甘孜山地旅游节""丹巴风情节"等打造丹巴旅游目的地名片，推广丹巴丰富的旅游资源。以农旅结合方式有效利用乡村资源，扩大就业，带动地方农副业、加工制造业和商业的发展，促进扶贫增收，实现益贫式增长。

二、巩固了执政群众基础

脱贫摘帽的过程，本质上就是一个群众工作过程。做群众工作的过程实质就是巩固党的群众基础、阶级基础、执政基础的过程。在这个过程中，干部是考生，群众是老师，人民群众是我们党的执政之基、力量之源，不管什么时候，只要我们能赢得人民群众的信赖与支持，就没有克服不了的困难。解决贫困问题虽然直接涉及的是少数人，但事关促进共同富裕和实现共享发展，体现党的根本宗旨，影响人民群众对全面建成小康社会的满意度。

（一）精准扶贫绽放民族团结花

精准扶贫与民族团结互为依托，并行不悖。发展离不开稳定，稳定是为了更好的发展。民族地区社会稳定和长治久安是我们发展的目标。打赢脱贫攻坚战可以有效缓解区域差距和城乡差距，突破发展中遇到的困难和阻力，有利于经济社会持续健康发展，有利于政治稳定，有利于边疆巩固，更有利于全面践行民族团结；全面践行民族团结，实现各民族共同发展，是实现社会和谐稳定的有效途径，有利于各民族干部群众心往一处想、劲往一处使，形成发展合力，为打赢脱贫攻坚战提供不竭动力。

精准扶贫与民族团结殊途同归，全面发展。作为全球广泛关注的贫困问题，已成为制约经济发展和社会稳定的重大障碍性因素。践行民族团结，打赢脱贫攻坚战是实现民族地区创新、协调、绿色、开放、共享发展的不同方面，尽管方式不同，但二者最终都是为了实现民族地区全面建成小康社会奋斗目标，实现最广大人民群众的根本利益，全面提高各民族群众的幸福指数。脱贫攻坚和民族团结进步创建这两项工作，都是在党的领导下，以政府主导、多方协作、群众参与为主线，以促进民族地区和各民族共同繁荣发展为目标。可以说，二者是一个有机的统一体。脱贫攻坚不仅使各民族干部和群众像石榴籽一样紧紧地抱在一起，更进一步加强民族共融，凝聚共识，汇集力量，形成助推各项主题工作的强大合力，实现跨越式发展。

（二）稳藏兴藏，筑牢藏区长治久安的根基

精准扶贫开展促进稳藏兴藏目标的实现。藏区是祖国大家庭中不可分离的一部分，藏区的稳定，将直接关系到全国的稳定。藏区不发展，社会主义现代化的宏伟目标就难以实现。精准扶贫的实施不失时机通过全面审视、研究藏区的新情况、新问题，在确立科学政策目标的前提下，采取有力措施，制定了与之相配套的具体政策。对于康区，通过制定特殊的倾斜政策，率先脱贫实现了根本性的翻天覆地的大变化，使其发挥了在藏区中起到现代化建设"窗口"的带动和示范作用，为整个藏区和全国的发展注入新的生机和活力。

（三）密切干群关系，升华鱼水情谊

把工作做到田间地头，做好群众工作。丹巴深入推进群众工作"三个转变"，实现群众工作高质量服务大局、服务群众。转变结对方式，增强群众工作力量；转变帮扶方法，提升群众工作质量；转变群众思想，提升群众效果。坚持跳出群众工作抓群众工作，把群众工作干部是主体转向群众是主体，切实激发群众内生动力。突出强化思想教育，把农民夜校办到田间地头、办到红白喜事场合，逐步引导群众把自己作为脱贫攻坚、乡村振兴主体，形成"脱贫全靠党的政策好，奔康还得自己加油干"的良好局面。

广泛调研充分听取群众意见，密切干群关系。丹巴脱贫攻坚项目实施过程中，做到自上而下宣传、自下而上决策，改变以往工作做法，县级部门负责统筹和指导，因地制宜充分发挥基层主观能动性，充分保障群众的知情权、参与权、决定权、监督权、评判权，真正实现了不办群众不受益的事、群众不参与的事、群众没能力办的事，推进了村级事务的公开透明，增进了基层干部和农村群众的互信支持。

结对认亲，升华鱼水情谊。打赢脱贫攻坚战依靠的是责任和担当，需要用看得见的实事让群众过上美好生活。丹巴县在开展扶贫工作中，坚持强化责任和担当，将全县各族人民群众过上美好生活视为信仰和追求，从发展特色产业到教育、健康医疗、文化等方方面面的工作都落到了实处，惠及了每一个建档立卡贫困户。通过"结对认亲""五个一"帮扶全覆盖，让帮扶干部与贫困群众"结对子""攀穷亲""交朋友"。帮扶干部坚持与群众同吃同住同劳动。每当看到扶贫工作人员时，丹巴群众都会用最直白和最开心的语言呼喊"扎西德勒"。帮扶干部曾经说到过："期望某一天，可以看到他们真正轻松下来的自信、憧憬和希望，就像藏族村子里的老人闲暇之余绕着白塔转经祈福那样，脸上洋溢着满满的幸福的微笑，到了那一天，一切就都值得了。"这份诚心，这份温情，引发了内心共鸣，升华了鱼水情谊。实践证明，脱贫攻坚要让扶贫对象满意和具有获得感，关键是要以人为本，走到广大贫困群众生产、生活中，走入贫困群众心里。

三、锻炼了干部人才队伍

（一）善用外部力量，提高队伍能力

注重工作实践，选派一批干部到成都、东部开阔眼界。加强工作实践是提升工作能力和水平的有效途径，只有具备厚实的知识储备、

开阔的发展视野、扎实的专业历练,才能履好职、尽好责。在提升优秀年轻干部工作实践能力上,丹巴县在脱贫攻坚过程中注重利用好外部帮扶力量。该县紧扣东西协作对口帮扶,大力选派优秀年轻干部到东部发达地区学习与挂职历练。历年以来,先后选派若干优秀年轻干部到广州挂职锻炼,并大力开展干部人才交流培训。同时,选派优秀年轻干部到省市相关部门进行跟班学习,使一批政治素质好、工作能力突出的年轻优秀干部进一步开阔了视野,提升了综合能力和素质。

独木不成林、单花不够香,强化交流与合作。一方面,一线脱贫干部借助互联网、物联网等网络的链接、传播作用,学习先进地区、率先脱贫地区好的做法和措施,从中发掘、吸取可供快速转化为所在扶贫地点脱贫方式的信息,帮助贫困地区、群众尽快脱贫;另一方面,针对脱贫攻坚干部队伍,加强对口帮扶单位和上级部门下派干部与本县干部的交流与合作,提高本地干部工作能力和素养,加大对帮扶队伍培训力度,及时利用组织优势,提供好经验、好做法、好思路。形式上可以多样,突出需求导向和实战化训练,强化扶贫干部理论联系实际的能力,着重提高落实党的扶贫政策、团结带领贫困群众脱贫致富的本领。

(二) 强化工作认知,锤炼干部素质

脱贫攻坚的主战场,正是培养锻炼过硬的脱贫攻坚干部队伍的检验场。习近平总书记曾深情地回忆在陕西梁家河插队的日子:"七年上山下乡的艰苦生活对我的锻炼很大,后来遇到什么困难,就想起那个时候在那样的困难条件下还可以干事,现在干嘛不干?你再难都没有难到那个程度。"七年的知青岁月,让青年习近平更加真切感受到了人民群众的冷暖甘苦。坚持把脱贫攻坚作为最大的政治责任,作为锤炼干部作风的大熔炉、检验识别干部的大舞台,把打赢脱贫攻坚战作为培养锻炼干部的主战场,在脱贫一线检验干部的胆识、能力、业绩、作风,全力以赴打好脱贫攻坚这场硬仗。

夯实农村基层党组织。习近平总书记反复强调："要把夯实农村基层党组织同脱贫攻坚有机结合起来，选好一把手、配强领导班子，特别是要下决心解决软弱涣散基层班子的问题，发挥好村党组织在脱贫攻坚中的战斗堡垒作用。"在脱贫攻坚中，丹巴全县党员干部严守党的纪律、坚决执行扶贫政策、积极发动贫困群众，长期坚守扶贫一线、攻坚扶贫一线、决战扶贫一线，锻炼了队伍，提升了群众认识，强化了基层建设，取得了基层党建和脱贫攻坚"双丰收"。

锤炼了干部，建强了队伍。丹巴县推行"参照干部选拔任用办法进行组织考察确定人选"方式，做好"推荐、考察、确定"程序，重点从后备干部、递进培养学员、优秀事业干部中考察选派第一书记、驻村工作队员。2019年，丹巴县162名驻村队员中大专以上学历157名，副科级以上干部62名，递进培养学员42名。通过压实责任、以考促优、优先提拔和表彰等方式，锻炼了一批具有良好群众基础和丰富基层经验的干部队伍。

第三章

以人为本,聚力齐心激发帮扶能力

习近平总书记在党的十九大报告中明确提出,"中国共产党人的初心和使命,就是为中国人民谋幸福,为中华民族谋复兴"。在2017年的中央经济工作会议上,他又进一步强调了要坚持以人民为中心的发展思想,并特别指出要把其贯穿到统筹推进"五位一体"总体布局、协调推进"四个全面"战略布局。坚持以人民为中心的发展思想,不仅回答了发展"为了谁、依靠谁"的发展目的、发展动力问题[①],而且主张人是发展的根本动力,回答了怎样发展、发展"依靠谁"的问题。"为了谁"和"依靠谁"是密不可分的。人是发展的根本目的,也是发展的根本动力,一切为了人,一切依靠人,二者的统一构成以人为本的完整内容。"以人为本"不仅是科学发展观的核心,而且是共产党全心全意为人民服务的党的根本宗旨的体现。综观扶贫实践,将以人为本理念同党的领导有机结合起来,已成为我国推进扶贫治理体系与治理能力现代化的重要经验。

脱贫攻坚战启动以来,丹巴县委、县政府高度重视、加强领导,聚合政策执行力、干部帮扶力、群众内生力和能人带动力,吹响"集结号",形成了政府主导、部门联动、群众主体、社会参与的扶贫攻坚强大合力,实现脱贫攻坚多元主体的"同频共振",形成共建共治共享的治贫新格局。"想为""敢为""能为""有为"是丹巴县构建的一个完整系统链条,"四为"共同作用,缺一不可,内在逻辑

---

① 参见方玉梅:《习近平新时代中国特色社会主义经济思想的逻辑理路——基于马克思主义政治经济学的分析框架》,《社会主义研究》2018年第6期。

严密,外在要求明确,是打赢脱贫攻坚战和谐有序的四部曲。广大丹巴县扶贫干部和群众"手牵手、心连心",以时不我待的精神"挂图作战",通过担当实干努力把"贫困地图"变成"致富实景",让美好蓝图在丹巴化为生动现实。

第一节 发展中的"紧箍咒":丹巴人力之困

2015年12月,《中共中央、国务院关于打赢脱贫攻坚战的决定》(以下简称《决定》)正式发布。《决定》提出了扶贫攻坚的总体目标和一系列精准扶贫方略;要实现精准扶贫,培养一支素质高、能力强、技术硬的"精准"人才队伍,是打赢扶贫攻坚战的基础。《决定》是关于扶贫攻坚的政策导向,只有遵从这一政策导向,围绕扶贫攻坚的战略需求,才能培养出"精准的人才",进而实现扶贫攻坚的精准目的。[①]

美国学者西奥多·舒尔茨的"人力资本",表现为人的能力和素质的总和。[②] 舒尔茨指出:"未来的经济生产力并不是由空间、能源和可耕地的面积所预先确定的,而将由人类的能力来决定。"[③] 因此对人进行投资是扶贫工作中首要的和最重要的任务,是经济发展的核心内容。

就我国而言,政府通过加大对教育的投入、强化义务教育和规范职业教育、中高等教育来开发人力资源,人才辈出的局面在我国初步

[①] 参见赵艳霞:《精准扶贫呼唤"精准"的人才队伍》,《人民论坛》2017年第1期。
[②] 参见李舟、周超:《对舒尔茨人力资本理论的理解与思考》,《江南论坛》2019年第6期。
[③] [美]西奥多·W. 舒尔茨:《论人力资本投资》,吴珠华等译,北京经济学院出版社1990年版,第167页。

形成。作为西部民族地区,丹巴县虽然民族人文资源丰富,但发展晚、起点低,再加上经济发展的不均衡性,人力资源的开发状况不容乐观。由于劳动者科学文化知识水平整体偏低,导致其观念落后,价值观、经济观、生产观与现代市场经济的运行准则相矛盾严重制约了民族地区经济的快速发展。另外,由于特殊的地理位置,致使信息闭塞,使他们在接纳新观念、新的科技知识方面也比发达地区缓慢得多。所以,有效地开发人力资源,将成为少数民族地区脱贫致富的主要保证和财富增长的源泉。[①] 加快丹巴县人力资源的开发和利用,对提高整个少数民族人口的整体素质将起到积极的作用,同时将促使扶贫人才与贫困地区共同发展、利益共享、实现双赢。

"人既尽其才,则百事俱举;百事举矣,则富强不足谋也。"人才是化解贫困问题的关键所在。当前,丹巴贫困地区的面貌已发生巨大变化,在扶贫工作中,瞄准人力的"短板",进一步破除制约当地发展的"紧箍咒",从"输血"转向"造血"。人才正是扶贫"造血"最急需的"干细胞",是长久脱贫的关键。聚焦脱贫攻坚战,丹巴县从外部引才、内部聚才、培育优才三个层面组建扶贫领域的人才库,通过外部人才帮扶,内部人才带动,为脱贫攻坚提供坚强人才保障,与贫困农户携手发展,奏响了一支支动人心弦的"脱贫曲"。

第二节　序幕曲:激发履职热情,增强"想为"意识

美国哈佛大学心理学和行为科学的创始人梅奥说过,"只有满意

[①] 参见赵曼:《西部少数民族地区人力资源开发的困境探析》,《科技信息》2010年第22期。

的员工才是有生产力的员工"。梅奥等人通过长达8年的霍桑实验，总结出这样的观点：工作的物质环境和福利好坏，与工人的生产效率并非有明显的因果关系；相反，职工的心理因素和社会因素对生产积极性的影响很大，管理的关键在于提高员工的满意度。[1] 结合该理论，在扶贫工作中，要提升扶贫干部的工作的认可度、满意度，不挫伤其积极性，才能更进一步激发一线干部的履职热情，以饱满的工作状态投身到扶贫实践中。

在实际扶贫工作中，工作苦，任务重，加班加点，是基层干部的工作常态。基层扶贫干部长期处于高度紧张的工作状态，不仅会影响正常的生活，还会影响到脱贫攻坚工作的开展。因此，在脱贫攻坚的决胜时期，加大对于战斗在一线的基层扶贫干部的关怀显得尤为重要。配合科学的激励机制，解决精准扶贫干部的后顾之忧，让干部充分发挥自身才能，提升对本职工作的满意度，在脱贫攻坚中大显身手，为群众谋福利，同时也能为自身更好发展奠定坚实的基础。[2]

在其位当谋其政，谋其政必尽其责。习近平总书记强调："不能只想当官不想干事，只想揽权不想担责，只想出彩不想出力。"这既是谆谆告诫，更是明确要求。面对扶贫面对脱贫攻坚这场硬战，丹巴乃至全国发展进入爬坡过坎、转型升级的关键时期，这就迫切需要领导干部这一"关键少数"积极主动、奋发有为，带领人民群众致富奔小康、共圆中国梦。为此，本着"你为群众着想，组织为你着想"原则，丹巴县采取了一系列符合实际、关心爱护基层扶贫干部的贴心举措，让扶贫一线干部感受到阵阵暖意，更进一步强化了责任感、进取心和精气神，激发了一线干部的履职热情，树立了"想为"之意识，点亮了共产党人坚守责任、无私奉献的"星星之火"，通过扶贫干部的"榜样"之火、"厚爱"之火、"减压"之火，点燃脱贫决胜

---

[1] 参见王东霞：《如何运用心理学理论提高员工的工作积极性》，《经济导刊》2011年第8期。
[2] 参见官磊：《高职教育视角下的精准扶贫探析》，《高教学刊》2019年第19期。

的"燎原之势",激励丹巴县广大党员干部和困难群众,阔步向着全面小康的目标奋进。

一、标杆示范,真抓实干,燃"榜样"之火

丹巴县各驻村工作队始终将建强基层党组织作为重点任务,为迅速提升驻村工作队员能力素质,发挥驻村工作队教思路、教方法、带思想、转作风的"传帮带"作用,在驻村工作中探索出"三带"模式:一是"一带多模式",即驻村工作队实行队长负责制,由第一书记带领本队两名队员在上任十五天内了解所辖村基本情况、掌握基础政策知识,确保新选派队员有方向可寻。二是"五带多模式",即发挥先进典型示范带头作用,由获得州级以上表扬(表彰)的第一书记分别作为五个片区的示范标兵,牵头建立微信群、QQ群,定期分享工作经验,探讨困难问题,确保新选派队员有样板可学。三是"多带多模式",即发挥组织培训平台作用,适时邀请县委农办、县脱贫攻坚办、人社局等脱贫攻坚职能部门业务人员进行专题授课,为驻村工作队员充电补钙,提升攻坚能力。一线扶贫干部聚焦"人民对美好生活的向往",让以人民为中心的发展思想刻进骨子里,融入血液中,落到行动上,带领人民群众一道披荆斩棘,开创了扶贫路上的伟大奇迹。

专栏:村民眼中的老支书:"共产党的样子就是他那样子"[①]

2018年10月20日,四川甘孜州丹巴县日卡村老支书西布秦麦更布(下称"秦麦更布")永远倒在了扶贫的路上。

儿子回忆,从1995年当村干部开始,父亲就完全变了一个

---

① 参见《"六亲不认"的老支书倒在了扶贫路上——记丹巴县日卡村老支书西布秦麦更布》,《甘孜日报》2019年2月18日。

人，总是早出晚归，成天家里看不见人，要么在村上的办公室开会、要么在公路上修路、要么在田间地头帮别人干活。村里人都知道，老支书有20多年的老胃病，即便如此，乡亲们印象最深刻的，是他胃痛也能把活儿干得比其他人更快更好。但在去年以来，有人发现了异样，建议他去省城医院检查。面对村民和家人的担心，秦麦更布总是安慰家人说没事，答应等把路修好就去看病。

路修好了，又是村庄风貌改造，又是村文化室修建，又是扶贫产业转型，一个又一个的建设和任务，秦麦更布错过了一次又一次的检查治疗机会。2018年春节后，老支书数次病倒在床上，常常一两天吃不下饭。7月，新村建设进入关键时期，老支书又一次倒下，身体极度虚弱，躺在床上粒米不进。但第二天，他又去工地上了，捂着胃子干一会儿活停一会儿。下午人又不行了，村民看劝不了，赶紧把他三个儿子叫回来劝，秦麦更布这才同意到县上去看病，但还是不肯去省城，怕时间太久误了村里的事。县医院体检后，由于病情严重，医生建议到省城去确诊后再治疗，但他坚持只在县上治疗。医院只好先开了一周的药水，暂时稳住他的病情。结果刚刚打了一天吊瓶，村里的上山道路因连夜暴雨塌方了，老支书听说这个消息后，二话不说，一把扯下针头，就赶回了村子。就这样一推再推，等到8月新村建设完工了，老支书才很不情愿地登上去省城的车。而这一去，竟是他66年人生的终结之行。

日卡村海拔3000米，周围的山都是4000米到5000多米，在当地也是有名的边远村。观念落后、交通不便、产业单一，长期以来制约着村庄的发展。作为深度贫困村的党支部书记，秦麦更布深知"通路"的重要性。老村长旺秀与秦麦更布搭了11年的班子，他介绍以前村子只有一条羊肠小路下山，送娃读书、卖东西上乡里只能靠人背。2009年国家给村上修通村毛路，一些老百姓不想让地出来，始终不能动工，老支书情急之下，把自己1亩耕地无偿让出来，事情才得到转机。2018年修入户水泥路，又有村民不肯出地，老支书又带头把自家地让出来。无论多么困难的工作，秦麦更布都用自己的实际行动努力走在前面，村民的生活水平和幸福指数也在老支书的带领下逐年提高。

村子里的用水是山上引过来的，几公里长的管子常常被泥石和树叶堵住，以前全村人轮流上山去掏引水管，一年要掏十几次。2013年以后，老支书自己一个人把这件事揽了下来，连续五年都是他在掏。一个人干不了，就带着二儿子去干。不仅"私人公用"，老支书还经常"私物公用"。松青卓玛和洛热巴尔姆是村里的两个残疾人，一个脑瘫、一个肢体有问题，都没有劳动能力。一有时间，老支书就会上门去看望，问寒问暖。逢年过节，还私人出钱给他们送衣服送食品，这在村里尽人皆知。

现任村长阿米吾热是个年轻的小伙子，谈到老支书对群众的好，他的眼睛一直红着、声音有些哽咽地坦言道，自己小的时候，不晓得共产党是啥子（什么）样子，后来跟到老支书干事，啥子都明白了，老支书的样子就是共产党的样子。

秦麦更布，是老少边穷地区一名普通的基层党员干部，他对党和人民的事业无限忠诚且用毕生的付出去诠释这份坚定的信念，他对身边的群众充满大爱并把党的光辉洒向大山深处的每个角落，他为了让家乡尽快脱贫总是冲锋在前且置生死于不顾，他坚持原则铁面无私且把优良作风的薪火代代相传，他心怀家国维护大局且在弥留之际仍牵挂团结和谐的邻里关系，他用几十年如一日的点点滴滴深刻揭示了什么是共产党、什么是共产党员、什么是人民公仆，并让曾经贫穷落后的村庄迈向了脱贫奔康的新时代，成为藏区工作、扶贫工作和党建工作在基层领域的一座不朽的丰碑。

二、注重人性，传递关怀，燃"厚爱"之火

扶贫攻坚的道路上，扶贫干部是主力。他们是经过层层筛选出来的精英典范，素质高、能力强、作风实，以吃苦耐劳的精神奋斗在扶贫一线，与群众同甘共苦、与百姓心心相连；他们是党和国家扶贫政策的宣传者、践行者，是群众致富道路上的领路人和主心骨。在扶贫干部的带领下，许多村庄引进了项目、申请了资金、创办了企业，丹巴县的经济日渐繁荣；许多贫困户找到了致富的门路，摘掉了贫困的"帽子"，过上了幸福的好日子。扶贫干部，已经成为脱贫致富的"金字招牌"。很多干部舍小家，为大家，日夜奋战在扶贫一线。但由于贫困地区条件艰苦，环境恶劣，面临的各种人身意外风险加大，有一些帮扶人员在脱贫攻坚中意外受伤，有的甚至付出宝贵生命。工作人员大多上有老下有小，一旦遇到意外，将给家庭带来巨大灾难。

打赢脱贫攻坚战，重点在一线，唯有注重关心和爱护奋战在一线的扶贫战士，最大限度解决他们的后顾之忧，才能最大程度激发他们的热情、提振他们的士气，扎实推进脱贫攻坚工作。

结合实际情况，考虑到了扶贫干部的服务期限、恶劣的工作环境，以及艰难扶贫道路中可能发生的危险，丹巴县定期组织基层扶贫干部体检，对疾病早发现、早治疗；对患有慢性病的扶贫干部持续关注，因身体原因不能胜任的，作出及时调整。同时，为驻村帮扶干部和下乡较多的干部购买人身意外保险，为他们的安全、健康撑起了"保护伞"，让扶贫一线干部更安心、健康、踏实地工作。

三、合理容错，奖罚分明，燃"减压"之火

决战决胜脱贫攻坚的冲刺阶段，时间紧、任务重、难度大。作

为脱贫攻坚的主力军，奋战在脱贫攻坚一线的干部不仅要熟练掌握各部门扶贫政策，而且要深入群众带领广大贫困户脱贫致富。面对问责力度增大、工作力度增加的情况，脱贫攻坚一线干部必须有健康的心理素质和高强的抗压能力，才能顺利落实各项脱贫攻坚任务，确保按时打赢脱贫攻坚战。然而，在实际工作中，由于工作强度大和工作环境差等问题，部分一线干部在心理上出现了一定问题，不仅影响了干部的生活，一定程度上也影响了脱贫攻坚工作，必须引起重视。

上面千条线，下面一根针。基层扶贫干部处于整个干部队伍的最基层，是联系群众的最末梢。他们有的长期驻扎于边缘地区，生活条件艰苦，交通不方便，经常是晴天一身汗，雨天一身泥；有的常常是"白加黑""五加二"，除了面对大量的群众工作外，还要应付各类检查考核和台账资料；有的工作任务重，工作压力大，完不成任务就要被"刮胡子"，出了问题就要被"摘帽子"。再加上一些贫困群众对扶贫干部的不理解、不信任，越发让扶贫干部觉得委屈。

给予扶贫干部更多理解和爱护，是他们干事创业的动力，也是最基本的保障。结合实际情况，丹巴县组织部为扶贫干部的压力"做减法"，定期开展扶贫干部交心谈心，及时掌握他们的思想动态，有针对性地开展思想疏导、工作指导，对家庭上有困难的扶贫干部及时提供帮助。同时也为基层扶贫工作人员的服务"做加法"，一方面，对在脱贫攻坚一线的优秀人物进行表彰激励，颁发荣誉证书，授予荣誉称号；另一方面，对于被诬告，遭受委屈的扶贫干部，及时澄清证明，帮他们撑腰鼓劲，为他们干事创业保驾护航。

为进一步增强驻村工作队员适应能力，减缓工作压力，丹巴县先后邀请成都师范学院、四川工商职业技术学院、拓普职业技术学院心理教授开展脱贫攻坚一线干部心理辅导专题讲座，惠及600余人次，让扶贫干部正确缓解压力，保持身心健康，助力脱贫攻坚取得成效。

专栏："压力应对，情绪调节"——做心理的守护人

2018年8月24日，成都师范学院四川省心理与行为科普基地刘杨老师赴丹巴县开展了以"压力应对，情绪调节"为主题的专题讲座，目的是提高脱贫攻坚一线的干部职工面对高强度的工作压力时自我减压及调节情绪的能力，以更加积极健康的心态全面投入到全县脱贫攻坚一线工作中去。

刘杨老师的讲座以"压力应对，情绪调节"为主题，以"知己知彼，百战不殆"为切入点，用生动的案例向大家讲解了基层公务员压力的来源及产生的原因，同时从时间管理、问题归因、情商提升、调整认知、积极暗示等方面进行辅导，教会大家在工作生活中怎样应对压力，有效调节自己在工作中的极端情绪。

有趣的案例与幽默的讲解为长期奋斗在脱贫攻坚一线的基层干部送去了心理的抚慰，帮助丹巴县基层干部在繁忙的工作之中树立积极认知，合理有效地应对工作生活中的压力，合理调控自身情绪，以良好的精神面貌全身心投入到脱贫攻坚工作中。

对于基层干部而言，基层是实践的原野、历练的疆场。扎根基层、淬炼本领，是干部成长的重要途径。在这样的背景下，不为压力捆绑，才是广大干部担当作为，更好为民谋利、为民办事、为民解忧的重要途径，只有这样他们才能更好地担负起时代赋予的脱贫攻坚的光荣使命。

第三节　行进曲：强化扶贫责任，坚定"敢为"决心

思想是行为的先导，行为是思想的具体表现，为有效激发脱贫攻坚一线干部干事创业激情，确保尽锐出战、全力以赴，按时打赢全面脱贫攻坚战，丹巴县以"抓党建、求创新、强本领、促脱贫、勇担当"为中心加强干部教育培训，坚定理想信念、强化宗旨意识，提升脱贫攻坚队伍的凝聚力、向心力和战斗力。

一、敢于作为：勇担使命，知行合一

自脱贫攻坚工作开展以来，丹巴县紧盯精准扶贫精准脱贫工作目标，围绕扶贫政策落实，分年度、分批次、分类别开展专题培训，加强思想教育，不断提升一线扶贫干部能力素质和业务水平。一方面，丹巴县各级党委组织党员学习，以习近平总书记关于脱贫攻坚重要论述武装头脑、指导实践、推动工作，坚定理想信念，心系贫困群众，强化攻坚克难的战斗意志，激发艰苦奋斗精神，锤炼过硬工作作风，模范遵守廉政纪律，咬定目标、不畏艰难、脚踏实地、砥砺前行，坚决打赢脱贫攻坚战。学习过程中，扶贫干部也清楚地认识到学习的目的在于应用，绝不能学归学、做归做，要将理论作为自己行动的指南，做到学以致用。另一方面，一线扶贫干部在学习过程中坚持联系实际学，从自身实际出发，把理论与丹巴县发展问题相结合，做到用理论去解决问题，提高解决实际问题能力，在问题中深化理论学习，提高自我修养，真正让学思用融会贯通。

专栏：丹巴县干群协力抗洪抢险记①

2018年夏季持续强降雨，致使丹巴县境内部分乡镇村出现不同程度的灾情，中路、革什扎、边耳、丹东、聂呷、梭坡等多个村，洪峰经过之处，桥梁冲毁、路基垮塌、道路中断……危急时刻，险情就是一种召唤与凝聚。丹巴县各级党委政府立即吹响紧急集结号，广大党员、干部犹如一面面鲜红的旗帜，飘扬在每一处最危险的洪峰上，带领人民群众在丹巴大地合力打响了一场抗击洪流的攻坚战。

2018年7月10日下午2点，燕尔岩村由村干部和群众组成的巡察人员发现村里与省道211线隔河相连的大桥开始移位，立即向乡上进行汇报。在经过技术人员检测后，发现桥梁已有损伤，不能再通行，赓即对桥进行了封闭，并将住在桥头的村民罗恩贵一家进行搬迁。就在转移后的第二天早上6点，洪峰经过水位增高，持续时间长，该桥梁被彻底冲毁。

7月15日，洪水已退去，当地群众生产生活秩序井然，但一谈起洪水来临时党员干部冲锋在前的一幕，当地群众依然很激动地夸赞他们是村民的"守护者"。是他们汛期来临时巡察人员值守24小时无间断，第一时间转移群众，在这次洪峰过境保证了村民和村庄的安全。

在抗洪抢险的日日夜夜——通过排查消除隐患的是党员；带头转移群众的是党员；毫不犹豫冲到一线的是党员；巡查值守连续24个小时不合眼的是党员……洪水面前，党组织是坚强靠山；危难时刻，党员干部冲在最前边。洪水肆虐，一个基层组织，就是一座堡垒，大灾如大考，考验的是基层党组织和广大党员的坚

---

① 参见《众志成城降洪魔　丹巴县干群协力抗洪抢险记》，《甘孜日报》2018年7月19日。

强党性。在抗击暴雨洪灾中，基层党员不怕艰难困苦，激流勇进，为民解忧，体现了共产党员的责任和担当，彰显了丹巴县党员干部心系群众、一心为民的情怀，进一步提升了扶贫工作者在群众中的形象。

二、敢于担当：直面问题，即知即改

总攻在即，能否攻克最后一座明碉，消灭最后一个暗堡，实现完胜，还需扶贫干部牢固树立逢山开道、遇水搭桥的战斗精神。

为充分发挥第一书记"总管道"和"总漏斗"作用，全力助推丹巴县高质量实现脱贫攻坚"县摘帽"目标，按照严管厚爱的原则，2018年丹巴县委组织部牵头，会同县委编办、县人社局组成四个专项工作组，扎实开展丹巴县全面提升建档立卡贫困村第一书记队伍质量工作，将不合适的人选清出第一书记队伍，将最优秀的人才选进第一书记队伍，将新任第一书记及时"领"入作战状态。工作组深入全县15个乡镇54个贫困村，通过"一听二查四问一征询"方式，掌握贫困村第一书记各方满意度情况，客观、公正地对第一书记履职表现进行综合评估后，调整第一书记10名，其中正常轮换5名，调整撤换5名。同时，针对需要调整的第一书记，县委组织部坚持参照干部选拔任用办法进行组织考察确定人选的主动选派方式，严格按照干部考察程序，将自上而下选派的10名政治觉悟高、实干意愿强的优秀年轻干部"领"入作战状态。全县在岗第一书记认真开展自查自纠，以高度的政治自觉和强烈的政治担当，对照问题清单主动认领、补齐短板，做到在人员上织牢一张网、工作上下好一盘棋、作风上拧成一股绳，为打赢脱贫攻坚战提供政治保障。

（一）人员上织牢一张网，全面覆盖有底气

驻村工作队是精准扶贫的生力军和突击队，为了助力打赢脱贫攻

坚战，丹巴县坚持"三分选派，七分管理"思路，着力为贫困村打造一支沉得下心、迈得开腿、带得了头、干得成事的驻村工作队伍。

在人员选派方面，基于丹巴县干部队伍结构现状，按照"推荐、考察、确定"程序，重点从后备干部、递进培养学员、优秀事业干部中考察选派第一书记、驻村工作队员，为54个贫困村选优配强162名驻村工作队员。在队伍整体素质提升方面，创新学习培训方式，搭建驻村工作政策咨询微信平台，由县脱贫攻坚办、驻村办等部门在线答疑解惑，为工作队员提供及时准确的政策解读与答疑服务，助力解决在一线工作中实务操作性问题，并将人员培训纳入扶贫干部学习培训规划和干部年度培训规划，积极开展需求调研，科学安排培训课程，进一步增强驻村工作队员适应农村工作，推进脱贫攻坚能力。

冲锋令吹响后，驻村工作队员带着热情、责任和使命投身脱贫攻坚战场，切实担负起脱贫攻坚一线"指挥员""战斗员"责任，把主要精力和工作重点放在脱贫攻坚决战上，形成各级党政领导上下齐心、合力攻坚的良好局面。

（二）工作上下好一盘棋，转变作风聚人气

2018年是丹巴县打赢脱贫攻坚战、实现贫困县摘帽的决胜之年，也是实施"十三五"规划承上启下的关键一年。全县各级、各部门、各责任人在思想上、认识上、行动上与县委、县政府保持高度一致，不再出现各自为政、一盘散沙的现象，以脱贫攻坚一盘棋的思想，积极主动配合县级各部门，尤其在协助乡（镇）完善相关佐证材料，如及时提供产业扶持、道路建设、医疗报销凭证、教育扶持、住房安全等帮扶方面的规划、方案、文件、图片、资金兑付等相关资料，并在验收、签字、盖章、完善材料方面严格把控，确保了如期高质量脱贫摘帽。

各级、各部门坚持把脱贫攻坚作为最大政治任务和第一民生工程，倾注真心，以把贫困户当亲人的姿态，定期专题研究，定期调研督导，推动工作落地落细，用"绣花"功夫，比细心、比耐心，始终保持攻坚状态，在大战中践行初心使命。工作中树牢"一盘棋"思想，加强协调配合，履行工作职责，形成脱贫攻坚决战决胜的强大合力。

（三）作风上拧成一股绳，同心同德出力气

在丹巴县日常整改工作中，各问题责任人坚持务实的工作作风，把整改工作作为自己的家事对待，仔细地抓好每一项问题整改。大家明确认识到在任何一个环节上出问题，都将影响全县的摘帽工作，为此，扶贫干部拧成一股绳，劲往一起使，全力抓好问题整改和查漏补缺工作。各乡（镇）、各部门认真学习领会关于乡档、村档、户档整改培训，对精准扶贫工作中所形成的贫困户识别资料、建档立卡材料、精准扶贫手册、贫困户个人资料、增收台账、结对帮扶等全部材料内容逐一清理登记，进行翔实摸底，为精准扶贫档案工作的开展奠定了基础，确保精准扶贫档案整改工作不空不偏不走过场，切实收到良好的成效。

三、敢于实践：教育常态化，学思践悟

持续筑牢全体党员的身份意识，不断刷新着"合格党员"的先锋本色。可谓是，学无止境，做无终点，学习教育常态化制度化，是坚持思想建党、组织建党、制度治党紧密结合的有力抓手，是不断加强党的思想政治建设的有效途径，是全面从严治党的战略性、基础性工程。因此，对于丹巴县广大的党员和领导干部而言，从自我做起、从现在做起，深化学习教育，进一步实现"学思践悟"。

学，即为学习。学是基础，学是前提，刀不磨要生锈，人不学要落后。党章党纪是根本遵循，系列讲话是行动指南，合格党员是标杆

模范，必须好好学、多多学、常常学。带着问题学，问题是导向，学习是路径，要通过自我学习、集中学习等方式来解决问题，学出实效，学出心得；带着责任学，既要入脑更要入心，把学习教育同做好中心工作结合起来，同落实好各项工作任务结合起来，做到两手抓、两促进，防止搞应付，防止走过场；带着劲头学，积沙可成塔，水滴能穿石，要持有活到老学到老的心态，要树立学以致用、学有所获的目标。

思，即为思考。思考才能查漏补缺，思考才能得到升华，学而不思则罔，思而不学则殆。有思考重点，紧密联系本地区本部门本单位实际，联系党员思想工作实际，突出分类指导，组织党员、干部经常自省修身、打扫思想灰尘，有什么问题解决什么问题，什么问题突出重点解决什么问题；有思考方向，充分认识推进学习教育常态化制度化的重大意义，始终把思想教育作为第一位的任务，坚持用党章党规规范党组织和党员行为，用习近平新时代中国特色社会主义思想武装头脑、指导实践、推动工作，不断增强"四个意识"，努力做到"四个合格"，忠诚干净担当、发挥表率作用。

践，即为践行。思想是行动的先导，行动是思想的归宿，不合格的要向合格看齐，合格的要把合格当成一种习惯。踏踏实实做，不迎合应付、敷衍了事，不做样子、走过场，不摆花架子、吹空气球，率先垂范，慎独自律，稳步前行，用理论指导实践，用行动求取实绩；明明白白做，自觉增强政治意识、大局意识、核心意识、看齐意识，把合格党员的标尺立起来，树立共产党员先锋形象，立足岗位发挥作用，发挥党员先锋模范作用；真真正正做，既能做出来，也能做下去，完善自我，为民务实，恪守严实相济，确保久久为功。

悟，即为体悟。体悟是一种对经验规律的总结，体悟是一种对思考践行的拔高，悟才能让学更透彻，悟才能让做更踏实。动员部署、组织实施、打造典型，每一个环节都尤为关键，而更重要的是每一个环节之后都要有所"体检"、有所"筛查"，干好的，要及时梳理总结经验，没干好的，要快速出击找准问题，构建"干什么、怎么干、谁来干、什么时间干成"科学周密的落实体系，既要搞好组织，也要搞好宣传，传递好声音，弘扬正能量，让学习教育深入基层、深入人心，让学习教育成果更加稳固，让学习教育成效更加明显。

专栏：初心续写"创新史"，党员争做"圆梦人"

过去，一些党员不愿意参加组织活动，认为每次内容、形式都基本相同，参不参加没什么区别，一些党员经常不参加组织活动屡见不鲜。找准问题，对症下药，丹巴县把党务政务村务公开及党在藏区的惠农政策等群众关注度高的内容纳入"一月一主题"活动，以党支部书记向支部委员讲、支部委员向党员讲、党员向群众讲和营造群众有事问党员氛围的"三讲一问"模式，逐级提升党支部书记、支部委员、党员信息时代的优越性，提升主题党日吸引力。

丹巴县以开展主题党日活动为契机，紧紧围绕党建促脱贫，开展了软乡弱村整顿揭丑亮短提升整改实效力、争当干事先锋提升战斗力、农民夜校讲技术提升致富带领力、扶贫帮困志愿服务提升执行力、"感党恩、颂党恩"自力更生提升凝聚力等主题党日活动，让党员切实在主题党日中达到充电提能实效，增强了党员内生动力，促进了党支部有活力，实现了基层党建与精准扶贫"双推进"。

给党员提能，让党员在主题党日活动中有收获。以前一些农牧民党员参加党内活动要"说好话"请假，现在都舍不得错过，怕在群众面前一问三不知，没面子，通过主题党日活动，党员自觉性增强了，身份亮出来了，党内活动也比以前好开展得多了。

截至目前，丹巴县在主题党日中开展讲党课1300余场次，开展志愿服务1.8万人次，帮助解决群众困难1500余个，联系乡镇、机关单位和村的县级领导对党员抽查提问2000余人次，形成了自觉学习、学用结合、善学善用的良好氛围。特别是贫困村第一书记参加派出单位、派驻村"双重"主题党日，更好地促进了第一书记履行主责主业职责和发挥脱贫攻坚作用，2018年县、乡换届工作中，鲜明考察扶贫工作实际的用人导向，提拔使用"五个一"驻村帮扶干部32名。

在学习教育中开展主题党日活动取得了聚牵引之力、扬思想之帆、求发展之实的良好成效，要把主题党日与党员活动日结合起来常态化开展，"一月一主题"让火红的党旗熠熠生辉，让党员"动"起来，支部"活"起来，凝聚强大正能量，在脱贫攻坚战中迎难而上。

四、敢于表率："灯塔行动"，以身作则

为深入实施"灯塔"行动，丹巴县基层党组织结合"大学习大讨论大调研"活动，突出思想引领、贯彻执行、集成创新，集中整治机关党建"灯下黑"问题，"点亮"支部，"唤醒"党员，铸就坚强"堡垒"。

（一）突出思想引领，增强管党治党新功能

2018年以来，丹巴县各级党组深入开展政策宣讲、上党课、工作督导、走访慰问等活动，向党员群众宣讲党的最新理论成果，增强政治认同、思想认同、理论认同、情感认同，引导群众坚定不移听党话、感党恩、跟党走。在主题党日活动上，党员干部开展重温入党誓词、表彰先进、党史党章知识竞赛、演讲比赛、歌咏比赛、反腐倡廉警示教育等活动，增强党员意识，进一步组织动员广大党员为新时代历史使命共同奋斗。

(二) 突出贯彻执行，构建管党治党新格局

各级党组定期召开党建工作例会暨"灯塔行动"推进会，对各党支部改选、党员发展、"灯塔"行动推进、"大学习"活动开展、党员活动室的建设等重点工作逐一进行安排部署，并就党支部开展的党建专项督查中发现的问题，要求着眼基础工作，紧盯工作任务，及时予以整改，切实把握党建工作的核心要求，认真研究谋划，迅速部署落实，确保各项党建工作按期高质完成。落实党建责任清单任务，重点督办"三会一课"、主题党日、组织生活会、民主评议党员工作等方面工作是否落到实处，通过督导促落实。紧紧围绕全面提升基层党支部建设水平的目标，进一步细化工作方案，深入推进"精品培育、典型示范、素养提高、分类升级、党内关怀、提升组织力"六大活动，着力推动机关党建在新时代有新作为、新举措、新气象。

(三) 突出基层创新，彰显管党治党新风貌

以"基层党建走前头"为目标，聚力解决党建工作中存在的主体责任不落实、基础党务台账不清、工作制度落实不规范、工作缺乏示范带动等问题，集中力量补短板、强功能，着力建设坚强战斗堡垒。党员干部通过"查阅资料、看宣传片、答疑解难、座谈交流"等方式对党建工作及文化建设等进行了认真学习考察，力争对标党支部"十个标准化建设"要求，把党支部建好、建强。通过拿好"望远镜"，当好"探路者"，抓好学习再出发；用好"铁锄头"，当好"铺路者"，抓实整改再提高；举好"指挥棒"，当好"引路者"，抓紧创优再提质等举措推进基层党组织管理机制更加完善、组织活动更加规范、工作落实更加有力、党员素质明显提高。

专栏：美人谷"最美格桑花"——党员余德春[①]

四川省甘孜藏族自治州东部，被誉为"美人谷"的丹巴县，一名普通的农村妇女，虽然只有小学文化，却凭着一股子敢闯的"牛"劲儿，带领全村89户村民致富，如今村民户均年增收达到2.8万元。这名妇女便是党的十九大代表、丹巴县水子乡水子一村村委会主任、水子家政服务队队长余德春。

"水子一村山旮旯，天干雨旱地光光。"这句顺口溜就是水子一村昔日的真实写照。为了摘掉贫困的帽子，余德春率先走出家门，走南闯北大胆尝试，逐步走上了发家致富之路。1998年，余德春回到村里组织成立家政服务队，而思想观念保守的妇女们却不愿意"抛头露面"搞服务，一盆冷水差点浇灭了她的满腔热情。然而，喝着牦牛河水长大的余德春有一股子"牛"劲儿。委屈过后，她挨家挨户上门劝说，关系好的就"死磨硬拽"，就这样仅有3人的服务队"闯进"了县城。那一年，她们用辛勤的劳动换回了做梦也不敢想的报酬，吸引了越来越多的妇女主动加入，服务队逐步壮大至39人，每人年均增收8500余元。随着家政服务队的逐步稳定，她又将目光盯向市政建设，承包了县城后山滑坡治理工程劳务项目。她带领乡亲们在施工现场背水泥、扛沙袋、搬砖块、砌堡坎，成天忙得一身泥，变成名副其实的"女汉子"。一年过去，劳务队户均增收1.78万元。如今，尝到甜头的劳务队迅速壮大，乡亲们户均年增收额也逐步攀升至2.8万元。村里低矮破旧的房屋逐渐被一座座崭新的白色藏房取代，村寨面貌焕然一新，昔日穷村一举成为远近闻名的富裕村寨。

回顾这几年丹巴县的发展变化，脱贫攻坚工作，任务重、压力大，像余德春这样的党员干部千千万万，他们充分发挥先锋模

[①] 参见《20载努力让贫困村变"旅游村"》，《华西都市报》2017年10月9日。

范作用，以身示范，激发群众干事创业的激情，增强群众脱贫致富的信心，坚持学用结合，不断夯实脱贫攻坚的群众基础，充分调动群众脱贫致富的积极性，以实际行动带领群众脱贫致富奔小康。

第四节 保障曲：提升服务水平，提高"能为"本领

克莱顿·奥德弗（Clayton Alderfer）的 ERG 理论是生存、关系、成长三核心需要理论的简称。它是美国耶鲁大学组织行为学教授奥德弗在大量实证研究基础上对马斯洛的需要层次论加以修改而形成的一种激励理论。该理论认为成长的需要对人的发展至关重要，包括人在事业、前途上的自我创造性实现。[①]

结合现实的扶贫工作，成长发展的需要是扶贫干部的个人自我发展和自我完善的需求，这种需求通过创造性地发展个人的潜力和才能、完成挑战性的扶贫工作得到满足。

选派干部驻村帮扶是中央立足贫困村现状作出的重大战略决策，是我国政治优势、制度优势的集中体现，是打赢脱贫攻坚战的重要组织保障。为切实发挥驻村工作队在脱贫攻坚中的"总管道"和"总漏斗"作用，丹巴县在选人用人管人上既"不拘一格"又"一以贯之"，下足功夫"选+管+育+用"四部曲，通过大胆选人、严格管人、精心育人、放手用人，着力打造了一支沉得下身、迈得开腿、干得了事的基层工作队伍。

---

① 参见秦智洁、曲直、周定财：《基于激励理论的基层公务员职业倦怠研究》，《领导科学论坛》2018 年第 1 期。

一、选才篇：观千剑而后识器，不拘一格选人才

打破传统，"选"出优秀的同志到攻坚一线。始终抓住脱贫攻坚的"牛鼻子"，以选优领头羊为目标，把严入口，因地制宜，实现"两优"。把严入口，实现驻村工作队人选"质优"。目前，丹巴县162名队员中大专以上学历157名，副科级以上干部62名，递进培养学员42名。丹巴县针对机关单位"舍不得"把最优秀的干部推荐到村和安排"闲人"驻村的现象，转变"个人报名、单位考察、组织把关"的自下而上选派方式，推行组织考察确定人选方式，按照"推荐、考察、确定"程序，重点从后备干部、递进培养学员、优秀事业干部中考察选派第一书记、驻村工作队员。

为实现驻村工作队结构最优、作用最大、效益最佳，丹巴县打破传统，将驻村工作队后备人选放眼于退居二线的中龄同志，充分发挥其群众优势、经验优势、威望优势，实现干部人才资源优配。基于丹巴县干部队伍结构现状，瞄准基层工作急需的农村工作经验优势，坚持"身体健康、年龄适中、能力较强"标准，从70余名报名人员中挑选出17名有意愿作为的同志投身基层一线。这17名退居二线同志中，15名熟悉所驻村藏语，10名在曾经工作的地方、自己的家乡、帮扶部门联系村驻村，实现了工作配置上的"两变"，即"二线"变"一线"，"一线"变"主线"，实现干部人才资源"优配"，有力助推脱贫攻坚的同时为广大干部职工树立榜样。与此同时，为鼓励和激励其工作激情，年度考核中，将优秀名额向"二线"转"一线"的同志倾斜。

专栏：丹巴富不富，关键看干部

作为四川省"四大连片贫困地区"中的高原藏区县，甘孜丹巴全县像聂拉村这样的贫困村共有54个，贫困的人家有2245

户，多达8564人。

就在几年前，刚到丹巴县巴旺乡聂拉村的第一书记李明辉看着不利于发展传统农业的高原坡地，以及村民们拮据生活的现实困境，不停地思考一个命题：要带领老百姓们战胜贫困，到底应该怎么办？"坚持党建引领，进行思想解放，理念更新，是心里反复出现的一个答案。"李明辉所想正是他行动的先导，而巴旺乡聂拉村坚持做强党支部来引领脱贫工作的路子，也正是丹巴全县践行"围绕脱贫抓党建、抓好党建促脱贫"总体思路的具体实践。

想到就去做，李明辉将特别能致富、能带富、理念新的群众培养成为共产党员，再将其中的一些优秀共产党员选入成为班子成员，通过"一帮一"的活动，让优秀党员、班子成员为帮助贫困户和广大村民出主意、想办法、找门路，这样便于充分激发脱贫致富的内生动力，也充分发挥基层党组织战斗堡垒的作用，助力脱贫攻坚。

以前村民守着大山过日子，面朝黄土背朝天，通过务农的收入甚薄，倘若家里老人生了病，整个日子便过得很紧；现在，在家门口就能售卖莴笋等农作物给路过的游客，连同土地流转收入和务工收入一年能挣五六万元。大家都说现在政策好，村里的干部思路活，路子也多，跟着干就对了。现在依旧是守着大山过日子，但这日子却越过越红火！

脱贫攻坚核心在人，关键在干部。近年来，丹巴紧紧围绕脱贫攻坚加强队伍建设，不仅加大干部人才支持力度，如2016年以来调整提拔重用脱贫攻坚一线干部88人，其中第一书记20人，而且开放引智引才渠道，通过实施引硕博育本土人才工程、丹巴籍工作人员回流计划、科技扶贫万里行等，引进了紧缺行业专业技术人才400余名，促成56名援藏干部和149人次的短期性临时援藏人才及107人次的专业技术人才有效帮带，形成了内外联动攻坚良好局面。

以往一说下村入户，很多人不愿意去，很多机关领导也是秉持"精干的留在手底下，平庸的派出去；年轻留下来干活，年纪大的派出去应付"。而今，丹巴县下决心精准扶贫，精准帮扶，要让老百姓真正看到扶贫的成效，把"合适的人派到合适的位置"，派准人，干实事，出实效，可谓真正把扶贫工作做到了老百姓心坎。

二、管才篇：同舟共济扬帆起，乘风破浪万里航

找准重点，"管"好驻村队伍坚守在攻坚一线。秉承"优秀的驻村工作队不仅仅是选出来的，更是管出来的"理念，坚持"三分选派，七分管理"思路，以建强尖兵队为目标，实现"五个全覆盖"。

（一）责任落实全覆盖

2018年，分别与54名第一书记、108名驻村工作队员、62个派出单位、15个乡镇党委签订承诺书239份，进一步压紧压实乡镇党委日常管理责任，派员单位跟踪管理服务责任。

（二）谈心谈话全覆盖

推行县委组织部、派出单位、乡镇党委三级谈话制度。同时，举办集体谈心谈话会3次、覆盖150余人次，组织个别谈心谈话232次、覆盖326人次，动态掌握了解驻村工作队员工作难题、生活困扰、情绪状态等，帮助队员解疑释惑，有针对性地疏导情绪、统一思想，引导队员牢固树立责任意识和凝聚砥砺前行的共识。

（三）以考促优全覆盖

实施考勤、考试、考核"三考促优"法。考勤，由村"两委"

首考，乡党委复核，以考促"纪"；考试，分为县级集中组织和乡镇自主举办，以考促"学"；考核，分为平时考核、年度考核与期满考核，以考促"行"。同时结合考核开展全员"三述三评"，即向大会述职，队员相互测评；向派驻村党组织述职，由村干部、贫困群众、非贫困群众进行认可度测评；向乡镇党委述职，由乡镇领导班子、驻村工作队成员、乡镇一般干部、派出单位负责人进行认可度测评，增强考核公正性。以此进一步激发队员主动充电、奋进争先的内生动力。

（四）督查暗访全覆盖

采取定期督查和随机暗访相结合等方式，以"3+2"驻村干部管理模式（通过3项举措实现2项目标，即保证85%的时间在丹巴，保证85%的时间在村上，保证85%的精力用于脱贫攻坚，实现群众认可度和满意度98.85%，第三方评估验收98.85%）为督查导向，多层次全覆盖督促引导队员履职尽责。2018年，丹巴县组织部先后4次深入各乡镇、村督查队员脱产驻村、履职尽责等情况，点对点发送问题清单60余份；通过发送定位、电话询问等暗访方式开展督查15次。

（五）大数据管理全覆盖

在驻村工作队中推行钉钉软件管理模式，要求全县162名驻村工作队员下载手机APP"钉钉"，实行到乡到村定位打卡、请假出差系统报备，实现管理科学化、便捷化、痕迹化。

三、育才篇：百尺竿头须进步，十方世界是全身

把住关键，"育"出强劲干部充实攻坚一线。脱贫攻坚是一场战役，参加的是广大干部和群众，加强干部教育培训，脱贫干部也必须是重点。脱贫攻坚干部培训工作，是脱贫攻坚的基础性、先导性工

作，有利于深化干部队伍思想认识、压实工作责任、熟悉政策业务、提升能力水平，对新形势下打赢脱贫攻坚战具有重要意义。在脱贫攻坚战中，丹巴县始终将脱贫攻坚一线干部的培训培养和关心关爱放在心上、抓在手上，做到了"三个注重"。

（一）注重能力提升

将队员培训纳入扶贫干部学习培训规划和干部年度培训规划，积极开展需求调研，科学安排培训课程；搭建驻村工作政策咨询微信平台，由脱贫攻坚办、驻村办等部门在线答疑解惑；整合对口帮扶地、社会各界资源优势，创新培训方式。2018年，丹巴县全覆盖培训162名驻村工作队员，其中10名参加省级示范培训班，162名至少参加过1次县级培训班，54名参加"腾讯·为村奔康"专题活动，80余名参加"团队协作"主题培训，进一步增强了驻村工作队员适应农村工作、推进脱贫攻坚的能力。

（二）注重心理疏导

2018年先后邀请成都师范学院、四川工商职业技术学院、拓普职业技术学院的心理教授开展脱贫攻坚一线干部心理辅导专题讲座，就县乡干部和帮扶队员在脱贫攻坚阶段存在的主要心理压力、压力过大对身心健康状况造成的危害、心理压力现状测试、现阶段如何进行心理调适及压力管理方法等方面进行讲解，通过现场交流、情景模拟、问卷测试等形式，为参会人员进行了有效辅导。心理专题讲座惠及600余人次，帮助基层干部养成科学健康的生活方式，以健康的体魄、充足的精力，投入到工作和生活中去。

（三）注重示范引领

2018年，邀请20余名表现优秀、能力突出的第一书记、驻村工作队员通过召开座谈、组织述职、举办演讲等方式，分享经验、交流想法。一方面实现互学互助，经验交流；另一方面通过培树和表扬优秀第一书记、驻村工作队员，形成正向激励，营造良好健康、积极向上的干事创业氛围。

专栏：量身定制流动党员"学习套餐"

确保流动及离退休党员学习教育不掉队，丹巴县创新"四个一"方法，积极引导，不断强化流动党员学习教育管理，确保流动党员学习教育不断线，学习教育见成效。

摸清一个底，流动党员"流动不流失"。各级党组织按照《党组织关系排查工作方案》在掌握原有流动党员档案的基础上通过入户走访、发动群众力量、电话沟通等方式对流动党员全面细致调查摸底，在摸清流动党员数量、联系方式、职业分类、流向单位及地域分布、所在党组织等情况后建立台账，做到知去向、知现状。

提供一个平台，流动党员"离开不离学"。各支部积极搭建微信公众号、微信群、专题学习QQ等"互联网+"学习平台，引导在外流动党员积极参加所属支部各项活动，提高其参与学习教育的思想自觉和行动自觉性，确保"学"得深入，"做"得出色。

结成一个对子，流动党员"离家不离党"。建立健全流动党员"3+1"结对联系制度，由片区领导、包社干部和村支部成员分别联系1—2名流动党员，坚持定期联系，切实增强外出流动党员归属感，确保党员不失联、组织知近况；建立流动党员"集中学习中心"，并纳入村（社区）党员管理教育，确保流动党员学习有组织、有去处。

设置一个岗位，确保流动党员"学做不分家"。各乡镇、村（社区）设置流动党员"致富扶贫岗"，引导流动党员助力家乡脱贫奔康；加大对回乡创业党员的指导帮扶力度，积极支持、鼓励回乡创业党员建立健全各种专业协会，发挥其经济示范和辐射带动作用。

随着经济社会的发展，越来越多的党员走出家门，在外务工创业。与机关、企业、事业单位等有固定的务工地点的党员相比，流动党员的随机择业强性、流动性强，学习时间和学习地点不固定，工学矛盾尤为突出。因此基层党组织要为流动党员量身定制"学习套餐"，确保流动党员人员不掉队、学习不能少。

四、用才篇：人才自古要养成，放使干宵战风雨

聚力焦点，"用"好优秀干部筑牢攻坚一线。丹巴县将脱贫攻坚一线作为培养锻炼干部的阵地，积极探索从脱贫攻坚一线培养选拔干部的途径和方法，引导干部变"约束着干、督促着干"为"主动地干、积极地干"，做到了"三个到位"。

（一）待遇保障到位

每年为脱贫攻坚一线干部安排体检，督促派员单位在驻村工作队员驻村期间为其购买意外伤害保险，按要求落实驻村工作队员相关待遇保障。同时，积极落实驻村工作待遇，及时协调解决驻村工作和生活困难、难题，推动工作队员"安心、放心、用心"驻村帮扶，确保"派得出、驻得稳、干得好"。2018年，为贫困村第一书记、驻村工作队员兑现生活补助等相关待遇88.9万元，为54个贫困村发放工作经费108万元，进一步提振了大家驻村帮扶工作的士气。

（二）关心关爱到位

将关爱作为脱贫攻坚一线干部的引擎，用心解决一线干部实际困难、照顾一线干部切身利益，切实解决他们的后顾之忧；帮助10名一线干部家属调动工作，同时推行"双考调休"制，为有子女参加

中考或高考的一线干部提供一周陪考假。做实关心关爱扶贫一线干部工作，让扶贫干部切实感受到组织的温暖，体会到组织的关怀，进一步激发大家的工作热情，充分调动干事创业的积极性、主动性、创造性，在扶贫工作中始终保持拼劲、干劲、冲劲。

（三）提拔表扬到位

鲜明用人导向，坚持落实好《省委办公厅、省人民政府办公厅印发的〈切实关心爱护脱贫攻坚一线干部激发干事创业活力办法（试行）〉》关于培养使用各项政策措施，加强对表现优秀的第一书记、驻村工作队员的培养使用。2016年以来，提拔重用第一书记30名，拟提拔重用第一书记20余名，进一步激励优秀年轻干部主动投身攻坚一线，在全县形成了"撸起袖子加油干"的浓厚氛围。

第五节　加速曲：整合多元力量，拿出"有为"行动

"多元协作"这种合理分工、互动合作、相互依存、相互补充、相得益彰的扶贫方式在丹巴县扶贫摸索和实践过程中被构筑起来，实现层层分解脱贫重任，形成良好合力，加快了奏响丹巴县脱贫致富奔小康的胜利曲。

一、党建引领：头雁引领，群雁高飞

党员干部是推进党和人民事业的中坚力量，党的路线方针政策的执行者，是为民服务的主力军。俗话说，"村看村、户看户，群众看干部"。深入实施精准扶贫战略，党员干部要发挥"领头雁"的引领

带动作用,带领群众沉下身子务实干、攻坚克难顽强干,为打好扶贫开发攻坚战贡献自己的力量。自脱贫攻坚工作开展以来,丹巴县广泛发动党员和入党积极分子中的致富带头人、产业大户等参与示范项目,采取"一对一""多对一"形式,分别与贫困户结成帮扶对子;驻村工作组负责人和"第一书记"分别联系帮扶1户参与示范计划的党员脱贫示范户;贫困村有帮扶能力的村干部、党员要和本村的贫困户结成帮扶对子;结对干部作为贫困户帮扶责任人,要帮助贫困户掌握实用技术、培育特色产业、拓宽致富路子,带动他们搞好生产经营,提升致富能力。

专栏:甲居三姐妹:从"贫困者"到"扶贫者"的创业故事[①]

在四川甘孜州丹巴县聂呷乡的甲居藏寨景区内,有一位名叫桂花的村民,在当地十分有名。她和家人从20年前的"贫困者"变成了如今的"扶贫者",年收入超过200万元,并长期接收附近贫困家庭人员到自己的民宿酒店打工,一年支付乡亲们的工资和奖金达50多万元。2013年至2015年,她先后被评为全国致富女能手、甘孜州劳动模范、全国劳动模范。

20世纪末,桂花一家十分贫困,年纪轻轻的她性格外向、精明能干,还很有想法。看到一家人日子过得如此紧巴,她和两个妹妹就想自己创业,干出一番事业改变家庭状况。干什么呢?那个时期,丹巴县正好在向社会推广"美人谷"品牌,发展旅游逐渐成为当地政府和群众一致的意愿。在对外推广的产品中,甲居藏寨恰恰是其中的一个重点。聪明的桂花敏锐地嗅到了其中的商机,她决心,率先响应政府号召,改建住房为接待民宿,发展旅游服务业。说干就干,当务之急是找钱。由于家底太薄,改

---

① 参见《甘孜州丹巴县甲居三姐妹:从"贫困者"到"扶贫者"的创业故事》,中央广电总台国际在线,2018年11月2日。

建房屋和发展商业的钱只有靠借，靠政府支持。为此，她找到亲朋好友，找到政府相关部门，希望从政策上资金上给予支持和帮助。

那时，丹巴旅游才刚刚起步，美人谷的名号虽然叫得很响，但由于景区开发和交通进入条件等的滞后，真正来到丹巴旅游的人还是不多，不过这并没有影响桂花对丹巴旅游长远发展的信心和前景。

2000年，桂花一家人靠着大家的帮助，建起了首栋民宿接待房。初期的市场很不稳定，客源也不是很多，一些亲友和村民议论纷纷。2005年后，互联网开始运用于各行各业，信息的传播越来越快。同时期，甘孜州和丹巴县更加重视发展旅游业，基础设施、景点开发、节会营销等力度不断加大，甲居藏寨也在2014年成功创建为国家4A级景区，全县旅游人次和旅游收入呈现快速增长。

在此期间，桂花的"甲居三姐妹"民宿名气越来越响，规模越来越大，生意越来越好，从最初的年收入几万元到几十万元再到如今的200多万元，从最初的几个房间发展到现在的三栋楼。在现有三栋楼中有两栋楼在自营，另一栋租给别人做接待。自营的民宿一共有75个房间，能同时容纳150人住宿和200人用餐，一年里头有两百来天都是满员的，旺季的时候客满接待不了，就首先推荐给周围的脱贫户家里吃住，帮他们多增收。作为村支书的桂花现在吸收刚刚脱贫的7位贫困人员到她酒店打工，有本村的，也有周边村子的。下一步，桂花还打算把他们发展成股东，享受分成，帮助他们从脱贫者变成小康者。

全村的所有贫困户已经在2017年实现全部脱贫，2016年后，全村再没有人吃低保了。截至2017年，甲居一村55户中有52户发展了旅游接待业，人均年收入已达到3万元。从户均收入看，年收入100万元以上的有1户，年收入50万元以上的有5

户，年收入20万元以上的有20户，年收入10万至20万元的有15户。旅游业对脱贫奔康的深度效应还在甲居这样的景区村寨继续发酵。

通过生态保护和旅游开发，促进脱贫攻坚和乡村振兴，已然成为丹巴县脱贫奔康的有效路径。对重点景区的村民而言，脱贫仅仅是个先期的过程，让先富者带动后富者，通过发展优势产业来巩固脱贫成效，实现"稳脱贫"，则是这一阶段部分村寨的主要工作。从长远来看，这些新脱贫的贫困户还将与先富者一道同步迈入小康。

二、群众参与：欲筑室者，先治其基

党的十九大报告指出，坚持大扶贫格局，注重扶贫同扶志、扶智相结合。脱贫，需要引导，但同时也需要激励。丹巴县发挥了群众的扶贫工作主体作用，充分尊重群众的知情权、选择权、管理权，项目的选择、立项、实施、监督、管理必须有群众参与。既送温暖，又送志气，变"输血"为"造血"，激发贫困群众积极性和主动性，引导老百姓改变"等、靠、要"思想，让老百姓坚定"靠自己双手脱贫"的信心，靠自己的努力改变命运。

专栏：农民夜校点亮脱贫梦

2018年四川省甘孜州丹巴县54个贫困村相继挂牌成立了农民夜校，实现全覆盖。明确要求第一书记为农民夜校校长，负责夜校日常管理工作，要求县级联系点单位、乡镇党委和村"两委"从党员干部、专业技术人才、致富能手、模范先进等群体中开展夜校教师选拔，为每个农民夜校配备5—6名相对固定的专兼职教师，轮流定期开班授课。为提升夜校人气，保持学校的活力和朝气，丹巴县针对群众居住分散、残疾困难群众行走不便等实际，制定每月"流动课堂"计划，由第一书记组织党员干部、专业技术人、致富能手、模范先进代表等组成的兼职教师统筹送教上门。

在聂呷乡妖枯村，为保证农民夜校文化大餐惠及全村群众，该村第一书记把农民夜校流动课堂搬进群众家中，利用晚上的时间，把党的声音传递到家家户户，让农民夜校真正成为农民自己学政策、学技能、学本领的综合课堂。

在贫困户袁帮子家中，该村第一书记和农技员针对他家养殖的黄牛，打破"一刀切""一锅煮"的传统模式，从农户生产生活和实际需求出发，采取流动课堂、送学上门的形式，邀请县农牧局畜牧师上门到家中开展黄牛规范养殖技术培训。在党委、政府的扶持下通过自己的努力，袁帮子发展起了数十头的黄牛养殖产业，实施易地扶贫搬迁后，一家人也搬进了宽敞明亮的新房子，2016年一家人已经顺利脱贫。

如今，农民夜校流动课堂成为丹巴脱贫攻坚的"助推器""加油站"，为"精神扶贫"提供了平台，向群众传播文化知识，传授技能技术，满足了脱贫需要，激活了脱贫的内生动力，受到了大家的高度认可和热烈欢迎。正如习近平同志在中央扶贫开发工作会议上所指出的，脱贫致富终究要靠贫困群众用自己的辛勤劳动来实现。激活贫困群众内生动力是个系统工程，不能简单地给钱给物，而是要脚踏实地系统谋划，精准发力，综合施治，全方位增强贫困群众脱贫致富的自我发展能力，努力实现向"我要脱贫"和"我能脱贫"的方向转变。

三、干部帮扶：落地生根，枝繁叶茂

加强党的基层组织建设，关键是从严抓好落实。自精准扶贫工作开展以来，丹巴县着力解决部分领域党员干部落实到基层还存在的

"中梗阻"问题，把党的领导贯彻落实到位，把党的建设落到实处，推进改革创新，统分结合、分类指导，采取新思路新举措新办法，全面系统推进各领域基层党组织建设。同时，严格基层党建工作述职评议考核，加强跟踪问效和调研督查，把基层党组织体系织密建强，把党的执政大厦根基筑牢夯实，最终实现了扶贫政策落地生根，如今扶贫效果已是枝繁叶茂。

第六节　结论与启示

党的十八大以来，以习近平同志为核心的党中央把脱贫攻坚作为全面建成小康社会的突出短板和底线目标。"全面建成小康社会，最艰巨最繁重的任务在农村、特别是在贫困地区。没有农村的小康，特别是没有贫困地区的小康，就没有全面建成小康社会。"[①] 加快经济社会发展，尤其是帮助贫困地区群众尽快脱贫致富奔小康，成为中国发展面临的一项重要而紧迫的任务。

我国的贫困地区大多分布在中西部的农村，这里的贫困人口虽然占总人口的比重不高，但是绝对数量大，并且多分布在地理区位较差、自然环境较为恶劣的地方，交通不便，信息不灵，生态失调。长期以小农经济或自然经济为主，文化教育落后，人们的思想观念陈旧，封建主义色彩浓厚。为了解决贫困问题，国务院从 1994 年开始实施开发式扶贫重大措施，使我国的贫困人口大幅度下降；贫困地区的人力资源开发、人力资本积累、生产生活条件有了较大的改善，发展能力有所增强。但是，刚刚脱贫的群众，抵御自然灾害和市场风险的能力不足，仍然是一个比较脆弱的群体，要真正走上富裕之路，还

---

① 习近平：《做焦裕禄式的县委书记》，中央文献出版社 2015 年版，第 16 页。

需要长期的奋斗。因此，我国的贫困问题解决起来难度很大，反贫困是一项长期而艰巨的任务。因此，实施精准扶贫，实现精准脱贫，必须倒排工期，"切实加强基层组织"，层层传导精准扶贫的战略压力。其中，最关键、最核心的环节是各级扶贫机构及整个扶贫干部队伍能否适应新的要求。如何以"精准"为要义，转变扶贫机构职能，做好新时期的扶贫功课，考验着各级政府的施政能力和水平；强化扶贫机构干部队伍建设，改善工作条件，健全绩效考核激励机制，变"脱贫压力"为"工作动力"，是新时期深入贯彻落实精准扶贫战略举措的应有之义，事关全面建成小康社会的大局。

丹巴县作为深度贫困地区扶贫开发的分战场，长期陷于"贫困陷阱"当中，呈现出比一般贫困地区贫困状况更加严峻、致贫原因更加复杂、贫困程度更加突出、反贫困任务更加艰巨等一系列特征，实现脱贫致富任重道远。在党和政府领导下，社会各方协同努力，丹巴县贫困治理领域的成就彰显了以人为本的核心要旨，通过凝聚合力，牢牢把握"精准式"帮扶、"造血式"援助、"内生式"脱贫工作原则，积极构建"互帮互助、以强带弱、优势互补、共同提高"结对共建工作格局，做到了参与打赢攻坚战的"主力部队"攻坚克难、"保障部队"密切配合、"支援部队"齐心协力，广大群众积极参与，为助力丹巴率先奏响全面脱贫奔康的交响曲提供了坚强组织保证。

本章运用心理学、管理学和组织行为的相关理论，总结丹巴县"党委主责，政府主抓，干部主帮，基层主推，社会主扶，群众主体"的责任体系，详细阐述丹巴县在脱贫攻坚工作中的"内外"兼修的具体举措。在"以人为本"的理念下，通过对扶贫主体激发履职热情，强化扶贫责任，提升服务水平，整合多元力量四方面的提炼，总结了丹巴县扶贫主体在扶贫过程中值得借鉴和可复制的脱贫亮点，通过人力资源的开发与优化，整合当前多元扶贫主体，激发基层扶贫干部的履职热情，强化一线干部的扶贫责任，提升帮扶主体的服务水平,形成"想为""敢为""能为""有为"四维合力,充分调动和激发贫困群体和干部队伍的积极性、主动性、创造性,在丹巴县扶贫实践中收到真正的脱贫成效。

在任何时期的任何一项活动中,人力资源都作为一种重要资源,发挥着关键性的作用,它不仅是财富形成的关键要素,也是经济发展的主要力量,人力资源的存在和有效利用还能充分激活其他物化资源。随着现代社会的快速发展以及科学技术的不断进步,人力资源在社会发展中的作用及地位越来越突出。作为现代社会发展和脱贫攻坚重要资源,其开发水平、开发效果在某些情况下决定了我国西部民族地区经济和社会的发展程度。充分、合理、高效地开发我国西部民族地区人力资源,不仅是推动西部大开发战略的有效保障,也是我国西部地区实现社会主义现代化的坚实基础。所以,进一步拓宽我国少数民族地区人力资源开发的思路,是解决西部民族地区人力资源开发问题的主要途径之一。

第四章

守护生态底色,高山峡谷筑坦途

绿水青山就是金山银山。习近平总书记强调，保护生态环境就是保护生产力，改善生态环境就是发展生产力。良好生态环境是最公平的公共产品，是最普惠的民生福祉。[①] 丹巴地属民族贫困地区，具有民族地区地质灾害频发、生态治理难及高山峡谷交通不便等不利特征。针对如此困境，丹巴县生态建设扶贫按照"灾害防治—维持生态—打通高山峡谷交通—发展经济"的模式开展共同治理和解决区域贫困问题，其中灾害防治主要按照灾前预警、灾害救治和灾后恢复的方式有条不紊地实施具体措施；维持生态主要是结合生态建设方案，实施生态建设工程，进行生态治理，为后续发展生态经济、实现产业增收打下基础；打通高山峡谷交通主要从道路建设、维护、管理等方面入手，为发展产业、实现贫困地区增收致富提供硬条件，从而达到生态保护和脱贫攻坚双重效益。

第一节 民族地区可持续发展之困

一、地质灾害易发，生态治理难

学者认为，灾害是能够造成国家财产损失和人员伤亡的各种自

[①] 参见《习近平关于社会主义生态文明建设论述摘编》，中央文献出版社2017年版，第4页。

然、社会现象①,它是由于一种不可控制和未能预料的作用,使人类赖以生存的环境产出突发性或累积性的破坏或恶化。② 因此结合灾害学与经济学、社会学以及生态学领域,我们认为灾害是一种损害经济利益、引发社会矛盾和破坏生态平衡的异常现象。但更为重要的是,自然灾害的破坏性导致水资源匮乏、草场退化、土地沙化、盐碱化、水土流失、森林锐减等问题的出现,地球上的自然资源再生能力和生态环境修复能力有限,在遭到破坏后往往需要极为漫长的时间才能恢复,甚至不能恢复,这对于自然界和人类的损失是无法用金钱来衡量的。灾害治理在保护环境促进生态可持续发展方面的价值远大于其经济价值和社会价值。因此灾害治理更多是一种生态保护行为,它能够保护环境,维持生态平衡,提高资源的利用效率和再利用等,有助于生态可持续发展。民族地区的生态治理一直都是未解难题,主要有地质灾害频发和基础设施滞后两方面原因。

一方面,地质环境脆弱,自然灾害频发。民族地区地形崎岖复杂,主要以高原、山地和丘陵为主,大多地区高山环峙,地势高差悬殊,海拔较高,峡谷深切曲折,河水湍急;地质结构复杂,岩性岩相变化大,岩土体工程地质性质不良,以地震、泥石流和山体滑坡为主的地质灾害频发;气候暖湿,流水侵蚀、溶蚀作用显著,地表崎岖破碎,生态环境脆弱,对国家财产、人民安全以及基础设施等造成重大威胁。另一方面,基础设施滞后,信息交流不畅。民族地区大多隶属"老少边穷"地区,交通、水利、电信网络等基础条件薄弱,导致对外对内信息交流不畅,阻碍市场正常运行,影响当地群众产业发展。落后的基础设施把民族贫困地区分隔成了众多相互隔绝、互不连通、封闭性极强的地域单元,导致地区内民族分化易、融合同化难,同时阻碍区域可持续发展,导致脱贫任务重。

---

① 参见郑功成:《灾害经济学》,湖南人民出版社1998年版,第2页。
② 参见何爱平:《区域灾害经济研究》,中国社会科学出版社2006年版,第30页。

二、生态治理难，旅游等产业难发展

可持续发展理论的思想最初起源于自然生态环境资源领域。人们最开始是从自然生态环境资源领域的可持续性发展，来对可持续发展理论进行定义的，其核心内容是强化和维护自然生态环境系统的产生以及更新换代的能力[①]，实现人类与自然生态环境的和谐发展。生态环境污染会导致生产能力降低，资源可再生能力下降，产业发展困难，特别是民族地区的特色旅游业。生态治理迫在眉睫，但民族地区自身的发展劣势制约了生态治理的效果，同时人类活动过度开采，比如开垦草原、砍伐森林、破坏植被、滥放畜牧以及修建基础设施等人为原因也会导致植被减少、草原水土流失严重、土壤生产力低，从而影响生态旅游产业发展。

除此之外，影响旅游业发展的还有人才制约，产业发展需要人才支撑，但民族地区普遍存在编制不足、年龄结构老化、专业技术人员紧缺的现象，无法满足脱贫攻坚和乡村建设发展需要，技术专业人才和管理复合型人才的短缺直接影响民族地区的发展朝着更好更高层次的迈进。没有专业技术人才，就不能提高产业生产效率，没有管理复合型人才，就没有正确的规划导向，也导致民族地区发展的落后。

三、生态旅游产业发展难，脱贫难见效

党的十八大以来，党中央把脱贫攻坚摆到更加突出的位置，全党全国上下同心、顽强奋战，脱贫攻坚取得了重大进展。新时期扶

---

① 参见李祥林：《湖南乡村旅游可持续发展模式研究》，硕士学位论文，湖南农业大学，2012年。

贫的核心问题之一是绿色减贫，即扶贫不仅不能以牺牲生态环境为代价，而且要促进生态环境的保护。这不仅因为新时期扶贫的目标在于全面建成小康社会，全面建成小康社会包含了生态环境的改善，而且也因为大部分贫困地区都处于生态脆弱地区，传统的减贫方式效果越来越弱，不实施绿色减贫就无法实现减贫的目标。[①] 绿色减贫成为精准扶贫的重要模式。但民族地区绿色发展意识薄弱，生态治理不到位，严重影响生态旅游产业发展，导致产业难以带动贫困群众摆脱贫困；民族地区人口文化素质普遍不高，思想意识封闭，其内生动力不足，脱贫成效也难以显现。另外，管理体制不完善也是一部分原因。民族地区公共基础设施还仍然存在着产权不清、责任不明、管护缺失的问题，应因地制宜深化农村公共基础设施管护体制改革，建立以村为主、权责明晰的管护责任体系，建立以贫困群众为主的管护队伍，建立以财政补助为主、分级负担的投入机制，建立以政府规章为核心的日常管护制度，对相关工作提出明确具体要求。另外，虽然旅游产业是民族地区的一大特色产业，民族地区的优美风光、自然气候以及特色的民族文化吸引了大量游客前往参观，旅游业在多年前就已经初步萌发，但长期以来都以接待散客为主，一直处在发展初期阶段的自发阶段，缺乏科学的规划和充分的投入。

四、容易陷入"地理贫困"，脱贫基础差

民族地区往往位于交通偏远的山区，信息闭塞、市场半径小、资源进入难。这些关键难题，都和交通信息相关。"要想富，先修路"，这已成为地区发展的共识。然而，实际去实施和解决交通问题时，又

[①] 参见王晓毅：《绿色减贫变绿水青山为金山银山》，2017年6月，见http://news.cyol.com/content/2017-06/05/content_16152445。

往往面临很多具体而复杂的棘手难题，比如，农村公路建设标准低、造价高。以丹巴县为例，农村公路建设补助标准低，通乡公路每公里补助40万元，而实际造价约为每公里250万元；通村通达工程在2009年前为每公里补助10万元，2009年后为每公里补助20万元，而实际造价约为每公里35万元；通村通畅每公里补助50万元，而实际造价约为每公里85万元。加之丹巴县地处高山峡谷地带，村寨多分布在5条沟的高山或半高山地带，岩方占到总挖方量40%，造价约为每公里50万元。又比如，丹巴是有名的"地质灾害博物馆"之一，地质脆弱，自然灾害频发，依山而建的农村公路年年修、年年垮，损毁严重。抗灾能力弱，安全隐患多，通乡公路养护难度大。2014年自然灾害频发，交通基础设施损毁严重。5条通乡公路、176条通村公路、121座桥梁需要纳入规划恢复重建。再如，索桥多、危桥多、断头路多，丹巴县大多数村寨都分布在河流两岸的半高山、高山地区，农牧民出行和生产生活物资都要通过跨河桥梁，"十一五"期末，全县171座农村公路桥梁中危桥有152座（其中索桥有24座），脱贫前新建或维修了32座，还有120座危桥，占农村公路桥梁的70%，部分村公路修通了，而桥是危桥或索桥，仅供行人通过，当地群众利用索道把农用车辆吊过河搞运输。二次搬运不仅给当地群众增加了负担，而且存在较大的安全隐患，群众迫切盼望修建桥梁来解决断头路的问题。此外，还可能面临养护战线长、难度大的问题。丹巴县农村公路里程长，公路基础差，养护投入少，管理能力弱，且部分路段路面及路基因灾或人为管理养护跟不上，通行能力及安全性能明显降低，特别是大部分通村公路自竣工交付使用以来，灾害多、养护少、路况差，存在严重的安全隐患。

第二节 把绿水青山变成"金山银山"

一、地灾防治，夯实生态治理基础

灾害防治是民族地区社会治理体系的重要对象，它重点关注人类的基本生存安全，提供人类生存和社会经济发展的最终安全策略，是生态治理和产业发展的前提和基础。地质灾害一方面会给人民群众的生命财产带来毁灭性冲击，阻碍地区可持续发展；另一方面对生态系统自身或不可再生资源造成不可恢复的破坏，使生存、生产、生活及生态的方方面面受到严重威胁。丹巴县主要通过"灾前预警—灾害治理—灾后恢复"的模式进行灾害防治，在整体上做好把控，一方面保障人民群众的生产生活安全，增强贫困治理屏障；另一方面保护自然环境的生态多样性，加强生态文明建设。这对于贫困地区生态治理具有重要意义。

（一）地质环境恶劣、自然灾害频发

丹巴县山高坡陡，峡谷深切，地势险峻，地层复杂，山体植被差，降雨集中，人类工程经济活动较强烈，泥石流、滑坡、崩塌等地质灾害十分突出，地质灾害点多面广、隐蔽性强、危险性大，素有"地质灾害博物馆"之称，同时也是全国首批重点区域地质灾害详细调查三个试点县之一。汶川"5·12"大地震、芦山"4·20"地震和康定"11·22"地震后，因丹巴距三次地震震中都非常近，受到的影响强烈，致使山体松而未滑、危石摇而未落的险情丛生，加剧了原有地质灾害隐患的危险性和险情，使丹巴成为震后次生灾害的高易发区。另外，丹巴县主城区位于大渡河源头，是大金川河、革什扎

河、东谷河、小金河和大渡河 5 条河流的汇聚点。县城所在的章谷镇地质灾害隐患点多达 40 处，仅在主城区就有 5 条泥石流沟穿城而过，白嘎山大滑坡、双拥路后山危岩、三岔河危岩带、西河桥危岩带、大风湾危岩带等将主城区重重包围，极大增加了洪涝、泥石流等地质灾害的风险。

在地形地貌上，丹巴县位于大雪山东麓邛崃山西坡，属于岷山、邛崃高山区，是我国第一阶梯向第二阶梯过渡地带，系典型高山峡谷地貌。境内地形复杂，地势变化多端，相对高差悬殊，山脉逶迤，奇峰耸立，河川纵横，峡谷深切，河沟密布。在地质构造上，地处青藏滇缅印尼"歹"字形构造带、川滇南北向构造与小金—金汤弧形构造和复合部位，构造体系复杂，区内南北向构造属川滇南北向构造体系，褶皱发育。县境内西侧的鲜水河断裂带、康定断裂带、龙门山断裂带等地为地震频发带，近 20 年来先后发生的炉霍 7.9 级地震（1973 年）、塔公 5 级地震（1978 年）及道孚 6.9 级地震（1981 年）均有涉及。调查结果表明，地震为鲜水河断裂左行扭动作用造成。本区小震活跃，大震较为频繁，多集中于邻近道孚县及康定县一带。据《中国地震危险区划》，丹巴属 5.5—6.9 级地震危险区，设防震级为Ⅶ级。

恶劣脆弱的地质环境、高山峡谷的地形地貌给丹巴县的脱贫攻坚任务带来了巨大挑战，再加上丹巴县水系发育、降雨量大，属亚热带高原季风气候区，呈典型的干热河谷气候，极易引发泥石流、崩塌、滑坡等地质灾害。近年来，由于经济社会的发展，县域内人类工程经济活动频繁，主要体现在新建了多座水电站、新修了多处水库，频繁修建、改建公路，因修房建屋削山切坡，一方面带来交通、水利、住房等基础设施的便利，但另一方面因极端气候频发、降雨时空分布不均，因频繁开垦建房建路极易诱发泥石流、崩塌、滑坡等地质灾害，直接威胁危害当地人民生命财产安全，导致区域内难以摆脱长期贫困的处境。

（二）丹巴"七到位"灾害防治法

汶川"5·12"大地震之后，丹巴县地质灾害多发、频发的趋势尤为明显。根据灾多灾频的县情实际，在国家、省、州各级各部门的关心支持下，丹巴结合当地实际情况，积极开展地质灾害"七到位"防治工作，取得了优异成绩，党中央、国务院和省州各级领导高度关注，并作出系列重要指示。

做到思想认识到位。针对地质灾害易发、多发、频发现状，丹巴县深刻吸取历史教训，把地质灾害防治工作作为全县中心工作，与全县经济社会发展同安排、同落实、同考核。汛期来临之前，及时召开县委常委会、县政府常务会研究地质灾害工作，做到早部署、早防范。各级领导特别是党政主要负责人深入乡（镇）灾害隐患点，督导巡查防灾减灾工作；相关职能部门定期或不定期开展拉网式排查，做到早发现、早处理。在汛期，实行"两个派驻"（县委、县政府片区分管领导或县级联系部门驻乡、乡干部驻村），指导和协助开展防灾减灾工作。县国土、县水务部门实行联合值班，严格执行24小时值班值守（每班至少确保2人同时在岗）和险情日报、零报、速报"三报告"制度；同时县纪委、组织部门加强汛期值班值守暗访督查，加大通报惩处力度。

做到责任落实到位。丹巴县政府充分认识到必须从灾难中吸取智慧，尊重自然，尊重科学，健全地质灾害防治工作组织体系，使地质灾害决策在科学、高效、以人为本的轨道上高速运转。一是建立群防群测体系。成立县、乡、村三级地质灾害防治领导小组，建立纵向由县到乡、村、组、户，横向县与县、部门与部门、乡与乡、村与村、组与组协作配合、环环相扣的责任体系和反应灵敏的指挥体系。二是健全制度机制。坚持"汛前排查、汛期巡查、汛后核查"的动态巡排查机制，制定险情巡查制度、监测预警制度、灾害速报制度等10余项规章制度，从制度上保证地质灾害防治工作有力有序开展。三是强化责任落实。细化乡（镇）、部门防灾责任，层层签订责任书，形成一级抓一级、层层抓落实的防灾责任体系。同时，将地质灾害防治工作作为考核的重要指标之一，严格落实奖惩制度。对因履职不到位导致人民群众生命财产受到损失的单位和责任人，严肃处理，绝不姑息迁就。

做到群测群防到位。丹巴县加强学习灾害治理知识，强化地质灾害宣传教育。一是将每年4月定为"地质灾害防治工作宣传月"，采取"城镇集中、乡村分散"相结合的方式，重点对外来务工人员、乡村群众、学校师生开展宣传教育，定期组织专业人员对当地居民进行地质灾害科学预防知识与自救技能的培训学习。二是全县干部职工以群众工作和"走基层"活动为平台，走村入户当好地质灾害防治宣传员，通过发放宣传资料、面对面交流等方式，向群众宣传地质灾害防治知识，提高群众识灾、防灾、避灾的自防意识和自救能力。三是充分利用县广播电视、手机短信、微博微信等载体广泛宣传防汛知识，采用流动宣传车、召开坝坝会、播放宣传片等形式增强宣传效果，着力营造全民参与地质灾害防治工作的浓厚氛围，构建起"人人都是巡查员、人人都是监测员"的良好工作格局。

做到监测预警到位。丹巴县通过建强一支认真负责懂业务的队伍，做好监测监控、预测预警、信息报告、辅助决策、调度指挥和总结评估等工作。一是从乡村人员中聘请地质灾害隐患点专职监测员，实行一年一签合同制；每个监测点每年落实3000元监测补助，实现由义务监测向专职监测转变；同时集中对地质灾害隐患点监测员开展业务培训，不断提高其识灾、防灾业务能力。二是聘请省、州汛期地质灾害防治督导组技术骨干，以乡镇为单位，重点普及乡镇分管领导、国土员、辖区内在建工程项目地质灾害防治负责人、村支"两委"干部、地质灾害隐患点专职监测员、受地质灾害隐患威胁的中小学校相关负责人的地质灾害应急知识，全面提高其预防、避险、自救、互助和减灾等能力。三是充分发挥群测群防监测预警体系和网络的作用。县国土、水务、气象等部门实行资源共享,以先进的自动雨量监测器、丹巴县山洪雨量站监测网络为科学技术支撑,结合省、州地质灾害防治指挥部和气象局开展的地质灾害气象预警预报工作成果,及时将雨情、水情信息发布到全县每个科级以上领导及各地质灾害隐患点监测员,开展气象预警预报工作,当出现强降雨或持续较强降雨等不良天气时,县、乡、村应及时向当地居民发布灾害预警信号,组织村民避险,以免出现因灾人员损伤。

做到应急处置到位。丹巴县打破常规指挥体系,建立完善创新机制。一是完善应急预案。根据灾害隐患点实际,实行"一点一案",提高预案针对性和操作性。及时更新和发放地质灾害防灾明白卡和避险明白卡,让群众对灾害动态了然于胸。二是强化应急演练。把地质灾害应急演练作为工作重点,突出演练重点,注重方式创新,在所有乡(镇)、水电开发矿山企业和部分学校,定期组织开展"防、躲、跑"专项演练,让群众准确掌握预警信号,知晓安全撤离避让方向、路线和注意事项。三是下放临灾处置权。针对地质灾害突发性强、应急避灾时间短的特点,将临灾处置权下放到一线,确保第一时间预警、第一时间转移群众。四是实行流动人口动态掌控和弱势群众救助包户制。针对外来务工人员较多、人口流动大的特点,所有在建工程均做好人口流动的动态登记。党员干部、村组干部对无人照管的儿童、老人、残疾人等弱势群体实行一对一帮扶,确保避险撤离"不漏一户、不留一人"。五是创新预警方式。针对敲锣打鼓、放鞭炮、呐喊等传统预警方式在山区预警作用受局限的实际情况,丹巴县监测员还创新了预警方式——燃放烟花和冲天炮,这不仅更容易被老百姓听见、看见,烟花的焰火还能在黑夜中照明路线,便于群众撤离。

做到工作保障到位。丹巴县举全县之力,推动工作部署,保障灾害治理工作安全进行。一是组建应急抢险队。精准扶贫期间,全县成立突发性地质灾害应急抢险队38支420人,随时整装待命。在灾害发生时,统筹协调交通、水利、广电、电力、通信等部门,抽调人员、调集设备，抢修灾区基础设施，积极恢复灾区水、电、路、通信、广播电视等，有效保证受灾群众正常生活。二是加强防灾基础建设。先后投入1000余万元，建成自动雨量站15处、简易雨量站100处、无线广播55处、自动水位站2处、视频站2处、气象站3处，保证汛期"三通"。三是落实防汛减灾专项物资。将应急抢险经费纳入财政预算，汛前为各乡（镇）和相关部门及时拨付防灾专项经费，为相关职能部门配备应急专用车，各乡（镇）配备警报器、救灾帐篷、粮油、棉被、照明灯、急救药品等防灾物资，确保受灾群众"有饭吃、有水喝、有住处、有衣穿、有医看"。

做到工程治理到位。在灾害发生前，丹巴县通过工程治理排除灾害隐患点，做好预防监警措施；在灾害发生后，通过抢险治理工程，及时疏通要道，排除危险，避免灾后发生再次伤害。在省、州的大力关心和支持下，丹巴县按照"1+5"（1个中心，即县城；5个片区，即金川、小金、大桑、东谷和大渡河片区）的全域治理思路，全面开展小流域综合整治、应急排危除险、专业监测、应急能力建设等工作，基本完成主城区和各小流域重大地质灾害隐患点的工程治理或搬迁避让，对其他隐患点积极开展专群结合的监测预警，实现灾情、险情得到及时监控和有效处置的目标。特别是干桥沟、骆驼沟等泥石流治理工程和主城区双拥路后山危岩应急抢险工程，因治理及时，充分发挥了工程防护作用，有效确保了人民群众生命财产安全，受到当地群众的好评，具有良好的社会效益。近年来，丹巴县组织实施并完成了近20处地质灾害治理工程，经受住了汛期检验和芦山"4·20"地震、康定"11·22"地震的考验，有效防控了险情，彰显了良好的治理效果，确保了广大受威胁群众的生命财产安全。

2014年至今，丹巴县全面贯彻落实省委、省政府提出的"地质灾害综合防治体系建设"理念和县委、县政府"全域治理"思路，逐步建立和健全了群测群防监测预警体系，开始启动实施专群结合的监测预警体系建设，并通过实施避险搬迁、应急排危除险、重大工程治理、重点场镇和小流域综合防治、应急能力建设等系统性工程对地质灾害进行防治取得了良好的防治效果和社会效益，为维护社会稳定、促进社会经济正常健康发展发挥了巨大的作用。据统计，自2014年至2020年，省、州投入丹巴县开展地质环境防治的资金达3.92亿元。

（三）"脱贫攻坚+生态建设"双赢局面

丹巴县通过地质灾害治理工作开创了生态改善和脱贫攻坚"双赢"的新局面，遏制因灾致贫风险，减少因灾致贫脆弱性，实现一方水土养活一方人。同时抓好生态改善、绿色发展，发挥好长江上游生态屏障重要防线作用，用灾害防治实际行动助推生态环境保护和脱贫攻坚"双赢"。

灾害防治取喜人成绩，助力脱贫攻坚"赢"。通过地质灾害工程治理的大力实施，丹巴县地质灾害的危害已有所减弱和控制，近年来境内地质灾害频发及呈上升的状况已大有改观，给脱贫攻坚工作带来巨大收益。2017年6月，丹巴县发生持续强降雨天气，大渡河流域发生"6·15"特大洪灾。受连日持续强降雨天气影响，境内共发生7起小型地质灾害（泥石流3起、滑坡4起），地质灾害防治已初见成效。治理后的东谷乡二卡子沟、县城干桥沟等泥石流沟内，一座座栏挡坝、停淤坝高高矗立，再加上消能坎、排导槽等工程措施，大幅度削弱了泥石流的强度和流量。遍布全县的地质灾害治理工程不仅治理了丹巴的山山水水，更为美人谷秀丽的山川增添了一处处壮观的地质工程景观。

监测预警经受考验，促进生态保护"赢"。由于地理地质原因，人类无法阻挡自然灾害的来临，在自然灾害面前，人类总是渺小的，但人类依然可以铸就庞大力量来抵御风险，防患于未然，尽最大能力避免自然灾害带来的损失。这一点监测预警系统做到了！监测预警系统通过实时监测、准确预测以及及时报警的体系，在自然灾害来临之前就做好了预备措施,及时警报撤离群众,保障当地群众生命财产安全。完善的监测预警体系在地质灾害防治工作中成效显著。2013年至2016年丹巴县发生58起较大规模的地质灾害,成功预报预警16起,紧急转移避让7000余人,使1860人得以避免可能因地质灾害造成的伤亡,强化防汛抗洪工作,最大限度地减少生命财产损失。丹巴县的监测预警系统在重大自然灾害中经受住考验,铸就抗洪辉煌。

总体上讲,通过地质灾害防治措施以及重大项目顺利实施,丹巴县自然生态系统得到保护,生态安全屏障基本建成,生态产品供给能力明显提高,生态经济长足发展。在此基础上,贫困人口发展绿色生态产业,人均收入显著增长,全县贫困人口脱贫路径更加顺畅,返贫措施更加巩固。

专栏:抢占时机,监测预警援救他人[①]

2014年8月以来,丹巴同全省一样出现强降雨天气过程。8月8日下午至8月9日泥石流发生前,丹巴县国土资源部门及东谷乡将省、州国土资源部门密集发布的地质灾害2级和3级预警信息迅速传达至二卡子沟等地质灾害隐患点专职监测员。8月9日凌晨1时32分,东谷乡党委、政府通知群众做好撤离准备。1时35分三卡子村、二卡子村、东谷村、国汝村的专职监测员、包村干部观测到山沟水流变小、沟侧坡体滑塌及断流等现象,发出撤离预警信号。群众按照防灾预案和确定的路线有条不紊地疏散撤离,15分钟内1521名群众撤离至安全地带。2时左右二卡子沟发生百年不遇的特大泥石流灾害,冲出泥石流物质60余万方,致651名群众受灾,冲毁房屋10栋,85栋房屋严重受损,1260亩耕地受损;22座桥梁、10.1公里通村公路被冲毁,1.5

[①] 参见甘孜州国土资源局:《防范严密 预警及时——丹巴县2014"8·9"泥石流成功避险的启示》,《甘孜日报》2015年5月28日。

公里省道被掩埋。直接经济损失达2.15亿元。丹巴县在深夜灾害发生前短时间成功组织千余名群众安全撤离,在特大泥石流发生后无一人伤亡。这一成功避险案例,受到国务院、国土资源部的表扬。李克强总理作出"进一步加强对重点地区的监测及避险工作,推广成功经验"的批示。为推广成功预警避险经验,2015年国土资源部在丹巴县召开全国地质灾害应急避险工作现场会,来自国土资源部、四川省政府、全国20余个省区、省厅和四川省20个地市州的国土资源局主要领导200多人出席了会议。会议总结推广了丹巴县"8·9"特大泥石流成功避险的经验,针对当前防灾严峻形势,对2015年汛期地质灾害防治工作进行动员部署。

二、生态治理,打牢全域旅游根基

地质灾害得到良好治理,才能促进生态文明建设。习近平总书记在2019年中国北京世界园艺博览会开幕式上强调:"生态治理,道阻且长,行则将至。我们既要有只争朝夕的精神,更要有持之以恒的坚守。"[①] 建立健全生态环境治理体系,提升生态治理能力是生态文明建设的突破口和核心任务。

生态治理是生态文明建设的重要组成部分,是贯彻落实新发展理念的重要载体。助推生态治理的现代化转向,是构建生态治理长效机制的内在要求。生态治理对于产业发展具有重要意义,是实现绿色可持续发展的根本出路。没有生态资源作为依托,产业发展就是无源之水;没有生态环境作为支撑,绿色发展也难以持久。生态治理不仅能有效降低资源消耗和环境污染,减少进一步的生态破坏,还能提供更具竞争力的生态产品和服务,巩固生态治理成果,促进绿色产业发

---

① 《习近平谈治国理政》第三卷,外文出版社2020年版,第375页。

展，推进生态文明建设，建立牢固的生态屏障，为脱贫攻坚和生态可持续发展做好坚实基础。丹巴县按照"生态保护+产业发展"的扶贫新模式和新方向，树立的绿色发展理念，围绕建设长江上游生态屏障重要防线的目标，精准发力，精准施策，充分发挥生态建设在脱贫攻坚和助农增收中的重要作用，构建"山顶戴帽子、山腰挣票子、山下饱肚子"的立体生态格局。

（一）管服融合：丹巴生态建设八大机制

自然生态资源具有涵养水源和保持水土、调节气候、改善空气质量、维持生态平衡和生物多样性等多重功效，并且在环境污染防治和保护野生生物方面具有重要作用，有效预防水土流失、河库淤塞、泥石流等灾害，同时有利于净化空气、杀菌灭病、保护环境。丹巴县结合生态建设扶贫政策，坚持把改善生态和民生作为生态治理和绿色发展的核心内容，将生态建设、绿色发展和扶贫开发相结合，大力实施生态建设八大机制，科学规划，管服融合，实现未来可持续发展。

实施生态建设工程。根据丹巴县生态保护与建设的实际，谋划一批生态保护与建设重大工程项目。丹巴县大力实施天然林资源保护公益林建设、森林抚育、退耕还林、道路绿化、庭院及节点绿化、干旱半干旱地区生态综合治理等重大生态工程建设，加快脆弱地区生态治理步伐。落实政策性补助。按照生态建设扶贫政策，足额兑现生态扶贫资金（集体公益林森林生态效益补偿资金、退耕还林补助资金、草原生态保护补助资金），从而有效管护集体公益林。开展人居环境治理。深入推进以大气、水、土壤为重点的污染防治工作；加强农业面源污染防治，推进农村生活垃圾、生活污水污染治理，做好乡镇集中式饮用水源地保护，开展贫困地区农村环境整治项目建设。最后，严格监督生态管理。督促农牧民对禁牧草原采取强制禁牧措施，严格禁牧管理，确保禁牧效果，加快严重退化草原生态恢复；继续在可利用草原中采取减畜平衡、完成超载减畜计划的牧户兑现奖励资金，并积极探索牧区畜牧业提质转型。

落实生态公益岗位。结合国家和省级专项资金以及社会力量出资，丹巴县落实一批生态护林员公益岗位，以行政村为单位，在15个乡（镇）从建档立卡贫困户中选聘村生态护林员、草管员1600余名，让有劳动能力的建档立卡贫困户参与森林、湿地的管理巡护和森林草原资源管理，获取劳务报酬，在确保贫困群众通过生态保护就业增收的同时，依法加强草原保护。明确中央财政自然保护区和湿地管护补助资金用于临聘贫困人口的比例，指导督促各林业有害生物中心测报点在贫困人口中选聘一批林业有害生物兼职测报员，落实各级财政对农村环境基础设施运行维护补助制度，确保生态项目的落地实施。另外，加强生态护林员和草管员培训，花椒核桃栽植技术、高山人工造林技术、高山彩林花卉种植技术培训，以及森林防火安全知识、病虫害防治等各类培训，发放培训相关宣传资料，不断提高业务能力，提升生态文明建设意识。

组建造林专业合作社。丹巴县深入推行由脱贫攻坚造林合作社承担造林任务的生态扶贫新机制，指导组建脱贫攻坚造林合作社，让更多的贫困群众直接参与造林绿化工程等生态建设，着力把造林合作社打造成生态治理与农牧民增收的桥梁。发展特色林果产业促农增收，初步实现群众增收和环境绿化双重效益。同时结合出台全县支持农牧民直接参与重大生态工程建设的地方性政策，鼓励农牧民组建管护队、造林队、防治队，参与政府购买社会化服务，增加农牧民生态建设管护收入；鼓励农牧民有偿转让生态景观资源使用权，参与旅游企业经营等，增加财产性收入和经营收入。

加快发展林业特色产业。产业扶贫是解决脱贫的根本手段，是脱贫的必经之路。为助力脱贫攻坚，丹巴县环林局利用林业产业发展资金，在充分征求群众发展意愿的基础上，根据当地土地资源优势、立地条件和长远经济效益，围绕"调结构、提品质、增效益"，大力调整林业种植结构，在优化布局原有经济林的同时，积极推广优质核桃、花椒等特色经济林基地建设，全面提升经济林质量效益，贫困群众的经营性收入有效增加，初步实现群众增收和环境绿化双重效益。同时，丹巴县还成立了林业科技服务小分队，深入扶贫一线，开展林果富民技术培训活动，发放培训资料1万余套，培训达1万余人次，不断提升技术和经营能力，使林业科技真正服务于贫困林农，有效促进林农、果农脱贫致富。

加强生态用地用途管制。丹巴县根据自然资源差异、现有开发强度、资源环境承载能力、主要生态环境问题和重点保护的生态功能，科学划定生态保护红线，制定生态红线管理办法，严格生态资源监管，坚决打击破坏生态红线行为。在上级主管部门指导下，结合丹巴县实际，科学制定生态用地项目禁限目录，控制城乡建设使用生态用地，限制工矿开发占用生态用地，确保全县生态资源不减少、生态功能不降低、生态环境得到持续改善。

积极推进体制机制创新。丹巴县进一步深化集体林权制度改革，推进国有林场和国有林区改革，完善草原承包经营制度和禁牧休牧巡查制度，加快推进农牧区集体土地所有权、集体土地使用权、国有土地使用权确权登记颁证工作；探索建立庄园式生态牧场或联户经营模式，鼓励支持发展庭院经济；深入推进以林地经营权流转证、经济林木（果）权证、村级农民互助担保合作社为主的林权抵押贷款改革试点，盘活森林资源资产。

构建科技服务支撑体系。丹巴县以生态扶贫工作为契机，通过多种形式培养各类技术人员；加大生态环境监管能力建设的资金投入，建立健全生态环境监管机构，按工作需求配备人员和设施设备。加强生态环境监管人员队伍建设；加强生态环境保护执法队伍建设，使管理水平和服务质量规范化、程序化和标准化。加强优良林（草）种快繁、森林高效培育。加强林业、草原科技标准化体系建设，建立林业、草原科技标准体系。加速科研成果转化利用、提升生态建设和生态保护利用水平和效益。

建立健全生态扶贫考核评价体系。丹巴县建立生态扶贫考核评价制度，将生态扶贫作为政绩考核的重要内容，把资源消耗、环境损害、生态效益增减等指标纳入经济社会发展综合评价体系；始终坚持贯彻环保"三同时"制度；探索编制自然资源资产负债表，对领导干部实行自然资源资产和环境责任离任审计；建立和实施党政领导干部生态环境损害责任追究办法，对造成生态环境损害有责任的领导干部严肃追责。

（二）水绿山青：生态治理成效初显善

生态资源得以有效保护。丹巴县围绕"山顶戴帽子、山腰挣票子、山下饱肚子"和"山植树、路种花"工程，2018年实施管护集体公益林143.73万亩，巩固退耕还林7.9万亩，兑现集体天然起源商品林停伐补助18.8万亩，开展森林抚育1.3万亩，公益林建设高山人工造林3000亩，庭院及节点绿化美化500亩，道路绿化（路种花）40公里；开发生态护林员公益性岗位571个，组建脱贫攻坚造林合作社7个；开展森林防火能力建设和林业有害生物防治建设。林业有害生物成灾率控制在3‰以下，森林草原火灾损失率控制在1‰以内。近年来，丹巴县立足资源优势，以助农增收为目标，坚持生态林业和民生林业两手抓，把退耕还林工程、扶贫攻坚合作社造林、中央财政补贴等项目和精准脱贫有机结合，因地制宜科学实施森林生态扶贫，积极探索林草业生态文化建设的新路子，取得显著成效，村容村貌发生了翻天覆地的改变，人居环境得到治理，生态环境质量稳步改善，人民过上舒适生活。

人民群众增收奔小康。生态保护政策性资金，是农牧民群众重要的政策性收入，是生态效益的最直接体现。自天保工程实施以来，丹巴县认真抓好天然林保护、退耕还林工程，有效管护全县集体公益林143.73万亩和国有林面积136.17万亩，巩固退耕还林7.9万亩。通过精准核实补偿对象，每年足额兑现集体公益林、巩固退耕还林成果等林业各类补偿补助资金。仅2017年,就通过"一折通"的方式足额兑现集体公益林、巩固退耕还林成果补助资金2562.03万元,让广大的农牧民群众在生态保护中直接受益。落实政策性补助让广大林农得以满足,喜悦的心情溢于言表。与此同时,生态环境得到保护也有利于当地群众的生产生活,促进绿色瓜果产业、林业特色产业优先发展,全面提升经济林质量效益,贫困群众的经营性收入有效增加,实现群众增收和环境绿化双重效益。

专栏:扶贫让贫困户变身生态护林员[①]

"大家进入林区,不能带火上山,林区不能抽烟!"佩戴生态护林员红袖章的丹巴县巴旺乡瓦苏村建档立卡贫困户丹巴泽郎正在路口向进入林区实施集体林森林抚育的村民进行防火宣传。过去,丹巴泽郎一家两口依靠种地和打零工维持生活,父亲年老多病,自己又患上慢性病,加之瓦苏村山高坡陡,出产不好,一家人生活极其困难。"感谢政府把我选聘为生态护林员,收入稳定了,还可以就近照顾年老的父亲,我会尽自己的职责把这片林区守好",他憨厚地笑着说。

从建档立卡贫困户中选聘生态护林员,是增加贫困群众收入和强化生态资源保护的一项重大举措。让贫困户"变身"为生态护林员,一方面为贫困户创造了就业机会,改善了贫困户的生活条件,另一方面让群众也参与到生态建设当中来,有效地保护了森林资源。自2016年以来,丹巴县按照省林业厅"使当地有劳动能力的贫困人口转为生态护林员"的要求,采取"造血式"扶贫的精准扶贫模式,共投入资金522.34万元,累计开发公益性岗位868名,选聘有劳动能力的贫困人口参与森林资源管护工作,每人每年可获6000元的管护补助金。

---

① 参见《丹巴县生态扶贫见成效》,《甘孜日报》2018年8月15日。

专栏：创新造林机制让贫困群众参与生态建设

梭坡乡泽周村在乡党委、政府的安排下成立了脱贫攻坚造林合作社，吸纳了本村的18户建档立卡贫困户参与。同时县环林局在该村安排了300亩高山人工造林任务，该村通过评议的办法承担了造林任务，贫困户通过参与造林获得劳务报酬。这个政策给当地群众带来了实惠，让贫困户看到了希望。

为打赢生态治理与脱贫攻坚两场战役，保障贫困群众直接、深度参与林业生态建设促农增收，丹巴县将造林绿化与脱贫攻坚相结合，吸纳贫困人口加入扶贫攻坚造林合作社，参与造林绿化工程就业增收，这是一条生态建设和脱贫攻坚的双赢之路。2018年，县环林局指导涉及有造林任务的6个乡镇组建脱贫攻坚造林专业合作社6个，吸纳107名建档立卡贫困群众参与绿化工程建设，完成高山人工造林面积3000亩，贫困群众累计实现劳务增收86.4万元。

丹巴县将进一步加大发展脱贫攻坚造林合作社的扶持力度，采取议标的方式，将造林绿化工程优先承包给脱贫攻坚造林合作社实施，让更多的贫困群众参与生态建设，着力把造林合作社打造成生态治理与农牧民增收的桥梁。

三、做强旅游，形成生态脱贫合力

旅游行业的兴起，为落后山区自然资源、生态资源、人力资源的开发和山区人民的脱贫致富带来了新的契机，旅游扶贫正是在这种形势下应运而生。一方面，它给贫困地区的人们带去了很大的经济效益，改变了他们的生活；另一方面，带动当地就业发展和生态建设，促进乡村振兴。因此，丹巴县各级各部门统一思想，增强政治意识和责任意识，高度重视旅游扶贫工作，充分认识到旅游扶贫助推脱贫攻坚的重要作用，将旅游扶贫工作纳入全域旅游示范区创建工作中来，统一安排部署，统一推进实施，加强与州级部门的对接，形成合力，进一步强化统筹协作，深入推进创建国家全域旅游示范县和"天府旅游名县"各项工作。

旅游业包括自然人文及社会资源在内的多种资源，其涉及的范围非常广泛。因此，可持续旅游与传统旅游相比，主要具有公平性、可持续性、共同性、协调性四个特点。[①] 促进生态旅游业可持续发展的目的是为了实现地区经济社会的可持续[②]，同时促进贫困地区绿色减贫。生态旅游作为助推农村脱贫、农业振兴和农民增收的中坚力量，与脱贫事业深度融合，无疑是提升乡村经济水平、帮助农民摆脱贫困的重要产业和推进精准扶贫的重要方式。[③] 生态旅游依托良好的自然生态环境和独特的人文生态系统，以保护生态环境为前提，统筹人与自然和谐发展，不仅可以为当地经济发展注入生机和活力，迅速改变贫困地区的面貌，走出一条旅游资源开发与脱贫致富相互融合的新路，还可以给贫困地区人口带来很多商机，增加贫困户就业机会，助力建档立卡户持续增收脱贫。同时，引入生态旅游项目有助于盘活乡村优势资源，进一步发挥社会效益，用生态旅游带动周边更多贫困户参与进来，通过家门口就业、流转土地、鼓励贫困户积极发展生态绿色产业，有效实现贫困地区绿色减贫，助力脱贫攻坚。

旅游是一种低投入、高产出、带动力强的产业，是促进农村经济增长的重要渠道，在扶贫方面具有见效快的优势。[④] 丹巴县旅游扶贫主要从旅游行动、农旅结合以及社会帮扶的角度出发，将生态旅游与绿色减贫紧密结合，从而实现旅游产业带动贫困地区农户增收的

---

① 参见时嵩杰：《生态文明视角下我国乡村旅游可持续发展对策研究》，硕士学位论文，成都理工大学，2014年。
② 参见薛瑞芳：《基于生态足迹理论的天目山旅游生态可持续发展研究》，硕士学位论文，陕西师范大学，2009年。
③ 参见秦杨：《发展乡村生态旅游促进精准扶贫》，《人民论坛》2019年第3期。
④ 参见秦杨：《发展乡村生态旅游促进精准扶贫》，《人民论坛》2019年第3期。

目的。

结合丹巴县脱贫攻坚任务和全县文化旅游工作实际,实施旅游扶贫行动,围绕旅游扶贫示范品牌创建、景区开发建设和提档升级、旅游公共服务示范项目建设、旅游宣传推介、旅游人才培养等内容,重点推动创建省级旅游扶贫示范区、省级旅游扶贫示范村、乡村民宿达标户和旅游从业人员培训建设。创建旅游扶贫示范品牌。首先,整合其他项目资金,通过示范区创建,完善游客咨询中心、停车场、旅游厕所、标识标牌等部分配套服务设施建设,创建省级旅游扶贫示范区,有效带动贫困人口参与旅游业,增收脱贫。其次,通过示范村创建,进一步完善和提升村内的停车场、旅游厕所、旅游标识标牌、垃圾桶等配套设施,创建省级旅游扶贫示范村。最后,大力推进有条件的农户开展乡村旅游接待服务,结合藏区新居、对口援建等项目,对从事乡村旅游经营的农户实施以改厨、改厕、改房、整理院落为主要内容的"三改一整"工程,提升改善旅游接待条件,创建民宿达标户。

丹巴县推动旅游业与农业产业、文化产业、娱乐产业以及股份合作社的深度融合,加大"酒、肉、茶、菌、果、蔬、水、药、粮、油"特色旅游商品开发力度,全力打造"古碉·藏寨·美人谷"等品牌,培育一批品牌旅游商品,提升丹巴形象,支持旅游产业发展,重点景区加快乡村旅游扶贫示范村建设,有利于旅游发展带动贫困地区增收致富。

推进农旅融合,发展休闲农业。积极推进农旅融合,大力发展休闲农业,建设兼具农业产业、观光休闲、生态效益的花果飘香、特色浓郁的美丽田园,形成农业、旅游、生态融合发展新格局。在聂呷乡高顶一村、革什扎乡吉汝村、中路乡李龙村、梭坡乡泽公村、巴底乡邛山一村、东谷乡牦牛村等贫困村积极发展乡村旅游业。同时,加强农业种植养殖、农副产品加工与藏羌文化、休闲服务的融合,努力建设"中国最美乡村",着力发展一批省级休闲农业示范乡、村,努力把丹巴县建设成为全国休闲农业示范县。

推进特色文化旅游发展。挖掘利用丹巴县特色文化资源，深入推进文化与旅游融合，大力发展文化旅游。着力建设一批文物旅游景点、特色文化旅游村寨，发展观光体验、演艺娱乐、休闲服务等业态。重点建设中路古文化遗址、梭坡—中路古碉群、巴底土司邛山官寨等文物旅游景点，甲居、中路、梭坡、布科、二道桥、丹东、莫斯卡、邛山村、牦牛村等特色文化旅游景观藏寨，建好文化旅游基础设施；挖掘利用丹巴嘉绒民俗风情和"嘉绒年"、墨尔多山"转山节"等传统民俗节会，发展文化旅游，继续办好"丹巴嘉绒藏族风情节"文化旅游节会，积极培育适应夏季避暑休闲旅游市场的"丹巴嘉绒文化乡村旅游节"，促进文化旅游加快发展。同时，加快推进丹巴县文化旅游商品开发，以扶贫为目标，以促进新农村和美丽乡村建设为途径，挖掘、抢救、弘扬传统民间工艺技术，有效利用乡村资源，扩大就业，带动地方农副业、加工制造业和商业的发展，促进扶贫增收。

积极开发演艺娱乐产品。结合发展文化旅游，深入挖掘"美人谷"文化底蕴，充分利用特色民俗风情、非物质文化遗产项目等文化资源，积极开发文化演艺、民俗旅游项目产品。进一步提升"东女神韵"民族歌舞演艺品牌形象，打造兼具出访、巡演、旅游演出功能的民族歌舞演艺产品。鼓励旅游协会、旅游企业组建演艺队伍发展演艺产业，引导有条件的重点村寨景区开发可供游人观赏、参与体验的民俗旅游娱乐系列项目，丰富文化旅游产品、增强游人文化体验。

试点旅游股份合作社。丹巴县探索资产收益扶贫模式，引导贫困村将集体资产、贫困户将承包土地和个人财产入股，采取委托经营、合作经营等方式，确保贫困村和贫困户多渠道增收。在中路、梭坡、甲居、党岭等旅游资源丰富的地区，把乡村旅游作为扶贫开发的重要手段，试点成立乡村旅游股份合作社，让更广大的贫困户真正融入到乡村旅游中来。开发后获得的利润又通过股份分红的形式返利给大家，通过入股模式来带动扶贫开发，积极培养旅游接待示范户，促进当地农牧民脱贫致富。

丹巴县利用独特的自然资源，因地制宜，打造亮点、架设平台，在加快旅游产业发展、加强旅游合作等方面出实招、办实事、求实效，进一步为丹巴全域旅游发展铺路造势，增强当地经济社会发展的"造血功能"，提高自主发展、长期发展能力。丹巴以其自身优美的自然风光和独特的民族文化，吸引着来自全球各地的游客纷至沓来。

总体而言，结合生态保护和旅游开发，促进脱贫攻坚和乡村振兴，已然成为丹巴县脱贫奔康的有效路径。在旅游促进当地群众脱贫增收方面，甲居藏寨"旅游+扶贫"模式为丹巴县乃至全州、全省甚至全国大力发展乡村旅游提供了成功的经验。当地通过开展"民居接待"模式，鼓励动员"旅游民居接待示范户"通过政府贴息贷款，实施房屋"三改一建"工程，带动了80%的农户参与旅游服务行业。自2014年以来，在当地县委、县政府的领导下，丹巴旅游业快速发展。2018年，不管是餐饮业收入、旅游业收入还是旅游对GDP的贡献程度都显著上升，并且增加大量就业岗位，带动当地就业。

专栏：用美丽战胜贫困[①]

丹巴县享有"美人谷""千碉之国""中国最美乡村"等美誉，然而，长期以来守着美丽过穷日子。2016年全县22个贫困村摘帽，416户1608人脱贫，脱贫攻坚已到了决胜阶段——

把贫困的"山头"攻下来。丹巴是一个以藏族为主的多民族聚居县，是全省"四大连片贫困地区"中的高原藏区县，属于典型的"老、少、边、穷"地区，农村贫困现状存在"面广、点多、程度深、返贫现象严重"四大特征，该县最大的县情是

---

① 参见《丹巴：用美丽战胜贫困》，《甘孜日报》2016年10月25日。

贫困，最大的优势是文化和丰富的生态资源。虽是贫困，却很美丽。在这里，民族风情、生态资源、红色文化交相辉映。然而，长期以来守着美丽过穷日子。近7万人的小县，农业人口就达5万多，仍然有贫困人口8564人，脱贫责任重大，脱贫任务艰巨。

丹巴县委、县政府提出"用美丽战胜贫困"的思路。之后全县上下发扬愚公移山精神，狠下一条心，铆足一腔劲，举全县之力，坚决把贫困的"山头"攻下来，坚决把贫困的"帽子"摘下来，决不让一个贫困群众掉队。因此，丹巴结合县情提出推进全域旅游建设，让红色故事感染人、藏乡风情吸引人、生态环境愉悦人，走旅游脱贫之路。

绿水青山和文化积淀都可以当饭吃，将旅游与扶贫融合发展，风景和风情就能变成百姓脱贫致富的金山银山。针对过去拥有好资源却一直"沉睡"的现实，结合"美丽乡村·幸福家园"建设活动，将一个个"盆景"做成公园，把散落各地的"珍珠"串成"项链"，使特色藏寨连成一体，形成以甲居藏寨为中心的百里长廊。推动贫困户与特色路子、产业链条、政策投入精准挂钩，让贫困村产业发展有途径、贫困户产业发展有去向，把脱贫点变成风景点，让贫困户成为旅游经营户。各类项目都围绕旅游发力，聚焦村寨发展，形成对各个环节的强势带动，真正让村寨活起来、旅游火起来、群众富起来。

运筹帷幄决战贫穷。"谋"字在先，"干"字在前。这是决胜脱贫攻坚的法宝。

丹巴县紧紧围绕全面建成小康社会的总体目标，先后召开各级会议51次，专题研究部署脱贫攻坚工作，先后制定印发一系列重要指导性文件，为扎实推进精准扶贫工作夯实基础。

2016年初，县委、县政府主要领导身先士卒，带领相关部门踏遍全县山山水水，经过40余天进村入户调研，科学制定出脱贫攻坚总体思路和目标任务。扶贫任务分解到单位、干部、职工；扶贫对象落实到乡、镇、村、户、人。全县干部职工扶贫工作人人有责任，困难群众脱贫致富户户有"靠山"，形成上下同心促攻坚的良好局面。

县委、县政府紧紧牵住扶贫攻坚"牛鼻子"，科学制定"七突出"战略措施，全面打响扶贫攻坚战。

突出组织保障，组建指挥系统。指挥系统由县领导、县直相关部门、各乡镇及驻村工作队组成，充分体现出扶贫工作的系统化、规模化、重点化、灵活化、专业化相统一，为扶贫攻坚提供了坚实的组织保障。

突出制度创新，落实责任追究。严格落实县级领导挂乡、乡镇部门领导挂村挂组、干部包户责任，实现贫困乡镇、贫困村、贫困户挂钩联系全覆盖。研究制定《扶贫攻坚指挥体系》《责任分工体系》《"十三五"精准扶贫规划》《十七个专项扶贫计划》《2015—2019年扶贫开发工作规划》《扶贫资金管理办法》等。严肃扶贫工作纪律，落实责任追究制度，把脱贫攻坚工作与干部评先评优、选拔任用有机结合，推行"群众不脱贫，干部不脱钩"的责任追究制度，为扶贫攻坚提供了坚实的制度保障。

突出规划引领，严格建设管控。县委、县政府坚持规划先行，制定了"十三五"脱贫攻坚规划，2015年以来，丹巴县委、县政府坚持以精准扶贫为统领，按照"五个一批、六个精准"要求和"一率先、两突破、三提升"的精准扶贫路径和"每年有新变化、三年上新台阶、五年全面脱贫"的要求，坚持"一村一策、一户一法"原则，紧紧围绕农业增效、农村发展、农民增收这一主题，着力打基础、谋发展、惠民生，贫困村发展后劲切实增强，贫困户生产生活条件切实改善。

突出精准施策，推行因户帮扶。扎实开展"回头看"工作，深入每家每户，严格落实"八个比对""五查五看"，确保帮扶对象精准。通过对贫困户进行细致甄别，清退不符合建档立卡标准的1177户4879人。同时，强化驻村帮扶。明确帮扶责任人，逐村逐户分析致贫原因，制定帮扶措施，落实帮扶政策。全县32名县级领导、54个机关党支部、181个驻村工作组、54名贫困村第一书记、2436名帮扶责任人和片区领导、包村干部切实担负职责，实行"点对点""面对面"帮扶，确保各项脱贫工作有序推进。

突出资金整合，确保重点投入。丹巴县整合"十七个专项计划"项目资金1.86亿元，加快实施道路、水利、电力、新村等17类项目。开展就业技能、种养殖技术、乡村酒店服务等培训，开发公益性岗位，支持贫困户发展民居接待，发展嘉绒服饰、刺绣等民族手工艺品制作户。

突出高位推动，当面公开点评。全县各级领导干部深入一线调研、一线指导、一线落实，率先垂范推动工作。坚持每周一例会、每月一点评，以问题为导向，全县精准扶贫工作做到了"底数明、目标明、体系明、措施明、内业明、效果明"。

突出档案管理，推行挂图作战。紧紧围绕"一图一台一档一卡"开展工作，确保脱贫攻坚档案资料完备规范。"一图"即在县、乡、村、易迁点四个层面实行挂图作战，简洁明快掌握扶贫工作进展情况，突出指导性和实用性；"一台"即每一个村（社区）建立脱贫攻坚的大数据平台，涵盖贫困户较为齐全的信息；"一档"即结合"回头看"和对标调查，建立贫困户的脱贫档案，完整反映脱贫过程；"一卡"即脱贫联系卡，上面包括贫困户基本情况、致贫原因、脱贫措施、脱贫时间、联系干部信息等。

脱贫"摘帽"有底气。巴旺乡卡卡村位于丹巴县城北部，距县城27公里，海拔2500米，属农区；全村总户数92户，人口285人，精准贫困户20户54人，属贫困村，2015年全村人均收入2550元，被县上确定为2016年整村摘帽脱贫村。

山还是那座山，河还是那条河，人还是那些人，只用了两年多时间，卡卡村脱胎换骨。如今道路变宽了、村庄变美了、环境变优了、村民变富了、生活变好了。一切的变化，就在于扶贫的精准上。

随着行路难、饮水难、增收难等一系列问题的逐步解决，贫困群众生产生活条件得到进一步改善。卡卡村如期"摘帽"底气十足。卡卡村的变化，只是丹巴精准扶贫的一个缩影。在丹巴正在竞相演绎一场前所未有的扶贫攻坚战。

第三节　铺就高山峡谷里的脱贫致富路

在县委、县政府的正确领导下，丹巴县以"补短板、固成果、强管养、重服务"为着力点，大力实施"交通先行"战略，坚持以交通扶贫攻坚和民生改善为重点，加快推进交通基础设施建设。坚持以习近平新时代中国特色社会主义思想为指导，牢固树立交通强县的观念，以"补短板、固成果、强管养、重服务"为着力点，积极协助加快推进国省干线公路提档升级，大力建设"四好"农村公路，完善公路管养设施，努力构建内畅外联的交通网络，推进"建、管、养、运、安、绿"综合交通发展，更好服务于丹巴经济社会发展，为建设美丽生态和谐小康新丹巴提供快捷安全畅通的交通保障。

据不完全统计，2015年至2018年丹巴县通乡公路中央投资达1.6亿元，通村公路车购税补助资金达6.5亿元，农村公路路侧护栏787公里，投资达到1.2亿元，新建、改建危桥改造大小桥梁81座，投资达到6500万元，加上国省干线改造和大修工程，精准扶贫五年时间，国家对丹巴县交通建设累计投资就超过18亿元，彻底打通了长期制约丹巴经济社会发展的交通瓶颈，交通运输事业翻天覆地，史无前例。2018年底在各级各部门的关心支持下，丹巴县提前实现了通乡油路和通村硬化路"两个"目标，成功获得了省交通运输厅关于深度贫困县通乡通村"两个100%"以奖代补省级补助资金1000万元，包括贫困村在内的全县所有建制村都通上了硬化路。

一、以项目为抓手，加快推进交通基础设施建设

（一）积极协助配合国省干线改造工程

主动协助配合州交投公司G248线丹巴境内段（含美人谷过境隧道）改造工程项目，主动积极配合协助州公路局G350线小八路大修工程，进一步改善出境通道条件，缓解城区交通压力。

（二）加快推进旅游路扶贫路建设

推进党岭旅游扶贫路建设：截至2019年已完成边耳乡党岭村至道孚县七美乡五重科村旅游扶贫联网公路8.72公里的路基加宽及2座桥梁建设；积极协助推进甲居旅游环线公路建设：甲居旅游环线公路完成一号线7.8公里油路，二号线完成水稳层铺筑，三号线路基工程建设，四号线已启动前期工作，完成总投资6000万元，大力协助中路环线公路建设。

（三）加快危桥改造及损毁桥梁恢复重建项目

完成色足桥改造项目、燕尔岩桥项目、沈足大桥改造项目、李龙桥项目、半扇门团结桥项目、青杠林桥梁建设、中路大桥建设、三岔河人行吊桥建设，因灾受损的60座农村公路桥梁恢复重建，投资5400万元。

（四）推进农村公路安保工程、实验室、养护中心工程及断头路建设项目

2019年底完成乡道及村道波形护栏安装114.992公里，完成投资1051万元，完成农村公路实验室和养护中心项目建设，2019年内投资达300万元。联网公路（断头路）建设项目方面，2019年完成丹巴县边尔乡党岭村—道孚县甲宗乡联网公路28公里，聂呷乡—巴旺乡联网公路15公里，丹巴县丹东乡—边耳牧业村—巴底乡牧业村—金川县独松乡（2县4乡连接线）联网公路82公里，丹巴县太平桥乡—金川县曾达乡联网公路30公里，投资达31000万元，实现通村通乡逐渐完善。

（五）完成客运站建设项目

改造县级客运站1个，建设农村客运站点4个，投资达280万元，新增客运班线17条，使100%的乡（镇）有农村客运站。

二、以通乡公路为重点，加强农村公路管理养护

结合丹巴县情实际制定并下发了《丹巴县农村公路养护管理办法》《丹巴县农村公路管理养护年活动实施方案》，通过公益性岗位招聘23名通乡公路养护人员，开展农村公路文明养护示范创建活动。组织日常养护和抢修保通，确保了96公里通乡公路正常通行。启动县农村公路养护中心及农村公路试验室建设，组建成立农村公路质量监督站，采取购买服务的方式，由农村公路实验室与四川诚通公路工程试验检测有限公司合作，开展农村公路试验检测，加强农村公路建设质量管控。加强通村公路的养护和管理，在全县15个乡镇建立交管站和农村公路管养站，通过"一事一议"的方式，建设、管理、养护通村硬化路，落实了"乡镇牵头、村建村管养"的责任。

以保障山地旅游节和丹巴风情节为主要任务，狠抓道路管养。一是以中路乡至聂呷通乡公路、聂呷至巴旺旅游环线公路、梭坡和革什扎至边耳通乡公路为重点，全面清理路面垃圾、边沟和淤泥石块，保证了山地旅游节开展沿线的道路安全、整洁和畅通。二是加强通乡公路日常养护，针对通乡公路隐患多的特点，重点加强对革什扎、边耳乡大风湾、丹东通乡公路、聂呷通乡公路的巡查，确保了日常道路维护及应急抢通工作的顺利开展。

及时开展汛期道路抢通保通工作，方便群众出行。2019年6月22日、6月27日，两次短时强降雨引发泥石流，造成革什扎镇吉牛电站引水口路段、边耳乡青杠段、丹东乡文平段等大面积断道，冲毁1.598公里。灾情发生后，丹巴县第一时间组织力量抢险保通，组织应急抢险人员300余人次，投入大型机具设备65台（辆）次，抢通通乡公路断道18处，清理塌方和泥石流5万余方，指导抢通通村公路断道52处，清理塌方和泥石流10万余方，仅通乡公路就投入抢险资金80余万元，较好地保证了农牧民群众的出行安全。"十一"国庆期间，专门安排公路巡查人员加强丹东、边耳、革什扎、聂呷、中路、梭坡等通乡公路畅通情况，加强保畅保通工作。

三、以专项整治为突破口，加强运输市场管理

随着交通基础设施的逐步改善和农村公路的逐步延伸，城乡运输市场加快发展。在坚持日常管理的同时，突出特殊时段、特殊部位、特殊环节的监督管理，加强道路、桥梁的安全检查，相继开展了客运市场整治、货运车辆超限超载治理、寄递物流清理规范、大中型货车整治等专项行动。采取三项措施整治规范运输市场：一是集中整治农村客运，加强路检路查；二是在客运企业常设驻站管理员，加强源头管理；三是整合执法力量，交警、运管、路政、市政联合执法，客运、维修、稽查联合巡查，加大运输市场监管力度。具体包括以下几

个方面：（1）在节假日期间，做好春运和"五一""十一"小长假旅客安全运输保障工作，2019年期间安排驻站人员4人，安全输送旅客共计40934人，安全发送班次3547趟次；（2）做好农村客运和城市出租车质量信誉考核、脱贫攻坚、扫黑除恶宣传工作；（3）开通新增行政村通客车线路21条和2条城市公交线路，修建招呼站牌5个，有效减轻群众出行难的问题；（4）开展"非法营运专项整治"和"交通违法乱点乱象"专项整治工作，截至2019年底共查处非法营运车36辆，上缴罚没收入173400元；（5）安全培训驾校学员679人，开展学员安全教育培训94场次，开展教练员安全工作和教育培训会议近15次，截至2019年底无一起学员培训事故；（6）有效备案办理货运公司5家，维修企业2家，客运企业1家（丹巴县甲居藏寨观光运输旅游有限责任公司），办理观光车8辆，清理登记全县个体货运车辆302辆。

丹巴以农村客运为重点，加强运输网络建设和管理。围绕"服务优质化、执法规范化、管理精细化"目标，加强"三关一监督"（市场准入关、车辆技术状况关、从业人员资格关和市场监督），继续开展扫黑除恶非法营运专项整治，积极探索组建城区出租、城区公交、农村客运为一体的运营模式。

四、加强组织领导，明确责任落实

一是党政重视。成立以县长为组长、县委政府分管领导为副组长的交通先行战略实施领导小组，将农村公路建设工作由部门行为上升为全县的整体行为，由行业行为转变为全民的共同行动，最大限度整合财力、物力、人力等要素保障；交通先行战略实施小组下设办公室具体开展日常工作。二是各乡镇、村和各成员单位、各联系部门齐抓共管。通村公路建设中，各乡镇党政一把手是直接责任人，负责组织实施、统筹协调、宣传发动、质量监管。村委会为业主负责人，具体承担项目实施，负责项目质量、进度和安全，各乡镇联系部门积极配合农村公路建设的组织实施，各成员单位按照《丹巴县交通先行战略实施方案》《"一事一议"实施通村通畅工程管理暂行办法》，各司其职、各负其责、合力推进，确保农村公路的建设用地、用材、用电及建设环境等要素保障。

五、强化监督管理，确保质量进度

一是强化政府监督。由交通先行战略实施办公室牵头，定期不定期组织监察、发改、财政、审计、安监等相关部门现场办公，对项目进度、安全、质量等进行督查；各乡镇、村要组建通村公路建设质量安全进度监督组，落实现场监督员，实行一月一督查、一月一通报的工作机制，对发现问题及时组织整改。二是强化行业监督。通过多渠道、多方式整合技术力量，落实技术人员包片、现场监督员驻点，施工现场培训、重点环节把关的监管措施，力争乡乡有专业技术指导员，村村有经过培训的技术员，确保现场出现的技术问题能及时解决。三是强化社会监督。公示项目名称、公路里程、建设结构、建设标准、工程投资、举报电话等事项，邀请人大代表、政协委员、村民代表作为社会义务监督员，现场监督，全程监督，形成社会监督合力，确保项目实施一个，合格一个，群众受益一个。

六、实行多方筹资，加大建设投入

交通先行战略的具体实施所需资金量大，特别是农村公路建设国家实行补助资金，更需要全民动员、多方筹资来破解建设资金难题。一是以上级补助资金为支撑，加大争取力度。二是整合政府资金投入。积极争取交通建设专项资金的前提下，最大限度地整合涉农资金。三是整合社会力量投入。广泛发动全县干部职工、民营企业家、到丹投资的企业通过多种方式支持农村公路建设。四是整合民力主动投入，发动全县群众投工投劳搞建设，自己的道路自己建。五是积极争取对口支援地区及相关企业的支持。

七、纳入目标管理，强化奖惩措施

一是强化奖惩。县交通先行战略领导小组定期召开会议，总结和推广典型经验，分析存在问题，制定整改措施，明确年度建设目标，并与各乡镇、各部门签订目标责任书，纳入目标考核，真正形成激励先进、鞭策后进的工作氛围。二是强化纪律。对在项目建设中思想不重视、责任不落实、工作不到位、任务完不成、质量不合格的，将追究相关部门和乡镇、村的责任。

八、加大宣传力度，营造良好氛围

一是加大宣传力度。宣传部门和各相关单位要结合交通先行战略的具体实施，多形式、多渠道、全方位开展宣传。二是开展专项宣传。在农村公路建设项目实施前，各乡镇、村召开村民大会，深入宣传农村公路建设的质量、进度、安全、廉政要求，切实为交通先行战略的全面实施、有序推进营造良好的舆论氛围。

专栏：道路通：家门口看病　村民不再"小病扛，大病拖"[①]

丹巴县半扇门乡腊月山三村，坐落在层层叠叠的大山深处，山路陡峭险峻，自然灾害频发，受自然环境条件约束，交通不便，在丹巴县曾是出了名的"贫困村"。自2015年，四川省国

---

① 参见《丹巴县腊月山三村的脱贫巨变》，四川新闻网，见 http://local.newssc.org/system/20170406/002150429.htm，2017年4月。

土资源厅对腊月山三村开展定点帮扶以来，腊月山三村发生了大变化。截止到2016年底，省国土资源厅联系指导的丹巴县如期完成了22个贫困村退出，腊月山三村正是其中一个。

"一路通，百业兴"，一直以来，行路难是制约腊月三村村民脱贫致富的"瓶颈"问题，同时也给村民们带来了看病难的问题。尤其遇到雨雪天气，路面湿滑，十分危险，村民出门看病非常不便。这就导致很多村民患病之后出现"小病扛，大病拖"的情况，每次看病时，病情已十分严重。

腊月山三村与山下的通达路相对高差1000米，却只有16公里的土路相连，路的危险程度可见一斑。而今，腊月山三村的村民们再也不用为上下山而忐忑不安了。12处地质灾害隐患点的应急治理工程已经完成，新修的水泥混凝土通户路已经通车。站在山崖边，向下望去，公路顺着山势而建，自下而上在满山绿色的衬托下，灵动盘旋。在省国土资源厅的帮扶下，腊月山三村还新建了一座集活动中心、文化室、卫生室、应急避险于一体的避险场所。

两年内，腊月山三村已经完成了7公里通村水泥路建设、5公里的联户路建设和3公里的入户路建设，村内形成了四通八达的交通网，山村彻底告别了"晴天一身灰，雨天一腿泥"的历史。不仅如此，村道两侧也安装了太阳能路灯，彻底解决了村民夜间出行难的问题。

专栏：交通局劳模先进事迹

宋施偲，丹巴县交通运输局公路段段长。2009年8月参加工作以来，她数十年如一日，心系交通，情系公路，在平凡的工作岗位上兢兢业业，为全县交通事业的发展默默奉献，赢得了群众和职工的赞誉。

学以致用，钟情事业。2009年，她以专业第一名的成绩考入丹巴县交通运输局，刚进单位，便参加了县通村通达路第一批建设项目。此项目意义重大，事关民生，是全县干部群众几十年来的期盼。丹巴县大多数村只有羊肠小道，且山高村远，全靠干部在丛山峻林中测设、放线、施工，环境恶劣、施工难度极大，有的男同志都吃不消。在这样一个艰苦的情况下，她没有因为自己是个女同志就有所懈怠，如同别人一样不分白天黑夜地奔走于施工现场，常常风餐露宿，以天为被，以地为席。在此战线上，宋施偲同志一干就是五年。县通村通达路在宋施偲这样一班同志努力下，高质量完成了任务，为后续的通村通畅工程奠定了坚实的基础，为全县百姓的出行开辟了新的篇章。

兢兢业业，奋力工作。作为交通的业务骨干，2016年，她在组织和干部的信任下，高票当选为丹巴县历史以来最年轻的公路段段长。在此岗位上，该同志不骄不躁，把工作放在第一位，全州实施"三年交通攻坚战"和"交通先行战略"以来，她负责了6个乡100多公里通乡路和10余座大中型桥梁的全程建设。2018年，宋施偲同志被丹巴县委、县政府授予"先进个人"荣誉称号。

宋施偲同志的先进事迹体现了她全心全意为人民服务的宗旨意识，顽强拼搏、忘我工作的敬业精神，无私奉献、甘做铺路石的高尚品德，清正廉洁、严以律己的优良作风。

第四节　结论与启示

习近平总书记在全国生态环境保护大会上强调，坚决打好污染防治攻坚战，推动生态文明建设迈上新台阶。[①] 丹巴县本身处于生态脆

---

① 参见《习近平出席全国生态环境保护大会并发表重要讲话》，中国政府网，2018年5月19日。

弱地区，加之地质灾害频发，交通设施滞后，严重影响地区未来可持续发展。本章结合民族地区生态建设普遍存在的困境，引出丹巴的生态建设体系，以灾害治理为出发点，夯实生态治理和交通基础，以生态建设为核心，建立管服八大机制，以生态旅游为产业支撑，以交通建设为基础，逐步走出了绿色减贫之路，为地区百姓安居乐业、产业建设走出大山提供了发展环境，对民族地区实现绿色脱贫有重要价值，对民族地区实现未来可持续发展有重大意义。

地质灾害防治是民族地区实现生态治理的必要前提。地质灾害一直制约着民族贫困地区的经济和生态发展，威胁当地群众的生命安全。要实现生态环境治理，灾害防治是前提和基础。灾害防治重在"防"和"治"。"防"，关键在于灾害发生前群众防灾意识、防灾知识和防范预警等一系列措施处理到位；"治"，重点在于灾害发生时的应急处理方案、应急救援措施以及灾后工程治理保障工作到位。因此，如何"防"和"治"成为民族地区灾害治理的重中之重。民族贫困地区加强灾害防治工作，其关键是做好灾前预警工作，排除灾害隐患点，同时加强灾害防范意识和防灾避险知识；此外，做好应急措施和应急救援，避免更多群众受到财产和生命伤害。

生态治理是民族地区实现产业发展的必然要求。产业要实现绿色生态发展，生态治理是关键。民族地区生态条件不高，产业发展薄弱，生态治理不仅有助于环境质量提升，还能促进产业绿色发展，从而实现未来可持续。丹巴在生态建设方面下足功夫，从制度创新、科技支撑到生态扶贫考核，从生态建设工程、公益性岗位到发展林业特色产业，都彰显了丹巴建立生态屏障防线的严谨性和连贯性。因此，民族地区应该加强落实生态政策，因地制宜创新生态建设机制体系，因地施策实施生态建设工程，打造生态绿色产业，从而促进生态保护和产业发展的双重目标。

交通先行，绿色减贫是民族地区实现脱贫的可行途径。改革开放四十多年以来，党和政府对少数民族地区的基础设施建设给予了极大的关心、关爱和支持,尤其是交通建设取得了前所未有的发展。2014年至2018年,国家对丹巴县交通建设累计投资就超过18亿元,彻底打通了长期制约丹巴经济社会发展的交通瓶颈,交通运输事业完全可以说是翻天覆地、史无前例。2018年底,在各级各部门的关心支持下,丹巴县组成专班,强化措施,落实责任,提前实现了通乡油路和通村硬化路"两个100%"目标,成功获得了省交通运输厅关于深度贫困县通乡通村"两个100%"以奖代补省级补助资金1000万元。此外,"交通+旅游""交通+特色产业"扶贫也在丹巴县推进,交通顺畅使得全县产业、旅游等更有了希望。丹巴的案例表明,交通建设是根本,以交通建设为契机,利用民族地区自然环境和生态环境的优势发展旅游经济,是实现生态保护、绿色减贫和发展可持续多重目标的有效路径。

第五章

以业为纲强"造血",格桑花开致富路

习近平总书记强调，要解决好"怎么扶"的问题，按照贫困地区和贫困人口的具体情况，实施"五个一批"工程。产业、就业精准扶贫是我国精准脱贫"五个一批"的重要组成部分和核心内容，是发挥贫困户"造血"功能、确保稳定脱贫的关键举措[1]，是真正发挥脱贫帮扶作用的重要推力。

产业、就业精准脱贫是指发展生产脱贫一批，引导和支持所有具有劳动能力的人依靠自己的双手开创美好明天，立足当地资源，实现就地脱贫。根据2016年12月，国务院印发的《关于"十三五"脱贫攻坚规划的通知》，农林产业扶贫、科技扶贫等是产业发展脱贫的重要内容，进一步提出：立足贫困地区资源禀赋，以市场为导向发挥农民专业合作社、龙头企业等市场主体作用，建立健全产业到户到人的精准扶持机制；加强贫困人口职业技能培训和就业服务，保障转移就业贫困人口合法权益，开展劳务协作，推进就地就近转移就业。因此，扶贫扶志是保持稳定持续脱贫的内生动力，产业发展、就业扶贫和科技帮扶是实现扶贫扶志的有效举措，也是支撑贫困群众脱贫的信心和底气，是脱贫攻坚的关键环节。[2]

丹巴县作为典型的民族贫困地区，产业就业脱贫亦是脱贫攻坚的主要方式。产业扶贫对于提高民族地区自我发展能力、少数民族群众

---

[1] 参见贺敬平：《学深悟透做实习近平扶贫论述 精准施策打好万宁脱贫攻坚战》，《海南日报》2019年10月22日。
[2] 参见何得桂、徐榕：《贫困治理中激发贫困群众内生动力的有效路径研究——以陕西省扶贫扶志实践为例》，《地方治理研究》2019年第4期。

增收致富能力和民族地区扶贫有效性、脱贫稳定性意义重大、作用显著。[①] 本章通过探索民族地区产业就业发展经验、困境，落实到丹巴县区域产业就业发展困境的实际上来，剖析内在致贫机理，进而分析产业扶贫具体做法、就业扶贫探索实践以及科技扶贫技术路径，最后总结民族地区产业就业发展的具体经验和创新，以期为民族地区或其他区域脱贫攻坚贡献智慧和力量。

第一节 民族地区市场化发展三大困

党的十九大报告指出，确保到 2020 年我国现行标准下农村贫困人口实现脱贫，贫困县全部摘帽，解决区域性整体贫困，做到脱真贫、真脱贫。2019 年，国务院政府工作报告中指出打好精准脱贫攻坚战，重点在"三区三州"等深度贫困地区。而深度贫困地区一直是我国脱贫攻坚的重点难点，多集中在老、少、边和民族地区。民族地区是我国深度贫困地区的重要组成区域，也是打赢脱贫攻坚战的主战场和难点、重点。民族地区具有自然条件、发展基础、社会发育程度和市场环境等多种因素制约，经济发展较为缓慢，市场化程度发展不高，产业和就业发展无优势资源支撑。从图 5-1 可以看出，民族地区在发展过程中的困境总体表现为资源配置不当，其中有政府资源粗放式管理和人才资源极度匮乏；产业扶贫的内在问题包括产业结构不合理、产业的增长极带动效应薄弱和产业主体的利益联结机制不健全；民族地区需求层次存在投资需求难以拉动、消费需求总体规模较小和出口需求不强等问题。

---

① 参见李俊杰、吴宜财：《民族地区产业扶贫的经验教训及发展对策》，《中南民族大学学报（人文社会科学版）》2019 年第 5 期。

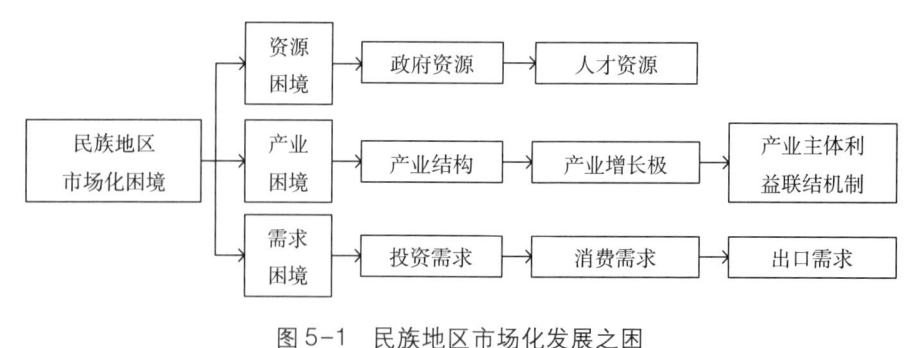

图 5-1 民族地区市场化发展之困

一、资源配置之困

(一) 政府资源粗放式管理

对民族地区来说，政府下放的资金、项目、人力等政府资源分散，粗放式管理，无法实现资源生产效率的帕累托最优化，达不到最优配置，因此民族地区社会经济生产福利也偏低。

民族地区存在政府资源粗放式管理、投入产出率低的问题。我国扶贫工作是"政府主导+其他主体辅助"型的多元化服务机制，政府部门历来便是扶贫主导主体，在扶贫宏观政策制定、精神传递、项目计划落实等方面发挥了主导作用，在脱贫攻坚战中贡献斐然，也一直是民族地区产业、就业扶贫资金、技术、项目等资源的最大供给主体。民族地区因其具有自然区位恶劣、基础设施薄弱、人力资本水平低、宗教民俗色彩浓厚等的典型特征，在产业、就业扶贫发展中面临着比其他区域更大资金资源需求的现状。

民族地区产业、就业扶贫中存在以下几点难题：第一，产业基础设施薄弱甚至根本没有，特别是与产业发展配套的道路、水利等建设难度大、建设水平低，产业发展严重受制约；第二，产业现代化发展起点低，依靠政府资源无法发展起来，造成政府产业、就业资源"点多面广"、"撒胡椒面"、"跑冒滴漏"和小打小闹的分散化局面，无法惠及最大规模贫困群众，也无法形成适度规模化的集约生产[1]；第三，民族地区仍有许多区域存在"直过民族"快速从原始社会过渡到社会主义社会（如云南省实行"直接过渡"的八个民族）。这些特殊贫困群体多处在深度贫困地区，贫困面广、贫困度深、脱贫难度极大，过渡之后，尽管在产业发展方面有政府扶持，但中间时期没有适应性的农业技术，传统耕织落后技术无法立即适应现代农业生产，政府资源无法支撑起庞大的农业生产建设，农业产业项目落实不到位，造成社会发育程度低、商品经济不发达等。

丹巴县地处我国深度贫困地区甘孜州东部，海拔高，地势险要，自然环境恶劣，交通基础设施建设落后，距离省会成都地理距离远，是国定贫困县之一。因其恶劣的自然环境，造成产业扶贫资金无法直接运用到项目发展上来，而是要多处填补、修建以前薄弱或根本没有的产业基础设施，人力和交通运输费用也比其他平原、丘陵地区的需求多，间接造成政府产业资源过度透支和财政赤字，也对丹巴县产业、就业顺利发展有一定打击。

（二）人才资源极度缺乏

古往今来，国以才立，业以才兴。人是实施一切的主体，也是实施乡村振兴战略的关键因素。乡村振兴战略提出要培养农村新型人才，打造一支建设农村的强大人才队伍。根据人力资本（Human Capital Management，HCM）理论，要对生产者进行教育、职业培训等投资，提升人的各种生产知识、劳动、管理技能和健康素质等。只有对人的人力资本进行量的投入和质的提高，才能发挥人的最佳产能，创造社会价值。

人才严重匮乏是制约民族地区产业、就业发展的关键因素。总的

---

[1] 参见李俊杰、吴宜财：《民族地区产业扶贫的经验教训及发展对策》，《中南民族大学学报（人文社会科学版）》2019年第5期。

来说，民族贫困地区存在着"本土"干部人力资本水平低导致能力低下[1]和无法吸纳外来高素质人才，致使脱贫攻坚和产业就业发展中人力资源极度缺乏的问题。一方面，民族地区县域区域超过一半以上的扶贫干部都来自"本土"人员，而这一批人受到当地教育资源、基础设施薄弱等的限制，文化水平较其他区域偏低，致使能力有限、人脉较窄，无法在产业、就业发展中拉动项目、发挥先进的领导作用。有的"本土"干部囿于其能力有限，对政策文件解读不深入不全面，无法将最新产业、就业和科技政策传播到户，形成了贫困户信息闭塞和不对称。另一方面，民族贫困地区极难吸纳外部优秀人才。民族贫困地区往往是天然的自然区位恶劣、资源不禀赋、交通不便和经济社会不发达区域，这些不利条件消极影响其吸纳人才、留住人才。

二、产业发展之困

（一）产业结构极不合理

美国著名经济学家刘易斯（Lewis W.A.）指出，二元经济发展的核心问题是传统部门的剩余劳动力如何转移到现代部门。[2] 而博格（Bogue D.J.）在总结前人经验基础上，创新性地提出了人口流动"推拉理论"，该理论中心是生产收益的高低影响着农村劳动力的转移，产业结构的完善和调整会推动劳动力向优势产业转移，加速农村经济发展和城乡融合；福利经济学认为，当生产者在生产过程中给他人带来了损失或额外费用，而他人又不能得到补偿，就产生了外部不经济性。无论是外部经济性还是不经济性，完全依靠市场机制都不能

---

[1] 参见巧巧：《乡村振兴背景下少数民族地区人才问题探析——以科尔沁右翼前旗义和塔拉嘎查为例》，《法制与社会》2019年第27期。

[2] 参见肖怡然、李治兵、董法尧：《乡村振兴背景下民族地区农村剩余劳动力就业问题研究》，《农业经济》2019年第9期。

实现资源的最优配置，使得其具有外部性的产品过量生产或过少供应，造成资源配置的低效率。1874年法国经济学家L.瓦尔拉斯在其著作《纯粹经济学要义》中创立了一般均衡理论。瓦尔拉斯认为，一个市场的均衡被打破，其他的市场均衡也会相继被打破，社会福利结构和收益会受到影响。因此，民族地区产业结构配置不合理会导致农村剩余劳动力配置混乱、无效，从而出现生产外部不经济性，产品供给和需求不均衡，造成资源配置效率低，最后打破农村产业市场均衡，进而逐步影响到就业和农业技术等多方面不均衡的情况，具体理论基础与实践有机衔接情况如图5-2所示。

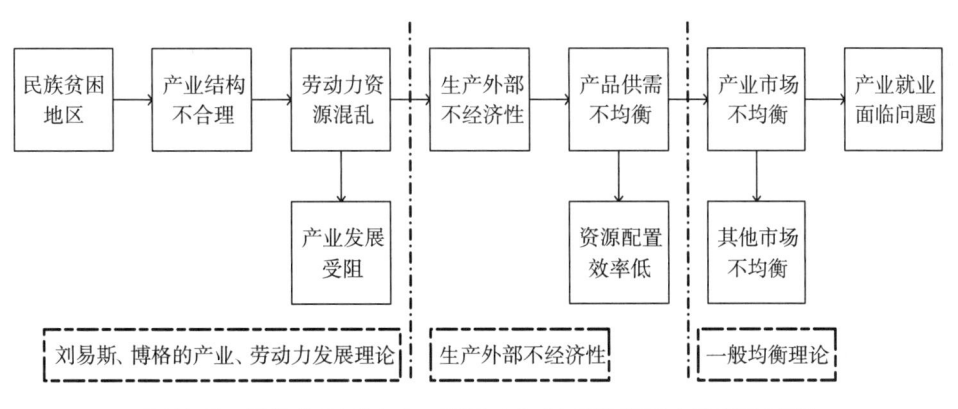

图5-2 民族地区"产业—劳动力"结构配置不合理理论基础

民族地区贫困农村产业结构发展和劳动力资源之间一直存在矛盾，主要有以下三个方面：第一，从第一产业农业看，民族地区农业产业生产效率极低，但存在大量劳动力。民族地区农业产业技术落后，主要以传统农业技术为主，现代化生产未大规模普及，生产效率很低，民族农村地区50%以上的人口都从事薄利的农业行业。以阿坝州为例，其50.8%的人口从事农业，但其创造的经济产值仅占产业总产值的15.3%。[①] 民族地区普遍较低的文化水平也是大规模人口从

---

① 参见肖怡然、李治兵、董法尧：《乡村振兴背景下民族地区农村剩余劳动力就业问题研究》，《农业经济》2019年第9期。

事农业的主要原因之一，人们不具备从事二三产业的人力资本水平和技能技术，无法胜任工业和服务行业。此外，民族地区特有的语言文化使他们对汉语掌握能力低，也限制了从事二三产业。

第二，从第二产业来看，虽经济收益较高，但吸收农村劳动力少。民族地区第二产业有其特殊性和局限性。特殊性是指第二产业主要集中在加工业、采掘业和煤业、矿业等行业，存在危险性高、技术能力要求高和"搭便车"、裙带关系严重等特征。贫困户囿于自身技术水平较低、难以形成团队协作精神等缺陷，很难从第一产业转移到第二产业中去。局限性主要是民族地区对教育和人力资本投资的不重视致使小学文化水平人口最多，限制了其从事工业行业。因此，民族地区贫困户从事第二产业的人数较少，也存在很多局限性。

第三，第三产业刚刚萌芽起步，创造经济价值能力低。民族地区以农业和劳动密集型为主，服务业还处于萌芽阶段。民族贫困地区主要第三产业以观光旅游业为主，但是缺乏旅游金字招牌，以及与之相匹配的宣传能力、讲解能力、服务能力和设施能力等综合功能，不能较好地吸纳游客和留住游客进行消费。民族地区未形成服务业从业意识，较少人会去进行专业培训，进而取得专业资格证书，或者未在正规的技能培训中心参与培训，从业资格受到质疑。此外，民族地区整体社会仍处于工业化初期阶段，工业化、信息化进程缓慢。[①] 经济社会发展缓慢带来的社会发展负效应影响了第三产业，第三产业发展"弱意识"（即现代服务业较少）也阻碍了其发展，造成从事第三产业人员少且其创造的经济价值低等问题。

（二）增长极带动效应弱

民族地区优势、主导产业增长极功能较弱，产业带动作用不明

[①] 参见郭纹廷：《西部少数民族地区脱贫攻坚的困境及对策研究》，《天津师范大学学报（社会科学版）》2019年第5期。

显。贫困民族农村地区要想发展产业、就业增长极,就要认识到增长极的内涵和重要作用。首先,在该特殊区域内,产业增长极是掌握了区域产业发展核心技术并能够进行自我创新的产业增长点。[①] 但民族地区往往是技术最为薄弱和落后的,社会发展阶段也处于工业化初期或中期,粗放式生产技术导致主导、优势产业自身发展能力弱,带动作用不明显甚至根本没有,逐步拉大农村跟城市产业发展技术和经济值的距离,使城乡产业二元结构日益呈现出刚性。其次,增长极是区域内的先进新兴产业,并具有培育、发展和壮大的内在潜力。只有区域内资源禀赋优势明显、生产基础较好、能够带动其他辅助产业甚至主导区域经济发展的产业才能被称为增长极产业,但是民族农村贫困区域的传统弱势产业至今仍占据主导地位,落后的产业发展技术和生产观念难以形成新兴和新型产业,也难以带动就业和区域经济发展。

(三)利益联结机制不健全

经济学家鼻祖亚当·斯密在《国富论》中提出"理性经济人"假说,之后各界学者不断完善和修进。该理论假说认为经济决策的主体都是充满理性的,追求的目标都是使自己的利益最大化,即消费者追求效用最大化、厂商追求利润最大化、要素所有者追求收入最大化以及政府追求目标决策最优化。在民族地区产业发展过程中,各方主体也都是"经济人",企业、贫困户作为产业扶贫项目的直接受益者,追求自身利益最大化,企业也会将贫困户稳定脱贫作为自己的部分社会责任,政府以扶贫项目惠及最广大群众以及保证脱贫为其最大追求,因此构建完善的产业扶贫多主体利益联结机制至关重要。

要稳步实现产业扶贫的长期带动作用,变脱贫"输血"为"造血"功能,就要构建稳定的利益联结机制。首先,民族地区扶贫主

[①] 参见魏丽华:《培育新型战略性城市增长极亟需破解的难题》,《长白学刊》2011年第3期。

体对自身优、劣势认识往往不足，贫困户缺乏企业要求的生产质量要求，企业对贫困户生产能力不清楚，二者易出现利益矛盾情况。[①] 其次，在农产品销售环节，企业有时会因打压价格、对产品有过高质量要求、资金无法立即支持和产品延期收购等举措，直接或间接影响到贫困户经济收入，形成利益冲突，阻碍贫困户顺利、稳定脱贫。因此，当产业扶贫的企业和贫困户主体各自利益受到影响时，就会直接影响到精准脱贫工作开展，因此构建完善的利益联结机制就显得尤为重要。

三、需求层次之困

民族地区市场化发展、产业就业扶贫上的有关需求层次可以划分为产业发展的投资需求、消费需求和产品出口需求三方面。

（一）投资需求难以拉动

民族地区的投资需求难以凭借自身发展拉动。在市场经济条件下，投资表现为资金进出区域市场，有利于促进地方经济总量增长，产业结构优化升级；有利于扩大就业，提高人均收入，促进社会进步；有利于发展外向型经济，促进地区经济与外部经济接轨。民族地区产业发展需要持续投入资金、资源和人力资本等，从而拉动产业升级发展。该区域目前主导产业是第一产业和第二产业，而农业、工业带来的是低经济附加值，却耗费大量劳动力资源。根据亚当·斯密的"理性经济人"理论，企业和投资商投资主体作为追求盈利最大化的经济人，在投资时看中的也是具有发展潜力的新兴第三产业和高经济价值产业。民族地区自身产业发展能力薄弱，不具备吸引招商引资的

---

① 参见王素艳：《少数民族地区产业精准扶贫研究》，《内蒙古财经大学学报》2019年第5期。

优势,投资需求难以拉动,这就限制了区域市场化和产业经济发展。

(二)消费需求规模较小

消费需求总体规模较小,人口是影响消费需求的重要因素。消费是关系到国民生计的根本性问题①,消费问题从来都是经济学研究的重要内容。人口与消费的关系呈现出异质性,如人口年龄结构、人口老龄化、人口政策和人口流动等因素都能促进或减少消费需求。民族地区总体人口规模少,以甘孜州丹巴县为例,截至2017年底,丹巴县全县总人口70200余人,辖12个乡3个镇,仅占当年四川省总人口的0.085%(省内下辖181个县),大幅度低于省内平均县域人口规模。人口是拉动消费的关键,而消费是影响经济发展程度和社会先进性的重要原因。在三者关系中,消费起着中介变量的作用,对人口和经济发展贡献中介效应(见图5-3)。因此,民族地区人口密集和人口比例较小,人口消费需求总体比较低,经济发展程度缓慢,产业、就业和市场化发展也明显受到阻碍。

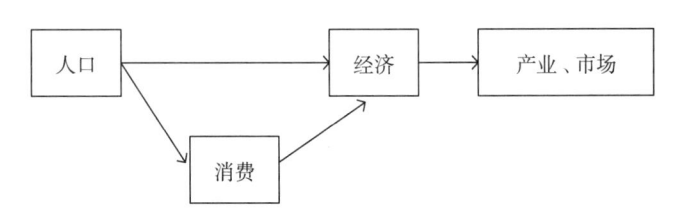

图5-3 人口—消费—经济作用流程图

(三)出口需求作用不显

出口需求不强,推动作用不明显。新生产要素理论是国际贸易理论的重要组成部分,也是随时代发展不断进步后的成果。该理论认为,新生产要素除了土地、劳动和资本以外,还有更丰富的内涵,还

---

① 参见李树生、李海娟:《我国人口结构对居民家庭消费的影响研究》,《价格理论与实践》2019年11月7日。

包括自然资源、技术、人力资本与开发、信息、管理等新型生产要素，是从新要素的角度说明国际贸易的基础和贸易格局变化。将国际贸易的新要素理论运用到民族贫困区域中，也同样具有丰富的意义。随着社会阶段从工业化中后期进入后工业化社会或现代化社会，人们对产品的需求从主要以生活消费品和轻型工业产品转变为以耐用消费品和高档消费品为主，恩格尔系数也越来越小，消费支出从单一化的生活品支出为主逐步转向多元化的文教、娱乐和其他支出。需求侧的变化，必然要求供给侧改变。民族地区产品的投入要素主要仍以劳动力和土地、自然资源为主，主要生产劳动密集型产品，是轻型工业产品。该地区也会有部分产业和产品以技术、资金和资源要素为主，生产技术密集型和资金密集型中高档产品，但仅仅依靠这少部分产品的出口不能满足整个民族区域的出口需求，也极难拉动经济增长和社会发展。

因此，民族地区亟须引进先进生产技术，投入新生产要素，促进产品升级转换，拉动区域的出口需求，进而拉动经济和社会快速发展。此外，政府支持必不可少，人民的生产观念也需逐步改变。根据后发优势理论，民族地区虽有诸多产业化、市场化发展的困境，但也具有自身优势，可借鉴先进地区的生产理论和方法，应用于本区域，逐步实现经济赶超和"腾飞"。在此过程中，民族地区具有借鉴政策、技术、降低制度成本和研发费用的优势特征。

第二节　科技扶贫：技术"方子"拔掉穷"根子"

科技扶贫是由单纯救济式扶贫向依靠科学技术开发式扶贫转变的一个重要标志，其作为我国政府扶贫开发的重要组成部分，一直在贫困地区反贫困工作中发挥着至关重要的作用。要加强科技产业和农业界的协同创新,促进科技成果运用、共享、服务于"三农"。科学技术能显著促进民族贫困地区产业、就业扶贫快速、高质发展,随着经济社会高速发展,我国已进入现代化建设时代,在此新形势下,民族地区应如何发展才能"不吊车尾",不仅是学术领域的新课题,也是一个时代话题。[1] 产业扶贫是我国打赢脱贫攻坚战的重要抓手,而科技扶贫则是助力产业扶贫取得成功的关键所在。[2] 在民族地区产业发展中,科学技术具有重大价值和作用,能够"精、准、快"地扶持民族地区产业发展[3]、引领产业结构调整。

一、引进技术方子,培育本土人员

农技员是指根据农业生产为基础需求,利用现代农业技术理论、知识与实践相结合,为广大农民提供生产技术指导与服务的农业技术推广人员。在基层农村地区,农业技术人员是科学技术的主力军,是渗透、扩散农业技术最深入的人员,也是最接近土地和"三农"的队伍。农技员采用科学合理的农技推广方式,能够调动农户的参与积极性,提高农机推广效率和实现农业科技转化。[4] 丹巴县农业技术发展过程中根据需求萌生的"特聘农技员"和"农业经理人"是其精准扶贫工作中的智慧结晶和成果,凝聚了扶贫干部对产业倾注的心血,也是特有的"丹巴农技扶贫新模式"。

---

[1] 参见王文彦:《马克思主义科技思想在民族地区的发展研究》,博士学位论文,华南理工大学,2018年。
[2] 参见施乐、杨丽娟、刘建英、卢一文:《民族地区科技扶贫现实困境与路径选择》,《合作经济与科技》2019年第9期。
[3] 参见《攀枝花市科技扶贫"福田模式"探讨》,《攀枝花科技与信息》2015年第4期;李贵利、唐平等:《科技"精准快"扶贫模式——福田农业成果转化模式》,《中国热带农业》2015年第5期。
[4] 殷锐、罗小锋、李容容、黄炎忠:《信息化背景下农民为何青睐农技员到田间地头开展农技推广?》,《农业现代化研究》2018年第4期。

（一）引进来

丹巴县创新吸引农技人才方式方法，培养"本土"农技人员。该县从外引入的农技人才主要有"特聘农技员"和"农业经理人"两种。首先在"特聘农技员"过程方面，丹巴县农牧和科技局的扶贫干部从该县基础县情出发，认识到自身在发展农业产业就业方面存在着因交通不便带来的对农产品市场行情认识不足；农户自身对接市场能力弱；距离大市场较远带来的运输不便，如农户个体无法支撑庞大昂贵的运输费用问题；农产品储存时期短；信息流通不畅以及本土扶贫干部资源能力有限等问题。经过县领导班子共同商议，决定从县财政拨出一部分资金用来从县外区域，如甘孜州、成都市和西安市等地区，聘请专业的农业技术人员，包括专业农技员、种植大户、种养能手、致富带头人等，到丹巴县进行短期或长期的下乡入村农业生产技术指导、扩散等。据丹巴县扶贫干部讲述，该县从西安聘请了一位苹果种植能手到县进行技术指导，这是从省外引进农技人才的典型案例。在吸纳人才过程中，扶贫干部耗费了精力、贡献了力量，最后取得了良好的种植成效。

其次在"农业经理人"发展上，丹巴县农业经理人是扶贫班子集思广益的创新成果，在一定程度上也彰显了该县扶贫人员对民族贫困地区产业发展、脱贫攻坚所做的贡献。农业经理人是指能对接市场信息，如价格、地点、人脉等，提供农产品销售渠道，并形成长期稳定销售关系的职业人。丹巴县从县财政拨款聘请外部销售能手担任"农业经理人"，派遣本县人员负责集体运输事宜，由驾驶技术好的县扶贫相关工作人员担任驾驶员，在农产品销售时节进行挨家逐户的集体收购装载，在"农业经理人"引导和带领下到大市场进行集体销售，并形成长期稳定的对接关系。此举很大程度上解决了丹巴县贫困户农产品销售问题，增加了收入，保障了稳定脱贫。

（二）本土化

"特聘农技员"和"农业经理人"在县服务期间，分别发挥市场功能和技术功能，对丹巴县具有潜在农技员和经理人资质的本土人员进行培训，使其跟随学习，进而逐步替代专业农技员和经理人，能够独当一面，形成可持续的人员机制。"特聘农技员"和"农业经理人"主要发展流程见图5-4。

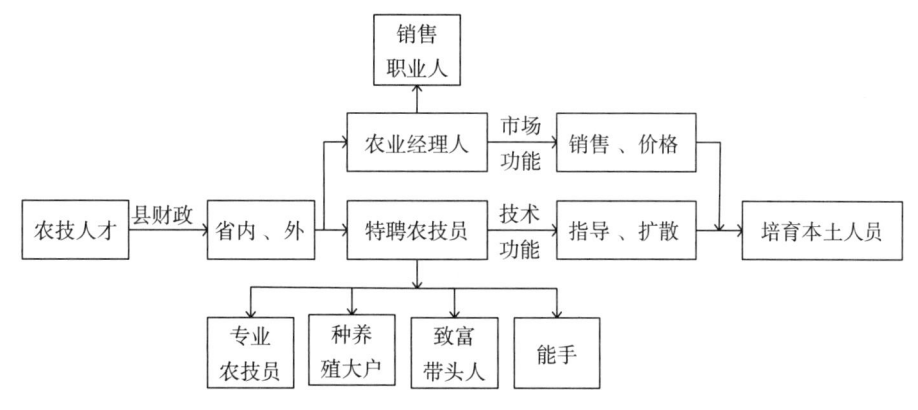

图5-4 丹巴县特聘农技员和农业经理人"吸纳—培育"流程图

二、走出学习路子，学习农业技术

丹巴县组织贫困户走出去学习农业技术，强化种养殖产业技能，促进贫困农户"钱、才"双收。该县为加快推广种植优质、高效和安全的农业产品，做大做强农业产业，组织想要发展产业的贫困农户到外县或其他州（区）的农业产业基地、农民专业合作社参观学习。在学习过程中，交通、餐饮等费用由县带队人员统筹付费，参观对象也由县里负责联络。在环保、符合实际情况和可行性基础上，学习的产业生产技术由村集体民主投票选出，以最广大人民群众的意愿和利益为出发点、落脚点，一切都是为激发贫困户内生发展动力和促进稳定脱贫。贫困农户走出去，不仅是身体的走出去，更是思想、见识和视野的走出去，变精准扶贫"输血"功能为"造血"，促进贫困户拥有一技之长，拥有长期增收能力，对于预防脱贫后返贫以及长期稳定脱贫有重要现实意义。

从丹巴县农业技术"引进来""走出去"两项举措中可以看出，"引进来"是从外部技术资源角度破除民族地区农业生产技术落后的壁垒，"走出去"则是从贫困户主体的内部角度来主动打破传统农业技术的壁垒。采取"进""出"相结合的农业技术学习模式，是丹巴县农业技术中的一大亮点。此举也是关键行动，可以切实帮助农户发展高效农产品，促进集约化经营，突破农业产业发展瓶颈，加快农业产业化转型升级，促进贫困户稳定顺利脱贫。

三、搭建基础底子，提高科技实力

农业基础设施建设一般包括农田水利建设、农产品流通重点设施建设、生产基地建设和农业教育科研基础设施。农业技术基础设施供给不足、错配会严重影响农业经济的深入发展。[①] 强化农业基础设施建设，是改善农业生产条件、推动农村经济发展、促进农业和农村现代化的重要措施之一。

近年来，丹巴县努力打破县内农业技术基础设施薄弱的困境，主要有以下几方面措施。第一，重点关注乡镇农技农合服务推广站及其设备设施配套建设。丹巴县将农技站作为基层扩散和渗透农业科技的主要场所和载体，各农技站每年开展特色产业种养殖业实用技术培训，为农牧民提供技术学习、咨询、指导和示范服务。第二，丹巴县围绕自身农业生产薄弱环境，统筹推进科技、农田、草原等基础设施建设。在全县多地新建或改建农机化生产道路，全县新增多台大马力

---

① 参见谭上勇、黄贱荣、华丽琴：《试析农业基础设施供给不足的根源与破解方法》，《南方农业》2019年第9期。

多用能农机，新建多个助农的信息社。第三，积极开展基地、产品认证和保护登记工作，保证基地和农产品持续稳定地生产，保障农产品质量和安全，维护消费者的切身利益。丹巴县农技站对农产品认证工作取得了显著成效，获得了"三品一标"称号。如丹巴县大白菜、雪上土豆等11个农产品获得无公害农产品认定；丹巴黄羊等5个畜产品获得无公害畜产品认定；康定红葡萄酒获得有机食品认证；丹巴香猪腿获得农产品地理标志认证。农技站、农业技术、质量认证、贫困户四者之间形成了密切的基层农技服务体系，为农业技术的传播、农户学习使用、售后服务和唤醒贫困户"造血"功能发挥了重要推进作用。

四、强化主体点子，构建服务体系

丹巴县形成了政府科技部门、高校和科研院所、企业和新型农业经营主体及社会组织四类主体构成的多元化主体技术服务体系。当前，四川省农业发展迅速，正经历一个关键发展阶段。现阶段四川省所需农业技术呈现出多元化、多主体、多功能等特征，农业技术服务所需服务主体也呈现出多元化趋势。四川省科技扶贫服务体系的系统规划起步较早，也取得了较好的初步成效。丹巴县作为四川省域内典型的民族地区，在农业科学技术采用模式上也贯彻落实了四川省的精神和具体做法，即多元化主体共同作用的技术服务体系。

丹巴县科技部门是农牧和科技局，在科技扶贫服务体系中是最重要的政策主导主体，发挥农业技术的基础性和关键性作用。此外，丹巴县农牧和科技局作为县域内的技术领导者，也通过各种活动和服务与其他主体之间形成良好的引导、合作关系。高校和科研院所在科技扶贫服务体系中是技术引领主体，在省内主要有以四川农业大学为主的团队与丹巴县保持了密切的技术合作关系，它们发挥着显著的技术研发、创造重要作用。高校和科研院所与丹巴县农牧和科技局合作，参与到科技扶贫服务中去，为县内提供先进的农业科学技术和成果，也为农户带去普惠、现代化农业技术。因此，高校科研院所与丹巴县农牧和科技局、社会组织之间应是"合作关系、支撑关系"。企业和新型经营主体是科技扶贫服务体系中的市场供给主体，具有重要的代销农产品、扩大农业市场的作用。而社会组织作为科技扶贫服务体系中的桥梁主体，具有明显的协调各主体进行合作、参与推广农业技术的作用。

综上所述，在丹巴县科技扶贫服务主体中，丹巴县农牧和科技局、高校和科研院所、企业和新型经营主体、社会组织四位主体所处的地位不同，具有差异化的功能作用。但是，四位科技扶贫服务主体致力于实现推广农业科技、促进农户增收和脱贫奔康，以此建立合作共赢的主体关系。

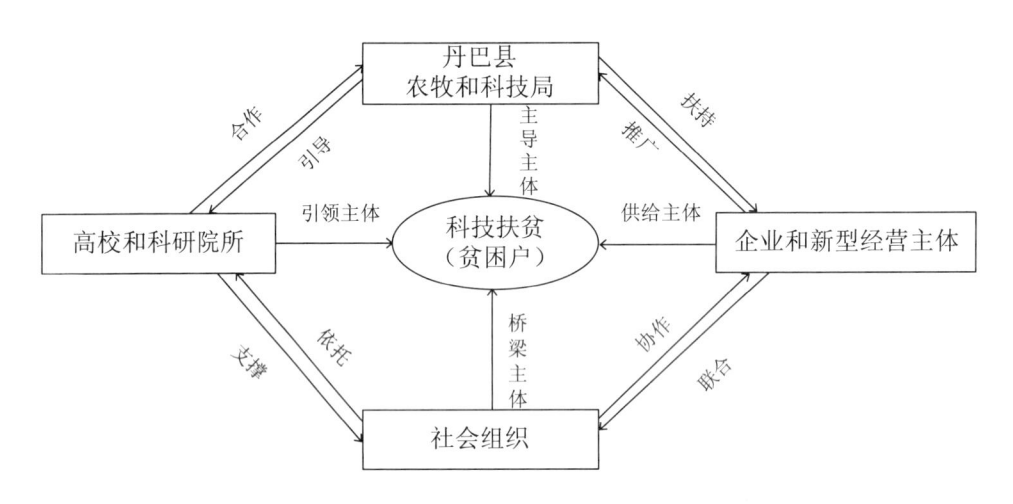

图 5-5 丹巴县科技扶贫服务体系各主体关系图

专栏：四川省畜牧科学研究院助力丹巴县科技扶贫

为深入确保精准扶贫工作有效开展，四川省畜牧科学研究院积极探索扶贫路子，以变"输血"为"造血"观念为中心，提高贫困户农业生产技术，帮助贫困户增加收入。一是四川省畜牧科学研究院多名专家、助力专程深入丹巴县,给贫困农户免费发放自主培育的新品种(配套系)肉鸡鸡苗和过渡期饲料等物资;对村干部及贫困户进行科学养殖现场培训,示范引导开展健康养殖,推进丹巴县脱贫摘帽。二是专家团队现场指导村民家畜养殖注意事项、饮水温度、清舍消毒、疫病防治等方面的专业技术,以便提高鸡苗成活率,为农户增收提供保障。三是专家团队一行对贫困户开展了"肉鸡饲养管理及疫病防控技术"专题培训,并积极解答养殖户提出的各种养殖和疫病防疫问题。

四川省畜牧科学院对丹巴县贫困户帮扶的科技扶贫工作,通过在丹巴县示范推广自主培育的新品种肉鸡及配套技术,对推动丹巴县贫困村产业持续发展、提升丹巴县肉鸡养殖技术水平、拓宽贫困户增收途径起到了积极促进作用。

五、重视科技台子,促进信息共享

2019年出台的《四川省科技扶贫服务类项目实施细则》指出,激发贫困地区创新创业活力和激励广大科技人员依托"四川科技扶贫在线"平台参与科技扶贫等工作。丹巴县基层农业部门,如县农牧与科技局、农技站格外重视"四川科技扶贫在线"在农业技术推广和农业发展中发挥的作用。

丹巴县农牧和科技局建立服务平台促进科技扶贫发挥作用。平台在丹巴县工作主要有以下方面:第一,在线平台在丹巴县积极开展"专家服务""技术供给""产业信息""供销对接"四大服务,不受专业和地域限制,实现服务无盲区;第二,在线平台通过有效性判定、回访、激励约束等机制,确保服务真实有效;第三,省市县专家可通过平台实时在线解决丹巴县内自身解决不了的困难问题,平台优先推荐县级专家,不能解决的问题推送到市级、省级专家,如仍无法解决可申请专家团队到现场会诊,直到问题解决为止。四川科技扶贫在线平台在运行中促进了丹巴县地区科技需求的迅速采集与及时反馈，实现了专家、信息员、贫困户的有效交流和沟通，促进了丹巴县科技资源在全县内的高效共享。

第三节　产业扶贫：四大措施形成"绿色+特色"

产业扶贫是扶贫开发战略的核心内容，是促进贫困地区发展和贫困群众持续稳定增收的根本途径。[①] 丹巴县产业扶贫坚持建基地、重项目、引加工、创品牌"四位一体"思路，针对县域自然、社会、经济等方面的产业短板、问题导向，以增加贫困村、贫困户增收能力及经济来源为切入点，强力推进农业产业扶贫，进一步巩固农业产业发展成果，为打赢脱贫攻坚战、实现乡村振兴筑牢产业基础。

丹巴县产业扶贫内容包括以建基地为起点，大力发展特色产业；以重大项目为支点，打造高质主导产业；以促加工为要点，构建产业发展链条；以创品牌为重点，培育新型经营主体。通过产业扶贫，建基地为特色产业发展搭造载体，重大项目让主导产业因村、因人施策，促加工提升产业核心竞争力，创品牌使农业产业产品保质增值。一系列产业政策、项目培育了农户自我增收能力和市场自生能力，增强了产业扶贫优势。

一、基地为起点，发展特色产业

丹巴县是甘孜州重点农业县之一，特色农业和旅游业是县委、县政府确定的支撑未来发展的两大支柱产业，丹巴县 GDP 贡献较大，

[①] 参见张华：《促进产业扶贫持续健康发展》，《通辽日报》2019 年 11 月 2 日。

且在县域产业生产总产值中的地位举足轻重。该县对有劳动能力、可以通过生产和务工实现脱贫的贫困人口，采取产业培育扶持，因地制宜发展乡村旅游、种植业、养殖业等贫困人口参与度高的特色产业，通过发展生产实现稳定脱贫。

（一）重点产业发展

1. 酿酒葡萄产业。酿酒葡萄产业历来是丹巴县重点推进的农业产业，自2015年开始在全县推广建设酿酒葡萄产业，建设葡萄基地。丹巴县为保证酿酒葡萄产业实施过程中的资金、资本和技术等要素合理配置，实现最佳产出和最大收益，于2015年引进省级龙头企业甘孜州康定红酒业有限公司。该龙头企业打造高原优质酿酒葡萄品牌，并利用品牌效应带动经济增长；为贫困户提供酿酒葡萄种植技术，技术咨询、指导和示范服务，不仅让农户学到切实农业技术，还使贫困户增强"造血"能力；该企业还提供入股资金、经营管理等服务。此外，丹巴县酿酒葡萄产业形成了"政府+龙头企业+合作社+农业保险+贫困户"的五方联盟，构建多方主体利益链接机制，最大限度为贫困户消除种植自然灾害和外部社会风险，保证贫困户增收致富，顺利脱贫。

2. 特色水果产业。特色水果产业作为丹巴县两大重点推进产业之一，经济收益在全县农牧业收入占比中居于主要位置。丹巴县围绕休闲观光，建设高产、优质果园，主选甜樱桃，打造小金河和大渡河流域甜樱桃产业带。2014年通过省级农业综合开发现代农业产业带发展项目，打造"特色水果产业基地"，于2016年建设完成，带动了一大批贫困户脱贫奔康。

专栏：发展特色旅游产业，夯实脱贫攻坚长效基石

近年来，丹巴县按照"建基地、重项目、创品牌、引加工"的总体思路，大力发展特色产业，有力夯实了该县脱贫攻坚和乡村振兴的长效基石。县域内巴旺乡小巴旺村依托良好的自然资源禀赋优势和天然秀丽的风景，在脱贫攻坚时期抓住机遇，大力发展乡村旅游重点特色产业，为全村贫困农户顺利脱贫打下了坚实的产业物质基础，构建了稳定脱贫长效作用机制。

小巴旺村是县域里远近闻名的旅游景区。在精准扶贫之前小巴旺村是典型的山区农业村，依山傍水，风光秀美，有着恬静如诗的乡村美景、风情浓厚的乡土民俗文化。长期的观念闭塞、经济落后、交通不便等因素制约了小巴旺村的发展。2014年小巴旺村被确定为贫困村，精准贫困户13户38人。当时村里水、电、路、通信等基础设施都没有得到改善，文化室没有新建，村民过着日出而作、日落而息的生活，精神文化生活极为匮乏。

近年来，小巴旺村为确保全面实现扶贫目标，扎实推进生态建设扶贫工作，其中尤以旅游业为主。该村成立了居民接待中心，并依托国道旅游环线、圣地农庄及两区一体等优势，大力发展旅游业，打造3公里的绿化带及房屋前后的花海。利用现有的旅游区位优势和资源优势，将观赏性旅游和体验式旅游相结合，吸引游客停得下、留得住。这种旅游理念为小巴旺村旅游发展打开了新思路，也为贫困户创收提供了新发展方向，帮助群众增收致富。

小巴旺村旅游扶贫工作取得了初步的实效，为贫困户带来实际收益。同时，该村应贯彻"绿水金山就是金山银山"理念，一方面抓住自身生态资源丰富、生态优势显著，让绿水青山释放红利，另一方面也要保护自然，促进人与自然和谐可持续发展。

（二）打造观光旅游业

旅游业也是丹巴县支撑未来发展的两大支柱产业之一。丹巴县旅游业虽起步较晚，但已初见成效，并正在积极建设打造中。丹巴县因地制宜选择区位条件较好、生态环境优美和民风民俗奇异的乡镇打造旅游产业，覆盖面极广，主要包括聂呷、中路、巴旺3乡10行政村。旅游业以突出农业在乡镇旅游中的积极作用为中心，以形成农旅互动为着力点，发挥自身优势，形成规模化产业集群和经济增长群。依托运作良好、特色鲜明、收益明显的现代农业科技园区、大渡河河畔田园景观等多元景观，以聂呷乡、中路乡和梭坡乡为核心区建成一批集创意农业示范、田园风光摄影、旅游休闲观光、民俗风情体验为一体的休闲农业与乡村旅游示范区。

此外，丹巴县推动旅游业与其他产业的深度融合，加大"酒、肉、茶、菌、果、蔬、水、药、粮、油"特色旅游商品开发力度，全力打造古碉、藏寨、美人谷等品牌，培育一批品牌旅游商品，提升丹巴形象；该县以扶贫为目标，在重点景区加快建设乡村旅游扶贫示范村，加快推进丹巴县文化旅游商品开发，以促进新农村和美丽乡村建设为途径，挖掘、抢救、弘扬传统民间工艺技术，有效利用乡村资源，扩大就业，带动地方农副业、加工制造业和商业的发展，促进扶贫增收。

二、项目为支点，打造主导产业

除了特色农牧产业外，丹巴县也重视主导产业发展。首先，丹巴县为优化农村资源配置，坚持"宜粮则粮、宜果则果、宜药则药、宜菜则菜、一村一品"原则，考虑各村自然资源优势、条件、劳动力构成、区域、市场需求等诸多实际，在符合县级特色产业总体规划下制定各村扶贫计划，实现各村都有1—2个具备一定规模和特色、覆盖面广、农民稳定增收的骨干项目。其次，丹巴县组织农业、畜牧业、林业等产业重点部门，贯彻落实省、州级产业扶贫指导精神，根据各乡镇、贫困村的具体要求，确定生长生产适宜的主导产业，包括蔬菜、中药材、生猪、肉鸡、花椒、核桃等主导产业。丹巴县委、县政府组织工作组进一步对农业产业扶贫项目可行性逐村实地考察，征求乡镇、村、贫困户意见和建议，根据各乡镇、村、贫困户不同产业生产需求进行产业项目调整。最后，丹巴县对产业扶贫项目资金设置了系统管理督查机制，对农业产业扶贫项目内容、资金、实施等分级管理，并签订项目实施协议书，以公开透明保障产业扶贫资金落实到村，以公平法制督查项目过程合力开展，保障贫困户权利，促进顺利脱贫。

（一）加快特色蔬果基地建设

丹巴县选择具有本地区特色和较高市场竞争力的黄金豆、黄番茄、本地紫皮马铃薯等蔬菜品种为主导品种，通过"公司+合作社+基地"产业化发展方式，区域化布局，点、线、面同步推进；为突出"高起点、高品质、特色化"，引进早、中、晚熟苹果，青脆李，夏季草莓等适宜优质水果，连片成带建设示范基地。

（二）加快羊肚菌产业基地建设

丹巴县加快大渡河脱贫奔康百公里绿色生态农牧产业示范带建设，以小金河、大渡河流域为核心，通过政府引导、农民自愿方式鼓励农民大力发展羊肚菌产业，打造羊肚菌产业基地，该产业已成为县域农业发展主导产业新支点。

（三）稳步推进中藏药基地建设

通过政府引导、农户自愿、企业提供订单和最低收购保护价，在县域多个乡镇、村建立种植基地，推广 CAP 标准化无公害种植技术。同时引进甘孜州佳源中药材种植有限责任公司，在丹东乡丹东村新建基地。针对中藏药材生长周期长、市场风险大的特点，邀请内地药业企业实地考察，把脉问诊，建言献策，推广林下种植、果药套种等立体种植模式，做响"丹巴羌活"品牌，逐步形成重点突出、特色鲜明、具有较强竞争优势的中藏药材产业。中藏药材种植逐渐成为高海拔贫困地区农牧民增收致富的重要途径。

（四）"生态特色并重"畜牧业适度规模

丹巴县紧紧围绕建设甘孜州东部高效畜牧业区精神，突出集约化、特色化，发展以种草养畜、种饲养畜为主的生态效益畜牧业。按照"建基地扩总量、强基础保产业、提素质促发展"的工作思路，选择以藏香猪、本地鸡、丹巴黄羊为主要品种，立足高原、绿色、生态优势，挖掘地方品种文化内涵、发展壮大特色畜牧业。

丹巴县农牧与科技局贯彻落实《关于转发〈四川省农业厅关于做好2017年农业产业扶贫工作和2016年农业产业扶贫回头看通知〉》，对县上产业扶贫工作统筹安排、逐一落实"回头看""回头帮"文件精神。丹巴县农牧业部门组织工作人员对产业扶贫项目、资金、政策和需求进行整改、检查，对产业与村发展不协调的项目因村施策调整，对发展势头较好贫困村产业项目进行巩固提升，对贫困户开展精准帮扶项目；特别是对于产业发展基础薄弱的拟退出贫困村进行过大力扶持，积极协调解决贫困户产业发展所需资金，用好用活贫困村产业扶持基金，采用多种形式帮助贫困户发展增收项目。

三、加工为要点，构建产业链条

农产品加工作为第一产业和第二产业的联结，可以维持产品品质，保证市场供应，使农产品得到综合利用，增加农产品价值，并提高农业生产者收入。丹巴县产业发展中极度重视农产品加工，既是保障新时期食物安全的现实需要，也在拉动县域社会经济发展、增加县域经济实力、调整产业结构和延伸产业链条带动作用和促进农业产业化发展中发挥了重要作用。

丹巴县引进和培育多家省、州、县从事种植业、养殖业、畜产品生产加工和农产品品牌打造龙头企业，为酿酒葡萄、油菜等种植业加工提供了技术支持，为藏香猪腿、牦牛肉等畜产品生产加工提供了市场和技术支撑，打造甲居藏寨牦牛肉干、藏味轩藏香猪腿等品牌。此外，丹巴县通过国家项目资金、政策扶持、科技人员派驻、提供技术咨询指导和农超对接方式，扶持培育了一批涵盖畜牧业、种植业、服务业的专业化生产水平和组织化程度高、产业带动明显的农民专业合作社，如丹巴县酿酒葡萄种植专业合作社、丹巴县黄羊专业合作社等。

四、品牌为重点，培育经营主体

品牌是消费者对产品及产品系列的认知程度，承载的是人们对产品及服务的认可。丹巴县积极推进传统农业向现代农业转型升级，快速发展新型农业经营主体，提高农业规模化经营、创新农业生产新模式。同时，农产品品牌也是丹巴县一直以来关注的重点，县委、县政府联合其他各部门推进农业供给侧结构性改革、提高农产品质量，树立丹巴县产品金字品牌。

丹巴县围绕主导产业大力培育龙头企业、农民合作社、家庭农场、集体牧场和种养大户等新型经营主体，支持新型经营主体开展创建活动，在全县创建扶持一批省、州级农业产业化龙头企业。此外，丹巴县充分发挥农业龙头企业、农民合作社等新型农业经营主体在农业品牌建设中的主体作用，引导企业、合作社提高品牌化意识，扩大品牌农产业生产规模，健全农产品质量检测和追溯体系，以适应市场经济和农业现代化建设的要求；大力发展直销配送、农超对接等新型营销模式，实现生产、经营、消费无缝衔接；引导企业使用"圣洁甘孜+企业品牌"双品牌，推出优质品牌农产品和优秀区域品牌，继续做大做强"美人谷"等区域品牌；加大"三品一标"登记认证，新发展"三品一标"农产品；建设涉农电商主体，培育涉农电商专业户，支持深度贫困地区品牌农产品通过电商品牌、各类展销活动推向市场。总之，丹巴县农产品品牌在当地贫困户脱贫奔康中发挥了重要作用。

第四节 就业扶贫：传承传统技能发挥比较优势

就业精准扶贫作为激发贫困户内生发展动力、发挥"造血"功能和形成长期可持续脱贫的重要举措之一，在贫困地区一直发挥着重要作用。丹巴县在就业扶贫中构建了贫困户既传承传统技能、充分发挥比较优势，又适应市场需求、具有强化增收能力的服务体系。首先是加大对贫困户的技能技术培训，提升自身人力资本和技术技能水平；其次是搭建平台，强化就业信息宣传，拓宽贫困户就业的渠道；再次是基于前期培训和宣传，瞄准就业，形成强有力的扶贫合力；最后是加大政策和财政倾斜力度，利用政策兜底为贫困户提供公益岗位，保障最低水平的生产生活问题。通过一系列就业扶贫服务，极大促进了丹巴县贫困户就业数量和质量，使贫困户增加了收入，进而促进了稳定脱贫致富。

一、培训先行：提升技术技能

丹巴县历来重视对贫困户就业人员技能培训，主要深入贫困村，根据贫困户对就业种类需求开展各种技能培训，并给予补贴。一是以脱贫攻坚和技能培训为契机，通过聘请州内外资质深厚的培训机构组织实施培训下乡活动，组织技能培训；二是积极衔接对口帮扶援助地区，派送农民工到县外学习提升技能，组织人员到康定参加返乡创业培训、挖掘机培训和餐饮服务培训；三是结合全域旅游和乡村振兴战略，以甲居、中路、梭坡为核心，举办乡村民宿酒店管理培训，开展专题培训。县领导根据需求将培训机器和技能人员运输进村,最大限度减少贫困户耗费资金成本。家庭技能培训流程主要是先在村采集贫困户技能培训意愿,确定培训工种,根据工种属性和客观条件采取送贫困户到定点培训学校或进村培训。丹巴县自家庭技能培训开展以来,累计年均培训人数1500余人次,扶持超1000人获得外出务工机会,使贫困户依靠个人技能得到收入,保证顺利脱贫。

专栏:传承嘉绒刺绣文化,创新技能培训促脱贫

为全面贯彻落实中央、省、州关于脱贫攻坚的决策部署,充分发挥地方资源优势,以技能培训全覆盖为契机,结合美人谷嘉绒藏族织绣技艺传承历史悠久这个实际,以"传承文化、创新理念"为主题,2018年9月丹巴县人社局在巴底乡组织一期"民族地区技能+创业培训",切实通过培训劳动力促进转移就业脱贫。

丹巴县巴底乡位于县境北部,距县城28公里,人口0.5万人,历来便是丹巴县重点贫困乡之一。整个培训过程由丹巴县人社局相关工作人员组织实施,由甘孜州定点培训机构的师资授课,贫困户和普通农户都能参加,为期20天。培训以理论授课和实际操作相结合的形式,结合嘉绒刺绣文化,传输创新、创业理念,传授工艺品制作高新技术。通过案例分析、现场操演等方式,促进学员们的创新思维和技能水平。培训结束后,由州职业培训鉴定中心选派相关工作人员组织现场考试,成绩合格人员获得相应的职业资格证书。

巴底乡技能培训对保护非遗事业、促进美人谷民间文化艺术繁荣兴盛及地方产业发展、升级具有深远意义。同时,贫困户通过参加培训学到专业知识、技能技术和开阔视野,逐步提高自身内生发展动力,促进创新创业萌发。这对于贫困户利用自身技能脱贫具有重要助推作用。

二、平台搭建：拓宽就业渠道

丹巴县深刻认识抓好民族地区就业扶贫的重大意义，理解就业与藏区发展民生稳定的密切关系，通过建立就业脱贫长效机制，激发贫困户就业内生动力，实现长期稳定脱贫。

主要举措有以下五点。一是深入行政村开展"送岗位、送培训、送政策、送服务"活动，实行就业岗位、培训信息每月发布制度，月均发布招聘信息260余条。二是联合成都成华、广东惠州开展就业扶贫专场招聘会，邀请两地企业家，并提供岗位，成功输出150余人。三是挖掘了一批外出务工人员的典型事迹，在州县媒体广泛宣传，发挥典型引路、示范带动作用，转变贫困群众的就业观念，带动一大批贫困群众外出务工。四是落实免收行政事业性收费、税费减免、最高额度不超过10万元的创业担保贷款等创业扶持政策；以及就业困难人员、高校毕业生、退役士兵、残疾人，自主创业成功并正常经营3个月以上的，一次性给予2000元创业补贴；个人创业带动2人以上就业的，再给予3000元补贴的鼓励创业政策。五是进一步落实好对高校毕业生、就业困难人员、农村转移就业劳动者等重点就业群体的职业介绍补贴、职业培训补贴、岗位补贴、社保补贴等资金扶持，使就业专项资金用于保障性就业达50%以上。

三、就业瞄准：形成扶贫合力

丹巴县始终将促进贫困户劳动力转移就业视为重要工作任务。一是通过转变传统农业生产作业方式，扶持一批以种植养殖为主的农村专业合作社促进就业。精准扶贫期间，全县发展嘉绒刺绣、羊肚菌种植、乡村民宿等专合组织403个，带动农村劳动力就地就近就业900余人，其中建档立卡贫困户460余人。二是建设就业扶贫基地，鼓励农民工自主创业促就业，扶持成立千总山鸡养殖专业合作社等3个就业扶贫基地，带动农村劳动力就业182人，其中建档立卡贫困户60余人。四是组织春季招聘会，号召本县人员参加招聘或鼓励到县外地区参加招聘，促进农村剩余劳动力自主就业、进城务工等，累计3000余人参加招聘会，100余人获得外出就业机会。2014年丹巴县一名贫困群众在扶贫人员鼓励下参加甘孜州招聘会，获得珠海务工工作机会，月薪4000余元，现已在珠海工作多年，曾代表工作人员参加四川在珠海座谈会。丹巴县促进贫困劳动力转移就业措施，从根本上激发贫困户内生动力，给予贫困户长期经济收入能力，对贫困户稳定持续脱贫具有重要作用。

四、政策兜底：实施公益就业

丹巴县贫困户公益岗位也是就业扶贫途径的重要方式。该县整合各部门资源，多渠道争取资金支持，加大生态保护员、环境卫生员、护林防火员、防灾预警员、动物防疫员、扶贫政策宣讲员、文艺宣传员、村幼保教员、巡河员等公益类岗位的开发力度。丹巴县每年开发60个以上的公益性岗位用于安置就业困难群体就业，其中针对性开发乡村道路协管、城乡保洁、城乡社区公共管理服务等公益性岗位10个以上，优先安排就业困难人员、贫困家庭未就业的大中专毕业生、未就业"9+3"毕业生、牧区无业人员等就业。丹巴县委、县政府制定《丹巴县人社局2018年开发公益性岗位实施方案》，针对一批因文化程度低、年龄偏大、家庭环境特殊等因素难以及时实现自主创业或外出务工的农村贫困劳动力，通过开发公益岗位的形式促其就地就近过渡就业，实现就业务农两不误。

公益性岗位类别主要有就业创业资金扶持开发公益性岗位和各部门资金开发的公益性岗位。就业创业资金扶持开发公益性岗位对当年退出的每个贫困村开发5个以上公益性岗位，岗位补贴标准每人每月

300元，2018年21个退出贫困村（包括了2017年提前脱贫的退出村）共开发公益性岗位90个，总体投入资金32.4万元，按一定比例安置贫困残疾人或其家庭成员就业，安置时间为一年。对于是各部门资金开发的公益类岗位，各部门要充分利用本部门资金，积极开发公益类岗位，优先聘用贫困劳动力，解决贫困劳动者就业难问题。在开发公益类岗位时，实施公益类岗位用工报备制，将聘用人员花名册及相关信息报送县就业局备案，实现全县公益类岗位的统筹管理和动态掌控。

专栏：丹巴县多措聚力推进就业扶贫

近年来，丹巴县把就业扶贫作为一项政治任务，强化组织领导，出台政策措施，加大宣传引导，加强对口协作，开展技能培训，全方位、多渠道为贫困劳动力提供就业信息和就业途径，扶贫就业工作取得了积极成效。

明确"两种途径"推协作。深化对口协作机制，瞄准脱贫户及有外出就业意愿中的青壮劳动力，积极与成都市成华区和广东省惠州市对接并建立劳务合作关系，组织企业开展"春风行动"专场招聘；同步开展劳务品牌培育，积极参与推介交流活动，借助品牌影响力带动贫困劳动力就业。

形成"两种清单"促匹配。依托基层就业工作平台建立健全"一库六名单"，按照"六个精准"要求，对建档立卡贫困户劳动力的基础信息、职业培训、转移就业、自主创业、公益岗位、民族手工艺等台账核实清理；加强"岗位供给清单"和"就业需求清单"的精准匹配，确保每位有转移就业意向的贫困劳动力获得有针对性的岗位信息。

支持"两种培训"提能力。以"群众点菜、政府组织专业技术力量下厨"方式，借助成都市成华区和广东省惠州市师资、技术等资源优势，在乡镇开展电工、焊工、酒店管理、民族手工业、种养殖业、民居接待等就业技能培训，确保有培训意愿的贫困劳动力掌握1—2门就业技能，新招用的贫困劳动力完成岗前适应性培训。

丹巴县通过多种举措，聚力帮扶就业扶贫工作开展，已取得了显著的阶段性成效，极大地提高了贫困户的增收能力和经济收入。在当前乡村振兴的起步阶段，促进剩余劳动力高质、高效就业与建设美丽乡村有机衔接是亟须解决的问题，丹巴县还需下功夫促进更多劳动力就业。

第五节 结论与启示

丹巴县是国定贫困县，也是我国典型性的民族深度贫困地区之一，其致贫原因多样，贫困深度、广度都比一般贫困地区更甚，在精准脱贫中也受限于其本身的自然资源、宗教文化、民族色彩、基础设施以及各行业基础薄弱的严重影响，脱贫难度极大，进程缓慢。产业和就业扶贫作为精准扶贫"五个一批"中"发展生产脱贫一批"的重要组成部分，一直是内源式扶贫的重要方式，发挥着"造血"功能。丹巴县产业、就业和科技扶贫对脱贫攻坚工作开展至关重要，但因民族地区自然、经济和社会等多因素的限制，呈现出产业发展落后和不均衡、就业扶贫成效弱以及科技扶贫开展较难的局面。

本章运用经济学、管理学和社会学等理论总结丹巴县在市场化和产业化发展中的困境，主要表现为资源配置之困、产业发展之困和需求层次之困，进而详细阐述丹巴县在打破限制困境中采取的具体措施和做法，主要有科技扶贫、产业扶贫和就业扶贫三方面。丹巴县提炼出了"科技扶贫"中值得借鉴和可以复制性的脱贫亮点，主要是科学技术"引进来""走出去"措施。在具体措施上，丹巴县通过县财政拨付从省内和省外引入特聘农技员和农业经理人，特聘农技员包括专业农技员、种养殖大户、致富带头人和种养殖能手等，发挥技术功能，负责技术指导和扩散。农业经理人是指销售职业人，发挥市场功能，负责联系市场和提供价格，最重要的是二者都会对本土人员进行培训，逐渐成为新型的本土化农技员和经理人，形成可持续的人员机制。另外，该县在产业扶贫和就业扶贫中也做出了突出贡献，有一定程度的实践和经验。

精准脱贫，稳定可持续的摆脱贫困是关键，促进精准脱贫与乡村振兴有机衔接，共同奋进是最远大的目标。丹巴县在精准脱贫中取得了阶段性的初步成效，但是丹巴县作为民族贫困地区，仍然存在许多需要"攻坚"的难题，与其他地区相比，经济社会发展程度也较低，当前时期丹巴县还应继续防范规模性返贫，注重保护生态环境和发扬民族地区文化特色，促进产业提档升级和农户稳定增收。其次，丹巴县还应继续奋进努力，利用脱贫攻坚战中打下的坚实基础，深入实施乡村振兴战略，促进农业更强、农民更富、农村更美。

第六章

跟党走沐党恩，跳起精神扶贫"新锅庄"

贫困人口脆弱性明显，很多地区经济发展"边际效益"开始递减，贫困人口形成外部依赖。在减贫的关键期，需要继续消除现有的贫困问题，又要防止返贫和新的贫困产生，确保现有成果的可持续性，必须在精准脱贫过程中遵从持续性和内源性的发展理念。贫困人群的发展需要借助外来资本、技术的援助，但最根本的还是要加强以提升贫困户脱贫能力为核心的精神脱贫能力建设，更多地发挥党员干部精神思想引领、思想宣传教育对于精神扶贫减贫的作用。充分发挥党员干部在脱贫攻坚中示范引领、领导群众自主学习先进思想的作用，经常开展向群众学习、更要带领群众学习的思想宣传互动；以文化激发贫困户内生动力，增强贫困户自尊自信的内源发展意识；以教育积累贫困户人力资源，从而增强贫困户精神脱贫能力和脱贫后劲，阻断贫困代际传递。内源扶贫思想强调通过"扶志与扶智"，让群众从思想上认同现有美好生活，从而树立脱贫信心和营造脱贫激励环境，通过帮助贫困群体充分认识自身优势以及主观能动性发挥在实现脱贫攻坚过程中的重要性，拿出敢想敢干的毅力和决心，在精神上与贫困绝缘。精准扶贫背景下，内源扶贫主要是让贫困人口在脱贫奔康过程中树立"思想扶贫"的理念，解决其"精神"上的贫困，攻破"等靠要"思想，从思想上脱贫，带动行动上致富。从路径上，主要是对贫困群众采取"授之以渔"的扶贫模式，从精神上帮助贫困人口自力更生、摆脱困境、脱贫致富。

精神扶贫的基本内涵和要求是"扶贫先扶志、扶贫必扶智"，增强贫困群众战胜贫困、摆脱贫困的意志和勇气，帮助贫困群众增强综合素质，提高贫困群众解决问题、克服困难、自主脱贫的能力。习近平总书记就扶贫脱贫工作发表过许多重要论述，提出了"扶贫先扶志、扶贫必扶智""扶贫既要富口袋，也要富脑袋"等系列发挥群众主体作用的内生动力理论，形成了丰富而系统的内源式扶贫思想。党的十九大报告指出"要动员全党全国全社会力量，坚持精准扶贫、精准脱贫……坚持大扶贫格局，注重扶贫同扶志、扶智相结合……"，为新时代推进扶贫脱贫和乡村振兴注入了强大思想动力，提供了行动指南和基本遵循。贫困群众既是脱贫攻坚的对象，更是脱贫致富的主体，党的十九大提出乡村振兴战略，其核心要点是人的精神的提振、人民群众主体作用的发挥和乡村资源的再配置，因此，内源扶贫和乡村振兴也是紧密相连的。

第一节　民族地区内源扶贫之困

一、思想观念封闭，精神贫困顽疾难根治

民族贫困地区由于积贫积弱，以往扶贫理念重物质扶持，忽视对接贫困群体的精神文化需求，常常导致简单的"给予—索取"的悖论。实现精神脱贫，须改变这些群体的扶贫观、发展观，使其逐渐与现代的财富观接轨。深度贫困地区交通封闭，逐渐形成了自给自足的小农经济，与现代市场经济相脱节。民族地区文盲半文盲率高，有的群众不会讲国家通用语言，"圈内"交往的文化不断强化，塑造着贫困户的基本特点和特征，并代际相传。村内社会环境的相对封闭使贫困户对自身和扶贫政策缺乏认知能力，缺乏脱贫的内生动力，自我脱贫意识不强。有的民族地方自然条件并非十分恶劣，但由于长期接受各种援助，产生"等靠要"思想。

二、人力资本匮乏，精神脱贫能力难形成

扶贫必扶智。摆脱精神贫困需要智慧，贫困人员是否具备脱贫的知识或技能，取决于受教育水平、农业知识技能、学习和交流能力等。大量贫困人员存在脱贫能力不足的问题，这是精准扶贫需要解决的一个重要问题。教育和卫生公共产品供给的不足，导致民族贫困地区人力资本积累严重不足，精神脱贫能力建设有所缺失。民族地区严酷的自然环境与落后的基础设施，导致教育、卫生与公共服务资源的严重短缺。虽然学校条件正在逐步改善，免费教育的年限在延长，医院保障水平在提高，但合格教师、医生的缺乏仍是民族地区面临的共同难题和突出短板。2017年甘孜州基础教育各项指标均低于全国水平：小学净入学率99.54%（全国99.91%）；初中净入学率98.4%（全国103.5%）；高中毛入学率85.26%（全国88.3%）。贫困农牧民家庭部分收入来自小孩放牛、放羊、挖虫草、捡贝母，孩子上学后不仅少了这笔收入，还要承担其教育成本，增加了家庭负担，因此影响了父母送孩子上学的积极性。另外，居住分散，上学路程远；不少学校教学质量和办学水平难以得到有效保障，缺乏教育设施设备，教师队伍水平不高尤其缺乏熟悉环境、掌握藏语、彝语，具备良好的知识结构体系及综合素质较高的教师。这些客观上的物质约束使得不少普通群众更看重寺院教育。教育基础的落后和软硬件环境交叉制约，使得藏区学生普遍存在入学难、辍学易、留不住现象，导致人力资源素质偏低、人力资本不足，精神脱贫的脱贫能力不足甚至缺乏。

第二节 "廉洁+美德"融入传统文化

丹巴县在脱贫攻坚伊始便注重通过内源扶贫深层次化解精神脱贫难题,其核心理念是重视参与式扶贫模式,鼓励群众参与脱贫攻坚伟大事业,从"内心激发和行动引导"做起。深刻领会、运用实践习近平精神扶贫战略思想,在政策设计中注意处理好政府、社会帮扶与贫困地区贫困群众自力更生、培育内生动力的关系,确保实现持久稳定有质量的脱贫。把贫困群众的"内因"激活起来,补齐群众思想的"教育短板",强化文明新风教育,鼓励群众自强自立;强化政策法治教育,帮助群众树立法治理念,强化教育引导,让群众有"我要脱贫"的迫切愿望。

在精神扶贫路径上,丹巴县积极建设"廉洁+美德"工程,增强党员干部的民心向力,以广泛深入群众重塑精神引领,上下齐心脱贫才有精气神。用干部真心打动贫困群众,密切联系群众,与群众拧成一股绳。以创新性文化宣传活动为载体,将干群关系改善、干部群众聚一心的丹巴廉洁文化走到村、串到户、入人心,将群众的力量聚合起来,把力量往脱贫攻坚使,让贫困群众不排斥、不猜忌扶贫干部,宁心定神,充分调动全域内力量脱贫,形成社会上下良好的同心协力促脱贫的社会氛围,使贫困群众脱贫有希望、有干劲、有信心动力。

一、以民为本创廉新举,干群齐心协力促脱贫

丹巴县将廉政建设与藏区民族文化、社会美德相融合,形成干群鱼水情、齐心协力促脱贫的局面。丹巴县因势利导,因地制宜,充分利用嘉绒藏族深厚的文化底蕴和特色,做到廉政文化与啦啦调相结

合、与三句半相结合、与民意民生相结合、与生活琐事相结合，时刻做到楼道有"廉言"，桌上摆"廉卡"，微机显"廉屏"，手中持"廉册"，手机发"廉信"，将"荡两袖清风，拂去心尘坦然，树一身正气，留下口碑伟岸""常修从政之德，常怀律己之心；常思贪欲之害，常戒非分之想""盛情面前慎馋，吃了嘴软；金钱面前慎贪，拿了手软；亲情面前慎软，法不容情"等上百句名人名言、格言警句用藏汉双语制作成牌匾，书写成横幅，印刷成手册，发放到寺庙，悬挂在县各单位、各中小学校醒目处。通过手机微信、口头禅等老百姓喜闻乐见、通俗易懂、简便易行的方法将廉洁文化以深入到村、组、户和百姓家中、手中和日常的生活中。紧紧依托群众工作及中国梦、群众路线主题教育活动，采取干部群众易接受的方式，编制成歌伴舞、啦啦调、三句半等对廉政文化建设的宗旨、目的、意义、重要性进行演绎和宣传，逐步形成了进门思廉、抬头望廉、手中持廉、处处学廉的良好氛围，充分打造和推出集嘉绒藏民族特色、丹巴文化特色的干部群众喜闻乐见的廉政文化精品，很好地展示了美人谷—丹巴廉政文化建设显著的成效，形成了极具地域风味的廉政文化建设新举措、新方法。

二、廉政工程建设为民之师，引领贫困群众核心价值

丹巴在开展乡镇、村和户以及学校、寺庙的廉政文化宣传中，借力打力，以当地文化为积淀为抓手，充分利用民间谚语和习俗通用语言，坚持学习借鉴与因地制宜相结合、传统与创新相结合，推行廉政文化进机关、进社区、进学校、进企业、进农村、进家庭、进景区、进医院"八进"工程和"一二三四五"试点工程，即一个教育基地，二个廉政文化乡镇（反分裂维稳重点乡、经济发展重点乡），三家示范单位（提高行政效率好、规范项目管理好、政风行风评议好），四个示范村（领导班子团结、村务公开全面、新型组织试点、民主监

督良好），五户示范牧户。逐步将廉洁从政思想与职业道德、家庭美德、社会公德有机融合，凸显丹巴干部职工的精神风貌，规范干部言行举止，努力打造丹巴精品廉政文化建设工程，全力打造"务实、高效、清廉、为民"的廉政文化建设队伍。塑造廉政文化建设务实为民之师新形象，引领贫困群众核心价值观形成，塑造贫困群众精神脱贫内核，助推丹巴人民为美丽、生态、和谐、幸福"丹巴梦"而奋斗。

专栏：丹巴县梭坡乡"软乡弱村"摘帽记

传说中"千碉之国"的核心景点——丹巴梭坡坐落在大渡河岸边，山坡上的古碉楼群在蓝天白云的映衬下巍峨壮观，一座座经受了百年乃至千年风雨侵袭、战争洗礼和地震考验的古建筑群仍旧傲立在河谷两岸悬崖峭壁之间。

但就是这样一个美丽壮观的地方，在2015年丹巴县委党建工作测评中被评为"软乡弱村"典型。近年来，由于原梭坡乡领导班子不作为、基层党建工作推进不力以及管理涣散等多方面原因，在甘孜州开展的"软乡弱村"集中整顿工作中，被县委评定为"软乡"。出现"软"的原因，主要在于领导班子队伍，党政领导班子队伍凝聚力、战斗力不强，思想觉悟低、党性观念差，组织领导作用发挥不充分，从而导致干部作风浮散。同时，由于该乡基层组织阵地建设、村"两委"班子运行、党员发展管理以及村财务管理等工作较差，该乡泽周村被评定为"弱村"。梭坡乡原个别乡村干部挪用公款，给该乡造成了较大损失，在群众中产生了极坏的影响。

梭坡乡新班子上任后，及时召开"软乡弱村"集中整顿工作动员大会，统筹安排乡、村集中整顿工作。梭坡乡党委和各村支部从集中整顿组织领导落实情况、制定落实整顿方案情况、班子队伍建设情况、推进发展民生稳定情况、建立长效机制情况、推进基层组织基础性工作情况六个方面开展整顿工作自查。通过个别谈话、建立台账跟督、召开班子会和专题民主生活会等方式，打破了党员干部安于现状、不思进取的局面，让干部职工正视了差距，要求大家以"摘帽"赶超、不断提升自身素质和工作水平为目标，继续保持成绩，清醒认识不足，积极查找主观上的问题，并深入分析问题存在的根源。

与此同时，梭坡乡建立了领导班子成员定期接访制度、梭坡乡机关内部管理制度、党委党建联系制度、梭坡乡干部管理考核办法、梭坡乡干部管理细则、梭坡乡便民服务制度等制度。通过一系列制度办法的实施，严格了乡村干部管理。为强化提升干部作风建设，避免滋生违法违纪现象，对损害群众利益、不假外出、在岗不在状态、干部走读等问题持零容忍态度，将干部考勤同干部考核和临岗补助挂钩，从而杜绝干部走读等不良现象。

就实地走访来看，丹巴县梭坡乡政府大院干净整洁；两边的文化墙和宣传栏内容丰富，融入了不少本土文化元素，很有内涵；公示栏标示的组织架构、政务公开、财务公开，一目了然。前来办事的群众有的在长亭里休息等待，有的在一楼的为民办事服务大厅办理相关事宜，一切有序规范。在调查走访中，一名办事村民说道："现在来乡政府办事方便多了，办事员的态度也改善了很多，乡政府和县领导还给我们修了通村路，以前从河坝回去要走3个小时，现在只需要1个小时……"他说，近一年来乡上发生了根本性的变化，特别是现在的机关作风和干群关系比以往好多了。

丹巴县委对梭坡乡党委政府领导班子进行调整，遴选优秀干部构建强有力的领导阵容，干部作风建设和党群干群关系大大改善，从群众"差评"转变为了群众"点赞"。

三、拒腐防变筑牢思想防线，廉洁美德走村串户聚民心

丹巴在深入打造廉政文化品牌的过程中，将精神文明和物质文明建设有机结合起来，更加注重现实性、实用性（两性）；贴近大众、贴近生活（两贴近），及时把廉政文化的内容通过浅显易懂、耳熟能详的语言表达出来。在廉政文化宣传中，丹巴县大力发挥特色文化优势，以歌舞唱响反腐倡廉，利用广播电视媒体、广告标语、LED显示屏、标志路牌、户外广告等形式全方位、多角度、深层次地宣传廉政文化建设的重要性、必要性、紧迫性和时代性，让廉政文化处处生辉，处处开放。结合工作实际，丹巴县推广开展廉政文化"十个一"活动，即每天一则警示语、每周一条宣传短信、落实一个专职人员、利用好一个平台、创建一个网站、读一本廉政书籍、讲一则廉政故事、学一句廉政格言、唱一支廉政歌曲、交一位廉政好友。在各学校开展了廉政文化进校园"十个一"活动；聘任六名德高望重、清正爱民的老干部作为廉政监督员；开展"树廉洁家风、做廉政帮手、创文明家庭"等一系列活动。学用结合、学以致用，引导广大干部自觉筑牢思想防线，紧绷拒腐防变这根弦，为建立一套教育为基础、制度为保障的廉政文化体系注入新的内容。

丹巴县的实践做法表明，构建一个新型的党群干群关系是精神扶贫的重要抓手。丹巴县抓实扶贫队伍精准扶贫精神理解和习近平新时代中国特色社会主义思想学习，加强党政廉洁作风与传统美德融合，在切实改善党群干群关系上下功夫。端正对待群众的思想态度，创新群众工作方式方法，真心实意为群众办好事、办实事，着力构建新时代党群干群互信和谐关系，提升精神扶贫的整体气场。以党群干群的新气象，带动贫困户自强不息、勤劳致富，汇聚起推动脱贫攻坚的强大力量。

专栏：丹巴结合嘉绒民族文化：文艺搭台政策唱戏，上下凝心聚力促脱贫[①]

2019年3月，章谷镇幼儿园作为结对村的帮护责任单位，全体教职工利用节假日，走村入户，了解群众真实想法，了解村民对未来的规划，了解群众所思所想和具体困难，并及时将问题反馈给相关部门和责任人，在县乡党组织和群众之间架起了沟通桥梁的作用。

丹巴教师帮扶团队努力创新宣讲形式，利用周末开展"感党恩 颂党情 心连心"的扶贫宣讲文艺活动。按照丹巴县结合嘉绒民族文化"文艺搭台，政策唱戏"的思路，利用身边的故事编排了丹巴方言版的《懒汉脱贫》、快板《教育扶贫》、舞蹈《嘉绒姑娘》、大合唱《唱支山歌给党听》等接地气的节目，让群众在寓教于乐中了解国家扶贫政策，拉近了干部群众之间的距离，切身感受到党和政府的温暖，激发了当地群众脱贫致富奔小康的信念和决心。

丹巴教师帮扶团队在与群众开展交流时，创新宣讲形式，组织"大学习、大讨论、大调研"活动。多用群众身边的事例，让群众易接受、有感悟、有思考、有行动。自干群一条心建设工程、润育工程、送文化下乡活动开展以来，丹巴县结合嘉绒民族文化特色，按照"文艺搭台，政策唱戏"的思路，创作一批反映脱贫攻坚成效、歌颂祖国歌颂党的文艺作品，如《歌声悠扬十里外情景小剧——丹巴民歌啦啦调》《十九大报告暖人心》等，借助群众喜闻乐见的文艺节目传播理论政策、提升脱贫动力、培育致富技能。

---

① 参见《丹巴县激发村民感恩意识》，《甘孜日报》2019年3月4日。

第三节　搭嘉绒文化"通勤车"提志气

　　思想文化跟精神扶贫紧密相关，思想文化扶贫是精神扶贫的重要组成和支撑体系。文化扶贫是指文化和精神层面上给予贫困地区以多种形式的支持，从而提高当地人民文化素质，尽快摆脱贫困。文化扶贫是将扶精神、扶志和扶智三者相结合，其核心在于精神引领贫困地区文化价值，在增强贫困地区文化自信方面发挥精神性作用。文化扶贫能有效提升贫困地区人民的思想文化素质和科学技术水平，改善贫困人口与现代社会不相适应的习俗、心态及价值理念体系，重构其文化价值和思维观念，为持续、彻底扭转贫困面貌创造条件，是促进贫困地区经济发展、改变贫困地区经济结构、改善贫困地区人民生活的关键所在。

　　丹巴县通过基层实地调研，认为在脱贫攻坚期最难、最需要解决的就是农户的脱贫意愿不强、脱贫信心不足、脱贫能力不够的精神贫困问题。在这部分贫困群体中，贫困文化深深影响着贫困户的思想行为，贫困户的心理和行为选择综合来看主要表现在听天由命的人生观、得过且过的幸福观、小农本位的生产观、好逸恶劳的劳动观、只求温饱的消费观、安土重乡的乡土观等，这使其不能产生以通过学习、拓宽视野来改变贫困现状的欲望，对于精神文化的需求疲软。但是民族地区在长期的生产生活实践中积累和传承的乡土资源、知识体系对提升贫困农牧民的内在动力、实现民族地区贫困农牧民生计的长远持续发展，发挥着较为重要的作用。在自身能力不足、外源性依赖强的贫困地区，如何发挥好当地乡土资源、知识体系对提升贫困地区自主发展能力、激发脱贫内在创造力的作用，是实现贫困地区摆脱外源帮扶依赖、走上精神脱贫发展之路的关键所在。

　　贫困人群借助外来资源的援助发展是必要的，但立足丰富的乡土资源、知识文化宝库加强内源能力建设和价值转化是根本。一方面，乡土资源、知识文化体系是当地贫困人群的精神根基与血脉，依托乡土资源与知识文化体系实施减贫措施可以减少贫困地区对于外部扶持措施的排异性，进而提高贫困人群对扶贫政策的认同感。另一方面，在民族地区，贫困农牧民是当地乡土资源、知识文化体系的创造者、应用者和继承者，其已融入农民的生产生活之中，内生转化为这个地区和人群的个性特征。因此，应让民族地区贫困人群立足本地乡土资源知识文化背景和基础，创造性地引导他们使用和发展特色产业，将乡土知识价值转换为现实生产力。在此过程中，可以大大提高贫困农民的参与度、自主性和自尊，从而树立贫困人群的自我实现的认同感与主人翁意识，使贫困人群成为脱贫发展的主体。

一、"小问候"暖寒冬

丹巴县要求每一位干部职工"浸泡"在基层，加大与结对亲戚的沟通力度、慰问力度和关心力度，了解掌握近期农牧民群众思想情况，解决当前急需办理的事情，切实做实事、做好事，将温暖带进每一户农牧民家中，让"亲情"抵御寒冷的冬天。

二、"小宣讲"聚民心

丹巴以各县级相关部门责任为引领，组建司法、群工、法院、党校、民宗、民政、教育等部门的"小喇叭"联合宣讲队，深入乡、村、寺庙等地，以"感党恩、爱祖国、守法制、奔小康"为主题，加大党的十九大精神，省委十一届三次、四次全会，州委十一届六次全会和县委十三届四次全会精神宣讲；结合脱贫奔康、乡村振兴和庆祝改革开放40周年活动，团结引导农牧民群众，使农牧民群众感党恩，使党员干部与群众增感情、解难题、促和谐，使藏区群众思想与党中央保持一致。

三、"小培训"强本领

丹巴县整合人社局、农牧局、文旅广新局等资源，充分发挥"农民夜校"作用，针对不同群体和需求，开展小范围的农业知识、经营管理知识、实用技术、职业技能等方面的强基提能培训，提升农牧民群众的就业技能、文化素养和产业技能，不断增强群众创业本领和致富能力。

四、"小活动"添风采

丹巴县充分挖掘具有本地民族特色的文艺文化，鼓励群众建立自己的文化活动队伍，采取送文化下乡、自创节目、兄弟乡（村）文化队、结对一家亲出节目的形式，举办寓教于乐的文艺文化活动，进一步密切干群联系，丰富群众精神文化生活。

五、"小评比"造氛围

以村为单位，按照村民推荐、民主参评、组织考核、张榜公示的方式，开展爱国感恩、勤俭致富、和谐友爱、先锋模范、卫生整洁、遵纪守法、孝老敬亲的评比活动。发放一批性价比高又实用的小奖品提高群众参与热情，逐步形成家家参与创建、户户争创先进的比学赶超浓厚氛围。

六、"小平台"增实效

丹巴县利用完善指尖小平台，开设"学习荐读""丹巴正能量"

"理论论述"等专栏活动,精选学习内容,传播正能量小故事,打造具有丹巴精神的特色网络平台。发挥结对认亲,驻村帮扶、"第一书记"的作用,加大"丹巴宣传"和"美人谷"微信平台的关注度,扩展覆盖面。

总体来说,丹巴县为打破文化贫困的怪圈,充分利用和挖掘嘉绒文化在精准扶贫中对贫困群众的精神引领作用,并赋予其在新时代扶贫工作中的新内涵,从自上而下的社会风气转换建设、群众感恩教育、丰富村民精神文化活动等方面入手,使丹巴县在脱贫攻坚中形成扶贫干部与困难群众一条心、齐发力的原动力。同时,丹巴县创新了文化扶贫方式,通过发动干部与贫困户坐在一个火炉上或院坝边面对面交心谈心,共同参与文娱活动,对群众开展政策、知识文化和文明卫生知识宣讲教育、群众感恩教育,以春风化雨的形式,持之以恒对贫困地区的群众加强自强、诚信、知耻、好学、求新、务实等中华民族美德教育,树立良好的社会风气,培养丹巴县贫困地区群众正确的文化价值、经济思维。进行思想生活教育,把文化扶贫本质内涵深入到贫困户思想中去,激发对外界信息主动探索学习的欲望,将贫困户的主观能动性与为其创造的客观条件结合起来,进而有效地发挥精神文化的内源性作用,让贫困户在各项扶贫措施实施过程中更具有参与性、创造力和活力。

专栏:送文化下乡,藏区群众乐享"文化大餐",补充精神之钙[①]

宣传思想文化工作中注重打通"最后一公里",通过开展送文化下乡活动,将党的方针政策和优秀文化作品及时送到基层群众身边。

---

① 参见《甘孜州宣传思想文化工作注重打通"最后一公里" 藏区群众乐享"文化大餐"》,《甘孜日报》2014年2月12日。

送文化下乡如何做到让群众爱看爱听？丹巴县以故事会、自创快板、金钱板、"啦啦调"、群众工作微电影、农民"星期八"等活动，将好的文化作品带到群众身边，让农牧民群众在娱乐的同时，感受到国家的发展和身边的变化。丹巴县积极鼓励引导村民每个月约定一个休息日，一起聚在村活动室看电影、跳锅庄、唱歌、表演等，开展各类娱乐活动；与此同时，集中学习党的方针政策以及当地党委政府的施政举措。当地村民把这一天形象地称为农民的"星期八"。"星期八"增进了村民之间的感情，还提升了村民的文明素质。现在"星期八"不仅是当地农民集体休息日，也是学习日、娱乐日。

搭建乡村大舞台，将先进文化送到农牧区，让农牧民群众在享受"文化大餐"的同时了解党的惠民政策。农闲季节和春节期间开展文艺演出，让村民汇聚到一起，正是宣传政策的好机会。以前在农闲季节，村民喜欢打牌喝酒，缺少文化生活，现在经常有演出队到乡上演出，文化活动多了，生活更有滋味。丹巴县通过改编特有的嘉绒情歌"啦啦调"来进行政策宣传，将与群众息息相关的惠民政策改编到"啦啦调"里，用群众熟悉的方式进行政策宣讲。太平桥乡长胜店村村民尹正华说："改编后的歌曲更贴近我们的生活。"自2013年9月送文化下乡活动开展以来，居住在边远乡村的农牧民群众在家门前就看到优秀的文艺演出。丹巴不少村民说："党的政策好，经济发展了，现在不缺吃不缺穿，希望有更多的文化休闲娱乐活动。"

丹巴县积极创新演出方式，组织县、乡、村三级文艺演出队伍，以移动帐篷、文化流动车、篝火晚会等为载体，为农牧区群众搭建起乡村大舞台，将丰富多彩的文娱节目送到农牧区。利用丰富的文化活动等形式，对群众开展喜闻乐见的思想宣传教育，引导提高藏区群众精神需求，提升精神文化素质，激发藏区群众对美好生活的向往，进而逐步培育并形成藏区群众精神脱贫的动力和奔向全面小康的信心、底气、干劲。

第四节 "五+七"育脱贫精神动能

精神扶贫涉及的一个重要维度就是脱贫能力，教育扶贫是精神扶贫的关键支撑。由于藏区贫困人口缺乏知识、学习掌握劳动技能的能力弱，加上藏区师资力量、技术人才等方面优质人力资源的严重匮乏，贫困户陷入无法提升藏区贫困家庭自我发展能力的恶性循环，导致其脱贫动力和后劲不足，贫困户脱贫信心和精神动力受到打击和削弱。脱贫前丹巴县域经济发展相对落后，基础不牢，农村相关教育基础设施建设还处于起步状态，村小数量偏少，上学路程远，同时，校园硬件设施落后，网络课程和学生信息化教育跟不上时代节奏，无法通过网络为藏区的孩子打开新视野，思想观念和认知局限在校园内和村内。在丹巴县教育发展内乏外困的境况下，丹巴贫困具有内生传递性，使得藏区贫困户内无能外无援，陷入自我否定，失去脱贫信心和动力，最终造成精神贫困现象，形成脱贫惰性。因此，要从根本上摆脱精神贫困，必须发挥教育扶贫的关键支撑作用。2014年以来，丹巴县累计为5963人次非义务教育阶段贫困学生发放资助金788.654万元，为建档立卡贫困家庭的中职和本专科学生1201人发放特别资助金216.15万元，为2184人次建档立卡贫困家庭学生发放县教育扶贫救助基金284.3417万元，教育方面的帮扶需求较大。

丹巴县脱贫攻坚以来，通过前期深入每户贫困户和每个村进行访谈调研，认识到了教育是根治精神贫困的一剂良药，经过反复询问贫困人口意愿，综合相关政策，反复探索，考虑到扶持的精准和扶持的长期效应，创新性地将"五类教育资助全覆盖"教育扶贫政策与

"七长"教育扶贫责任制有机结合,其目标是将贫困学生全部覆盖,针对贫困学生实施精准教育扶持计划,利用教育政策精准覆盖,确保教育不落下一个人。同时,通过培育引进藏区师资力量、技术人才等人力资源,提升教育扶贫的支撑能力;加强教育基础设施相关建设,提升教育硬件保障,扩宽教育受众眼界,开阔受众思想和认知视野。总体来说,丹巴县以内援外引、软硬兼施的教育扶贫新举措,建立起县域精神脱贫能力支撑体系,大大提高贫困人口精神脱贫能力和自我发展能力,有效增强其脱贫信心和内生动力。

一、五类资助全覆盖,全程优化突破精神贫困痼疾

1. 学前教育资助全覆盖。丹巴县学前教育免除保教费资金("三儿"资助资金)和学前午餐补助资金。到2015年,已对1159名学前儿童实施免除保教费,按照城镇1000元/生/年、农村600元/生/年的标准执行,春季已划拨资金42.06万元。秋季期有学前班学生1159人,划拨资金18.9万元,全年共划拨93.9万元(其中国家、省资金60.96万元,县级资金32.94万元)。对1159名学前儿童实施午餐补助,按3元/生/天,每月24天,全年按10个月计算,所需资金91.4万元。

2. 义务教育资助全覆盖。义务教育阶段学生免除学杂费,丹巴县2015年春季学期享受人数7070人,秋季学期享受人数6576人,按照中学生每人每年920元,小学生每人每年660元的标准划拨,共拨付资金516.96万元(其中中央、省资金457万元,县级资金59.96万元)。对义务教育阶段学生实施免除学杂费、寄宿制学生生活补助,资金到位126.097万元(其中省行动计划资金29.58万元),对4802名寄宿制学生实施生活补助,每人每月按照170元标准执行,已划拨资金843.43万元。免教科书费用,为7070名义务教育阶段在校生发放免费教科书7070套,金额达481378.9元。农村义务教育学

生营养改善计划，全年所需资金到位566万元，补助农村义务教育阶段学生7070名，每人每天按照4元计算，全年需补助200天。免除义务教育阶段在校学生作业本费，按小学30元/生/年，初中40元/生/年，全年所需资金到位24.05万元。高海拔民族地区义务教育阶段学校取暖补助，2015年享受学生人数7070人，以人均200元的标准划拨，共拨资金148.24万元。

3. 普通高中教育资助全覆盖。积极落实普通高中家庭经济困难学生国家助学金，丹巴县按（康中、泸中）1200元/生/年，其他普通高中1000元/生/年，2014—2015学年度普通高中生国家助学金233558元（其中中央配套资金195800元，县级财政配套资金37758元），资助在校高中生426人。其中：康定中学10980元，资助在校高中生208人；泸定中学1887元，资助在校高中生36人；康北中学1146元，资助在校高中生21人；康南中学47元，资助在校高中生1人；州高级中学696元，资助在校高中生13人；丹巴县第二中学9310元，资助在校高中生180人。免除普通高中家庭经济困难学生学费，对528名普通高中家庭经济困难学生免除学费共计104.2万元。

4. 高等教育资助全覆盖。2014年高等教育阶段家庭经济贫困生资助金99.6万元，资金全到位，已全部发放到各位高等教育阶段家庭经济贫困生家长手中。2014年资助专科预科5人，专科229人，本科预科11人，本科30人，重本5人。2015年共资助专科生277人，专预10人，本预7人，本科37人。2015年共有320人申请助学贷款，其中314人审核通过，在生源地助学贷款204.9万元。

5. 其他类补充资助全覆盖。丹巴县实施润雨、励耕计划，以此提高部分扎根乡村教育一线的人民教师的信心，鼓励教育工作者投身民族地区乡村教育。2014年励耕、润雨计划补助标准为每位教师1万元，丹巴县共资助14位教师，资金到位14万元（彩票公益金），全部发放到受资教师手中。实施基层就业学费奖补，艰苦边远地区基层单位就业学费奖补是一项教育民生工程,对促进四川省高校毕业生就业、引导和鼓励高校毕业生到艰苦边远地区基层单位服务具有重大意义。丹巴县高度重视这一民生工程,落实专职人员负责此项工作,并做了大量的宣传工作,确保"该奖才奖""应奖尽奖"。2014年丹巴县申报基层就业学费奖补有26名审核通过,资金到位26.506万元,以转账形式全部汇入享受学费奖补学生的卡上。2015年有15人提交申请,其中13人审核通过。2018年申报奖补资助的共计16人,审核通过3人,下达资金4.61万元(其中助学贷款1.2031万元),实际应发放到学生手中共计3.4069万元。教育扶贫救助基金,是政府主导、社会参与的公益性、救助性专项资金。为了解决农村建档立卡贫困家庭子女在享受普惠性政策之后仍然面临就学难的问题,避免贫困家庭子女因经济原因辍学,丹巴县内积极宣传实施教育扶贫救助基金,收到良好的效果。教育救助资金初始规模为500万元(其中2016年省财政拨入50万元、捐款40万元、县财政拨入50万元;2017年县财政拨付30万元,成华区援建50万元,财政借款280万元;2018年县财政拨付100万元,成华区援建捐资50万元,共计150万元,同时用于归还财政借款)。2018年享受教育救助资金的共计2454人(其中学前生77人,小学473人,初中686人,中职60人,高中568人,高职243人,专科420人,本科70人。2454名学生均为建档立卡贫困家庭学生)。经丹巴县审核部门核定,给予2454人不同层次的教育扶贫救助,共计发放救助基金248.3774万元(2018年春季学期120.3365万元、秋季学期128.0409万元)。所有资助金均以"打卡"的形式发放到位。

二、教育"七长责任制",层级把控切断精神贫困链条

抓实控辍保学,严防死守精神贫困漏洞。丹巴县按照党委主责、政府主抓、干部主帮、基层主推的工作格局,建立控辍保学"七长

责任制",强化"依法控辍、行政控辍、扶贫控辍、质量控辍、情感控辍"五项措施,采取随班就读、集中安置等办法将全县辍学的75名儿童全部送入学校就读,实现了义务教育阶段达标率100%、建档立卡贫困户适龄儿童入学率100%的"双百"目标。近年来,丹巴县采取强化分流、划片招生等措施,消除大班额21个,将顺利完成消除大班额的任务。"七长责任制"即在县一级建立县(市、区)长、县(市、区)教育局长、乡(镇)长、村长、校长、家长、师长(班主任)等"七长"控辍保学责任制,明确每一个岗位的控辍保学责任,做到责任到人,措施到位,一级抓一级,层层抓落实,该责任制岗位职责具体来讲主要涉及以下几个方面。

1. 丹巴县(市、区)长一级职责。落实好省政府关于义务教育控辍保学工作要求,检查和督促行政区域内县级政府做好义务教育控辍保学工作;履行本级直属的义务教育控辍保学工作主体责任。

2. 丹巴县(市、区)教育局长一级职责。履行义务教育控辍保学工作主体责任,健全完善部门协调机制,确保适龄儿童少年入学、复学。突出重点对象,保障建档立卡贫困家庭子女、少数民族适龄儿童少年、残疾儿童少年、随迁子女和留守儿童、残疾人子女、服刑人员未成年子女等特殊群体接受完义务教育。赋予社会管理权限的经济开发区管委会等要履行管理区域内的义务教育控辍保学工作主体责任。建立义务教育入学联控联保工作机制。保证各级教育部门对义务教育入学和控辍保学工作负起直接责任,负责落实义务教育入学、复学、保学基本制度,完善工作机制,加强监督和指导;将入学和控辍保学作为教育工作的重要任务,列入教育行政部门、学校年终考核内容,并作为考核校长的重要指标。

3. 丹巴各乡(镇)长一级职责。负责组织和督促义务教育适龄儿童少年入学、复学,帮助解决适龄儿童少年接受义务教育存在的困难,采取措施防止适龄儿童少年失学、辍学,配合做好学校周边环境治理。

4. 丹巴县各村长一级职责。注重发挥村规民约作用，配合政府督促家长做好义务教育适龄儿童少年入学、复学工作。

5. 学校校长和班主任（师长）一级职责。严格实行义务教育阶段学生学籍信息化管理，规范学籍建立和变动手续。健全失学、辍学学生报告机制，切实履行农村留守儿童和困境儿童强制报告职责。主动与乡镇政府（街道办事处）、村（居）民委员会对接在校流失学生信息。完善家长委员会制度和家访制度，发现学生逃学旷课、辍学、存在监护缺失或不良行为等隐患的，及时与其父母或其他法定监护人取得联系，提醒、督促家长或其他法定监护人履行责任。校长要准确掌握学区范围内适龄儿童少年底数和入学情况，统筹安排本校控辍保学工作；并配合乡镇政府（街道办事处）、村（居）民委员会共同做好辍学学生动员返校工作。班主任负责了解每天学生的到校情况和学生的思想状况，建立贫困家庭学生、孤儿、留守儿童少年、残疾学生、学困生等特殊学生台账，认真履行对学生的生活关爱和学习指导；学生没有到校要与家长及时联系并报告学校。

6. 家长（父母或其他法定监护人）一级职责。履行法定义务，依法送适龄儿童少年按时入学，接受并完成义务教育，认真做好家庭教育。

第五节 "软硬"兼施提升脱贫环境

治贫先治愚，扶贫必扶智。精神扶贫尤为重要，而精神扶贫的根本抓手则是教育，因为它是阻断贫困代际传递的治本之策。教育优先发展战略实施状况将直接影响和决定精神扶贫的结果。加快进行教育硬件和师资队伍建设是题中之义，良好的教育设施条件和良好的师资队伍对教育作用的发挥与质量的提升具有十分重要的意义。近年来，国家在这方面也确实做了许多工作，如乡乡建标准校、图书室设置、校园健身器材安装、电脑网络普及等。同时，加强引导优秀教师向农村流动，如免费师范生政策、边远山区支教任教、西部志愿者工程等，重组城乡教育资源，实现城乡教育基本公共服务均等化。这些教育硬件的配置和乡村师资队伍的建设确实为开展精神扶贫提供了有利条件。

一、改善校园环境条件，建造精神文化温室

构建丹巴教育"新"布局。丹巴县科学构建"一圈、三点、五线"校点布局，全力打造"3+3""6+3"精品学校。党的十八大以来，丹巴县充分利用"十年行动计划""义务教育薄弱学校改造工程"等项目，共争取和投入资金3.69亿元，实施学校标准化建设工程，新建、改扩建校舍和运动场。投入1441余万元，装备音体美器材、实验仪器设备、图书、学生课桌凳及寄宿制学校食堂、寝室等设施设备。投入4000余万元，大力实施"123"智慧甘孜教育信息化建设；投入390余万元打造"一校一品"校园文化；投入96.9万元实施23所学校"明厨亮灶"工程。目前已经全面实现了"乡乡有标准化中心校"。

建设丹巴"三通两平台"。丹巴县坚持以"用高端方式解决短板问题"的理念，强力推进教育信息化建设，积极推进"三通两平台"建设。实施幼儿园观摩式、小学植入式、初中录播、高中直播共5所学校62个班的远程网络教学。加强教育管理公共服务平台建设，实现教育管理信息化，全县所有中小学校实现了"班班通"。通过以上努力，可以让广大农牧民子女在家门口就能享受优质教育资源。

专栏：网络"开学第一课"燃起深山教育新希望①

丹巴高中新开设班级"成华班"的开学演练课成为四川深山里的"开学第一课"，丹巴孩子同步听成都老师授课。屏幕的那一端，是车程480公里外的成都华西中学。

从2019年开始，借由三块屏幕，丹巴"成华班"的孩子们将和成都华西中学的学生一起上课，直至高中毕业。三块屏的诞生，跨越了480公里，使远在大城市的老师，能够与位于甘孜藏族自治州东部的丹巴县唯一的高中连接起来，实现了"网络直播+互动"首次亮相丹巴课堂，也让大山里的孩子与城市里的老师有了"无缝对接"。这种被称为"双师制"的授课方式，能让丹巴高中"成华班"对应着华西中学高一（1）班，丹巴"成华班"的孩子，每个科目拥有两名老师。

众所周知，在我国，由于受到地域、交通、信息以及历史原因等种种影响和限制，偏远地区的教育资源尤其是优质教育资源匮乏，造成了那里的孩子们无法受到更好的教育。而"三块屏"的诞生，正是有针对性地解决这个难题。这种"网络直播+互动"的方式，也是在成都市成华区对口帮扶丹巴县"精准扶贫"的背景下产生的，它弥补了丹巴教育的现实短板，对丹巴进行"造血式"援助。

事实证明，这种教育扶贫方式带来了很大成效，已逐渐被深山的孩子所接受。"屏幕"教育扶贫这种新方式带来了山区教育方式方法的革新与现代化信息教育水平的提高。让优质教育资源惠及"挑剩的"偏远学校，通过直播可以弥补教育资源不足的问题，甚至可达到事半功倍的效果。而成华中学努力探索教育扶

---

① 参见《直击四川深山里"开学第一课"丹巴孩子同步听成都老师授课》，2019年9月，见 https://baijiahao.baidu.com/s?id=1643616293713511901&wfr=spider&for=pc。

贫新方式，能与大山深处的学校结成对子，用网络科技手段解决教育资源不均衡问题，具有很大意义。

二、强化教育人才支撑，提高贫困主体精神治理能力

拓展乡村教师补充渠道。丹巴县对教师编制实行"三年一调整"管理机制，确保乡村教师编制数量充足；大力开展公开考核招聘、公开考试聘用、"特岗计划"招录及国家、省免费师范生培养工作，以此补齐乡村优秀教师资源不足的短板。采取多种方式培养"一专多能"的乡村教师，提升乡村教师综合教学能力。

加大教师关爱力度。丹巴县在教师职称（职务）评聘和生活待遇方面向乡村学校教师倾斜。按照国家《乡村教师支持计划（2015—2020年）》有关要求，根据四川省乡村教师职称（职务）评聘条件和程序办法，实现县域内城乡学校教师岗位结构比例总体平衡。按照省的要求，从2016年起，取消乡村教师评聘职称（职务）对外语成绩（外语教师除外）、计算机等级、发表论文的刚性要求。全面落实集中连片特困地区和国家级贫困县乡村教师每人每月不低于400元的生活补助政策。大力建设教师周转宿舍，改善教师生活条件。

推动城镇优秀教师交流。丹巴县全面推进义务教育阶段教师队伍"县管校聘"管理体制改革。为实现义务教育资源均衡配置，促进教育公平发展，还进一步细化实施丹巴县域内义务教育学校教师、校长交流（轮岗）工作。丹巴县采取校长轮岗、教师交流、优秀教师送教下乡、成华区对口支教等多种形式共选派116名教师和校长进行轮岗交流，补充紧缺教师。到2018年，丹巴县每年交流人数达到了应交流人数的10%以上。

全面提升乡村教师能力素质。加大贫困地区乡村教师培训力度，提高乡村教师思想政治素质和业务水平，通过"国培计划"、

省级培训项目、广东省对口援助、成都成华区对口援助及州教育局教师"每天一小时"全员培训计划，开展丹巴县教师集中培训和远程培训。到2020年前，乡村教师接受360学时的全员培训。建立、完善和落实贫困地区乡村教师荣誉制度，丹巴县每年安排100万元大力表彰奖励优秀教师，及时兑现农村坚实生活补贴、绩效工资、免费体检等政策鼓励，教师终身从教，调动教师工作积极性；对在乡村学校从教20年、10年以上的教师进行激励表彰申报，从而有力改善乡村教师不愿意来、留不住的乡村教育现状。丹巴县每年安排10万元教师培训经费，通过走出去、请进来、校本研修、网络培训、网络教研和开展国家、省、州、县级课题研究等形式，提升广大教师的整体素质。充分发挥丹巴县教师发展中心的作用，仅2018年，组织校长、副校长和骨干教师参加国培、省、州培训137人次，县级教师培训4107人次。2019年丹巴县根据教师学科知识考试情况，启动了"月月有主题，周周有培训"教师全员培训活动。充分利用现有的信息化装备，利用教师培训室开展中小学教师开展全县优质课赛课活动、专题讲座、理论培训、信息化应用能力培训等适应现代化的教师岗位培训，从根本上解决教师现代化教学问题。

实施藏区千人支教十年计划。丹巴县通过加大与成华区、青白江区衔接，扩大援助范围，建立校对校的对口支援关系。积极创设各种工作、生活条件，为内地优秀教师赴丹巴县学校任教提供便利；同时，选派一定数量的幼儿园、中小学校管理干部到内地对口支援学校挂职锻炼；选派一定数量的一线教师到内地对口支援学校跟岗学习。丹巴县利用"三区"人才支持计划教师专项计划，每年接收具有中级以上职称的优秀幼儿园、中小学骨干教师到乡村支教。

专栏：甘孜州丹巴县：教育扶贫发力于当下着力于未来①

"我读一年级的时候，没有公路，走着小路去上学。现在，我们的家乡，每家每户都修了水泥路，门前的硬化路干干净净，整整洁洁。"这是甘孜州丹巴县巴旺小学一位五年级学生降初格玛作文里的一段话，字里行间充满了喜悦和感激之情。

2018年，丹巴县教育体育局在全县中小学校发起"脱贫攻坚喜看家乡变化"作文征集活动，全县上千名学生参与。在丹巴，教育扶贫的成效不仅在于让成千上万的孩子从小就懂得感恩，更让丹巴县教育发展面貌实现了脱胎换骨。

丹巴县位于四川省西部、甘孜州东部，全县面积5649平方千米，总人口7.02万余人。2016年，丹巴县实现了"创建国家义务教育发展基本均衡县"目标。如今的丹巴教育发展水平已经走在了全州的前列，但曾经的丹巴教育，也经历了"设施水平滞后、人才队伍不稳、教育投入不足"等各种困难。在脱贫攻坚的政策机遇下，丹巴县扎实推进教育扶贫，决心之坚、举措之实、成效之大，引人关注。再穷不能穷教育，再苦不能苦孩子。大量事实表明，保障学生的教育是阻断贫困代际传递的有力手段。为此，丹巴县按照党委主责、政府主抓、干部主帮、基层主推的工作格局，建立控辍保学"七长责任制"，强化"依法控辍、行政控辍、扶贫控辍、质量控辍、情感控辍"五项措施，采取随班就读和集中补偿教育等形式，将全县辍学的75名适龄儿童全部送入了学校。目前，丹巴县有各级各类学校58所，学生7349名，正式教职工831名，全县小学正常适龄儿童入学率100%、初中入学率100%、高中阶段毛入学率85%。乡镇办学水

---

① 参见《甘孜州丹巴县：教育扶贫发力于当下着力于未来》，中央广电总台国际在线，http://sc.cri.cn/20190220/2121c248-c821-3b04-7bd4-7b41c69dea89.html，2019年2月。

平得到大大提升。2014年以来，丹巴县累计为5963人次非义务教育阶段贫困学生发放资助金788.654万元，为建档立卡贫困家庭的中职和本专科学生1201人发放特别资助金216.15万元，为2184人次建档立卡贫困家庭学生发放县教育扶贫救助基金284.3417万元。

第六节 结论与启示

习近平总书记2018年2月在四川成都主持召开的打好精准脱贫攻坚战座谈会上指出，注重激发内生动力；要加强扶贫同扶志、扶智相结合，激发贫困群众积极性和主动性，激励和引导他们靠自己的努力改变命运。

因此，必须在精准脱贫过程中遵循持续性和内源性的发展理念，探索新的模式与路径，注重贫困户精神贫困问题解决，建设并重视提高贫困户精神脱贫动力和能力。为激发贫困户脱贫内源力，使贫困户摆脱精神上的贫困，培育贫困户自我、自主发展能力，必须要坚持扶贫先扶"志"，扶贫必扶"智"。因此，在我国民族地区精神贫困治理中应着重强调以下几点。

第一，强调以人为本扶贫理念，注重精神脱贫能力建设。消除贫困、实现共同富裕是经济社会发展的根本目标。这就要求在扶贫开发中注重以人为本的扶贫理念，不仅关注和解决经济社会发展过程中贫困脆弱群体的生存和发展问题，也注重扶贫开发工作过程中贫困人口的精神贫困问题的解决。不仅强调制定相应的物质扶贫措施，满足贫困人口的基本生存和温饱需求，也要强调自下而上尊重贫困人口的精神文化发展诉求，重视精神扶贫在减贫中的长期作用，利用多种思想教育和文化活动形式引导贫困人口的旧观念、旧传统、旧思想、不良习性向现代社会转变,激发其学习新知识的欲望,树立贫困户向往全面小康和美好生活的自信,从而激发其追求改变穷困面貌的内生动力。精神扶贫是解决贫困问题的根本所在和长效性手段。

第二,扶贫先扶"志",增强脱贫致富决心。贫困群众是国家扶贫开发工作的主体力量,扶贫先扶"志",激发贫困人群战胜贫困的斗志,增强脱贫致富决心,才能真正发挥主体作用。强化村"两委"班子队伍建设,基层扶贫工作人员要鼓足自身的干劲,认识到精神帮扶的重要性;转变扶贫方式,明确贫困群众的主体地位,充分发挥党和国家扶贫政策的优势资源,从提高贫困户自主脱贫意识入手,将灌输式的粗放扶贫向滴灌式的精准帮扶转换,扭转贫困户被动参与扶贫的局面;用工作的热情和干劲感染农民,调动农民的积极性,鼓励农民参与基层自治,将党和国家决胜脱贫攻坚的目标和愿望变成贫困户奔小康的情感认同和美好向往。挖掘民族贫困地区传统文化精髓,"文化搭台,政策唱戏",注重社会主义核心价值观的培育,加强农民思想政治教育;举办文艺演出,搭建农村小剧场,广泛邀请群众参与,丰富农民精神文化生活;树立贫困群众作为革命先烈后代战胜贫困的责任感和使命感,以脱贫为荣,以自力更生发家致富作为奋斗目标,彻底摆脱"等靠要"思想。

第三,扶贫必扶"智",培育精神脱贫能力内核。贫困户的精神贫困往往是多维度致贫因子交织最后内化形成的,而人力资本积累则是摆脱精神贫困的重要支撑力量。贫困户的受教育年限和家庭劳动力的就业能力对脱贫有明显影响,会影响贫困户脱贫信心和动力;能力的不足加上对外部帮扶的依赖往往会降低其脱贫意愿。因此,将教育放在精神贫困治理的关键位置,加大对贫困地区的教育投入,扩展义务教育覆盖面,加大适业人员的就业培训力度,将有助于提升农户人力资本的质量和存量。教育帮扶脱贫的可持续性作用突出,以技能文化水平的提升实现贫困农户脱贫,其返贫率往往较低。同时,也应注意的是,在教育扶贫过程中,"贫困文化"不可能在短期内消失,也很难通过一般的教育来消除，因此在贫困藏区建立"贫困群众教育+贫困学生教育"的双重教育机制尤为重要。另外，也要认识到贫困地区的教育质量往往较为落后，即使有大量的投入，但如果不解决以教师为主体的教育质量问题，该地区将会衍化为"教育致病"区。通过教育扶贫强化精神扶贫精神脱贫能力，提升脱贫意愿、脱贫信心、脱贫动力，贫困人口的精神内核才会逐渐形成，贫困户自我发展能力才会得到提高，从而形成贫困户抗逆致贫、返贫因素的精神内源。

第七章

汇聚社会真情，弹奏峡谷脱贫美丽乐章

2012年，按照省委"7+20"对口援藏部署，成都市成华区开始对口援助丹巴县。近年来，成华区紧紧围绕丹巴脱贫攻坚实际，精心组织，在基础设施、产业发展、民生改善、新村建设、生态建设、平安建设、能力建设等方面主动作为，锐意创新，以新的举措注入援藏活力，呈现了项目促进和人才素质"双提升"。成华区等100个集体荣获2018年"省内对口帮扶藏区彝区贫困县先进集体"。成华区帮扶工作有效助力丹巴县实现乡村振兴、全面奔小康，续写了成华丹巴一家亲的佳话，形成了独有特色的社会扶贫"成华品牌"。[①]

第一节 做深"造血援助"，抓实产业扶贫

近年来，成华区准确把握丹巴县发展的现实基础和人民群众的新期盼，聚焦精准扶贫，着力产业提升，立足"造血"援藏，"造血"兴藏，根据丹巴实际发展特色产业，以产业为支撑、以项目为载体促进当地经济长久发展。充分发挥丹巴自然人文资源优势和成华区位、人才、市场等优势，启动实施文化旅游、农业产业精准帮扶行动，千方百计帮助丹巴县把生态人文旅游、特色农牧业等主导产业做大做强。

---

① 本章资料来源：成华区援丹工作队《2012—2018年成华区对口帮扶丹巴县经济社会发展工作情况汇报》。

以"技术+销路"扶优扶强果蔬、畜牧、中藏药等传统优势农牧业。扶持采用"龙头企业+合作社+农户"模式打造中藏药等种植基地2443亩，协调13家实力企业和9家超市门店、17家直销店为丹巴提供线上线下产品销售服务，助推丹巴2018年实现农牧业产值5亿元，上万名群众从中长期受益。

以"政府+市场"，突出"规划引领"，做好全域旅游开发文章。携手丹巴做优全域旅游规划体系，突出彰显丹巴"美人、美景、美食、美居"四美特质，深挖活用"老天爷"恩赐的自然资源和"老祖宗"留下的文化遗产，加快打造全省独具魅力的藏区旅游明珠，积极争创四川天府旅游名县和中国全域旅游示范县。2015年以来，在全省率先成立区属国有华天文旅公司对口扶持丹巴旅游发展，两地协作高水平编制《丹巴县全域旅游发展策划方案》《甲居景区总体规划》等"1+N"规划体系，谋划确立了丹巴"一芯六线五区"梅花型全域旅游格局，有力推动了丹巴旅游业健康蓬勃发展。截至2018年底，丹巴旅游业对GDP贡献从2012年的11%增长到26%，累计创造就业岗位4200余个，带动500余户近1500名贫困群众脱贫致富。

整体看，成华区对丹巴产业帮扶涉及特色农业和旅游等方面，其中旅游方面成效尤为显著。本节将重点以全域旅游为案例样本，介绍成华区旅游产业帮扶的主要做法。

一、突出"三性"，打好"全域旅游促全面脱贫"整体战

突出规划引领性，构建"全域旅游开发"崭新格局。秉持"文化为魂、旅游为翼、生态为底、产业为柱、富民为要"理念做优全域旅游规划体系，确立了丹巴"一芯六线五区"梅花型全域旅游格局，即以集成打造丹巴旅游服务中心为芯，以梯次构建扎寨邛山村、挺近中路、贯通牦牛谷、点亮梭坡、布局党岭、盘活墨尔多六条旅游

轴线为茎，以统筹打造"甲居民居风貌及土司文化、中路藏寨田园及苯教文化、牦牛谷天然盆景自驾游、梭坡碉楼景观及东女国遗址、党岭原生态户外游"五大主题旅游区为瓣，有力带动丹巴旅游蓬勃发展。

突出项目支撑性，抓实"全县旅游升级"六大行动。为确保全域旅游发展任务落地生根，携手丹巴攻坚"交通畅行""配套提升""产业培育""文化振兴""环境打造""人才强基"六大行动，成华区累计投入资金3.3亿元，先后实施项目153个，有力推动丹巴全域旅游发展环境、文旅产业融合发展水平和可持续发展后劲明显提升。在全域旅游环境营造方面，协助丹巴基本贯通"主干道—次干道—支路"三级旅游路网，实现公路村村通，投入1.59亿元援建了县医院综合大楼、三岔河大桥等重点配套项目21个，实现旅游配套、城市功能"双提升"。在文旅产业融合振兴方面，携手丹巴活化了嘉绒文化、红色文化、东女文化等特色文化资源，用1.3亿元政府援建资金撬动20多亿元社会资金参与丹巴旅游开发，助力丹巴斩获"中国历史文化名村""中国最美乡村旅游目的地""四川乡村旅游强县"等殊荣。在可持续发展后劲积蓄方面，帮助丹巴开展职业技能培训2300人次、培养旅游从业人员345人；投入2228万元协助丹巴实施环境整治项目4个68处，完成房屋"五改三建"整治3307户；携手丹巴狠抓文明旅游"七进"活动，多措并举优化提升丹巴旅游发展软硬环境，进一步擦亮了丹巴"中国最美乡村"区域品牌。

突出营销广泛性，擦亮"全省旅游强县"金字招牌。为推动丹巴"古碉·藏寨·美人谷"旅游品牌享誉全国、走向世界，助力丹巴融入全省旅游发展"大格局"，成华区扶持丹巴初步实现3条乡村旅游精品线路与川西旅游环线、大东国旅游环线等4条生态文化旅游环线"道路贯通、景点融通、客流互通"。仅2018年1—6月就吸引88.5万人次游客进入丹巴，辐射带动聂呷等11个乡镇近5000余名群众致富奔康。助力丹巴投身全国旅游发展"大舞台"，帮助丹巴在全国重点城市召开旅游推介会24场次,承办举办"甘孜州第四届山地旅游节"等大型节会活动30余场次,累计吸引游客160余万人次,"丹巴嘉绒藏族风情节"位列"四川十大名节"、获评国家"群星奖"。助力丹巴用好全球旅游发展"大市场",协助丹巴通过创新"传统媒体+新媒体+自媒体+网红和大V"全球化营销机制,在各级主流媒体和今日头条等新媒体刊登旅游专题报道500余篇,在成都电视台开设《寻美丹巴》专栏,在抖音、携程、驴友团等有影响力自媒体及网红、大V中推介"山地半程马拉松"等主题活动100余次,年均吸引境内外游客近100万人。

二、聚焦"三高",打好"全域旅游促全民增收"主动战

高标准完善"吃住行"配套,让旅游产业立起来。聚焦补齐丹巴旅游基础配套短板,抢抓丹巴被列为全省乡村振兴规划编制试点县、甘孜州大渡河流域乡村振兴示范区等机遇,两地携手构建"一心一廊五区一环线"旅游路网,协同做优"川菜+藏餐"餐饮品牌和"酒店+民宿+藏家乐"住宿体系,让游客来得顺心、住得称心、吃得舒心。目前,成华区累计投入1.5亿元,高标准援建甲居成华路等骨干道路15条;通过精准就业扶持培训藏餐厨师及面点师240人,协助开办特色藏餐店22家,协助推出"丹巴八味"藏餐系列品牌,初步呈现"24家省级乡村星级酒店+18家中档酒店+88家特色民宿"的住宿格局,基本形成"快旅漫游"服务体系雏形。2018年丹巴餐饮住宿业产值达1.35亿元,同比增长10%。

高品质构建"游购娱"场景,让旅游经济强起来。聚焦破解丹巴文旅引力不足难题,助力打造甲居等5条特色精品旅游路线,通过"以奖代补"方式促进丹巴土特产提产量、创品牌、拓销路,协助创编丹巴本土精品文化节目,让游客享有"游一次藏寨、看一台歌舞、过一个节日、购一份商品、留一段回忆"等美好体验。成华区协助

丹巴初步打造中路、甲居、梭坡三大旅游门户，建成投用丹巴嘉绒新城等特色街区，扶持成立嘉绒文化演艺公司，创作出《美人谷》等一批富含嘉绒文化的情景歌舞剧，配合丹巴推出"黄金荚""美人红""黄金茄"等一批"土品牌"。2018年，丹巴实现旅游综合收入11.5亿元，是2011年的5倍，带动特色农牧业产值同比增长25%，新增稳定就业岗位1200个。

高起点植入"养情奇"元素，让旅游名片亮起来。聚焦弥补丹巴旅游显示度不高的欠缺，坚持错位发展、创新发展，积极探索"养生游""情感游""探奇游"等新领域新业态，携手丹巴共同擦亮全国"最具风情美人谷、最佳阳光康养目的地、最奇古碉群落、最绝藏寨观赏地"等文旅名片。近年来，成华区配合丹巴先后推出"游"甲居最美藏寨、"寻"党岭原始秘境、"探"梭坡千碉奇景、"品"聂呷—章谷—东谷红色记忆、"泡"丹东养生温泉等一批精品旅游体验项目。2018年吸引游客115万人次，同比增长超过20%，过夜游人数高达70%。尤其是成华区投入6000余万元援建资金，成功把甲居藏寨打造成丹巴首个国家4A级景区，旅游收入5年涨了5倍，获评"中国最美藏寨"等殊荣。

三、推进"三化"，打好"全域旅游促全面奔康"持久战

深化两地协作，开启产业扶贫"加速器"。为确保群众在旅游发展中真脱贫、脱真贫，成华区坚持对产业扶贫整体布局、高位推动。建强产业扶贫"一盘棋"领导机制，将对口帮扶工作列为全区19项重点工程之一，战略性将帮扶重心及资源从"输血式扶贫攻坚"转移到"造血式产业富民"上。2015年以来，成华区党政"一把手"亲自率队赴丹巴对接旅游发展9次，各级各部门与丹巴沟通协商旅游开发90余次，推动形成全区"一盘棋"助推丹巴旅游发展良好局面。建优产业扶贫"一条链"运行机制，在全省率先成立区属国有

华天文旅公司对口扶持丹巴旅游发展，创新构建"区援藏工作领导小组—区扶贫攻坚工程指挥部—区丹巴旅游扶贫项目工作组—区华天文旅公司"产业帮扶链条，将扶持丹巴旅游等工作纳入全区一级目标严格管理，确保产业帮扶落实落细。

强化党建引领，把牢产业帮扶"定盘星"。为确保群众在旅游发展中精准脱贫、持续受益，携手丹巴统筹构建"党建引领、共建共享"产业帮扶长效机制。完善"组织结对"精准化帮扶机制，组织全区街道、单位与丹巴乡镇、部门及村（社区）党组织——结对，年均投入550万元扶持结对乡镇发展旅游等产业，促进"巴底邛山土司官寨"等精品项目落地落实。建立"党员带头"滚雪球帮扶机制，协助丹巴培育党员致富带头人145名，鼓励激励"一个党员致富带头人带活一个特色项目带富一批贫困群众"模式。两地携手打造特色民宿及藏家乐45家、特色养殖场59处，带动510户1650余名贫困群众脱贫致富。

优化商业逻辑，拓宽产业致富"新渠道"。为确保群众在旅游发展中稳定增收、长效致富，两地携手做好"政企民三方联动"大文章。创新"产业+就业"稳定增收机制，引进专业运营团队与丹巴共建"双创"实训基地，培育出"嘉绒刺绣""婚礼管家"等创业就业项目；携手丹巴扶持引导甲居等景区龙头企业采取"租金+薪金+股金"模式，变农民为"房东""员工""股东"，累计帮助5000余名群众实现稳定增收。健全"市场+农场"长效增收机制，激励引导30家企业和协会投入5000余万元扶持丹巴农牧业发展。携手丹巴通过"龙头企业+合作社+农户"模式建成果蔬中藏药种植基地2443亩；协调四川润通等13家企业和9家超市门店、17家直销店为丹巴提供线上线下产品销售服务，助推丹巴2018年实现农牧业产值5亿元，上万名群众从中长期受益。

在成华区的有力帮扶之下，丹巴县旅游发展迅速，如今的"古碉·藏寨·美人谷""丹巴牦牛谷风光""东女国故都""大渡河畔第一城""天然地学博物馆"等旅游形象品牌崛起，已成为丹巴旅游的代名词。

第二节 做精"长效援助"，抓实就业扶贫

成都市成华区始终坚持将援建丹巴县作为重大政治任务和光荣使命，把全面促进贫困群众培训就业作为扶贫工作的重中之重，大力实施"三个一"精准培训就业帮扶，初步探索出一条贫困群众脱贫奔康的新路子。

一、精准识别对象

成华区坚持扶贫必扶智，瞄准"有劳动力贫困家庭至少每户有1人参加就业技能培训"目标，携手丹巴县精准识别贫困劳动力、量身定制培训课程体系，逐步实现"口袋式"扶贫向"脑袋式"扶贫转变。一是精准摸排，创新"一库五名单"动态管理。协助丹巴全面开展贫困户情况调查，摸清贫困人口基本情况和培训择业意向，动态建立劳动力实名制登记数据库和贫困家庭劳动力基础信息、转移输出、就业培训、自主创业、公益性岗位安置五张名单，梳理出有劳动力和就业意愿的贫困家庭956户、劳动力2630人。二是量身定制，打造"五类八项"课程体系。按需设班、因人施教，精心设置五类八项培训课程（内容涵盖电焊工、餐饮旅游服务、特色农产品种植及加工、汽车维修、传统藏画等"五类"，以及电工、焊工、服务员、中式烹调、导游、特色农产品种植及加工、汽车维修、传统藏画等"八项"藏区群众实用性强的就业创业技术），实行"学员点菜、学校下厨"，满足个性化需求。

二、精准组织培训

成华区大力创新就业培训模式,帮助参训贫困人员以一技之长脱贫致富,累计组织贫困群众参加职业技能培训860人次、促进就业775人次。一是"政府牵头+学校参与",实现组织教学协同化。携手丹巴县共同制定《劳动力定向职业技能培训计划》,精心组织培训,严格教学管理,经考核合格后颁发结业证书,累计培养电工、焊工、厨师、水电等各类中高级工504人,就业率达90%以上;通过"校企"联合方式,大力实施劳动力带岗培训,分批选送150余名丹巴学生到四川省水利职业技术学院、都江堰水电校进行培训,全部实现就业。二是"课堂培训+实地操作",实现教学实训一体化。创新"名师带徒""以赛代训"等实训方式,举办餐饮服务行业技能大赛等培训比赛五批次,将课堂理论转化为实际手艺,实现教学与实训有机结合。比如,针对丹巴藏区旅游业发达与餐饮业相对滞后的现实矛盾,聘请区内"四方阁""别致集团"等餐饮行业优秀企业一级大厨担任导师,与餐饮专业优秀学员结成师徒"一对一"跟踪指导,让学员掌握更多现代烹饪技术。组织学有所成的学员参加各类专业技术鉴定考试,已有394人获得国家职业技能等级鉴定证书,大幅提升了就业竞争力。三是"知名教授+本土专家",实现培训师资专业化。委托川大科技园职业技能培训学院等专业团队承担培训任务,组织以国家级培训师孙忠林为代表的众多优秀教师现场授课,实现"专家学员面对面,技能传授到一线"。同时,在农牧业、传统藏画等领域,遴选经验丰富、技能过硬的"土专家"和"田秀才",建立"技能大师工作室",由本土专家进行现场技术指导。

三、精准促进就业

成华区携手丹巴县着力打通贫困劳动力上岗就业"最后一公里",积极促成贫困人口通过就业实现脱贫。一是本地就业吸纳一批。把发展生产扶贫作为主攻方向,以甲居藏寨景区为突破,用2000万元政府援建资金成功撬动川旅集团投入4730万元参与甲居藏寨项目打造,采取"租金+薪金+股金"模式,提供200余个就业岗位,带动近600名贫困群众增收致富。面对丹巴劳动力过剩和当地企业"用工难"结构性矛盾,主动搭建就业平台、对接岗位需求,积极协助丹巴筹建县级人力资源市场,大力开展"春风行动"等就业促进活动,累计实现贫困劳动力就地就近就业1850人。二是劳务输出转移一批。持续开展"成华—丹巴区域劳务合作"等转移就业促进行动,常年对求职人员实行"远程面试",定期组织企业到丹巴招工,成批次开展"劳务派遣""定向劳务输出",累计将丹巴350名贫困家庭劳动力推向内地就业。三是创新创业引领一批。突出"一人带+众人跟"组团发展模式,引进专业运营团队,与丹巴县共同打造"双创"实训基地,鼓励外出务工人员返乡创业,带动贫困群众走上共同富裕道路。家住半扇门乡的刘洪兵原是一位建卡贫困户,2014年参加成华区开设的电焊工培训班后,在创业导师指导帮助下,由打工到创业,凭借电焊工技术在丹巴开办了农机、汽车维修店,为当地提供就业50人次。又如,建卡贫困户格西拉姆,在甲居藏寨经营"甲居人家曾阿热大叔"接待站,由于菜品单一,藏家乐收入平平;她参加成华区就业精准帮扶中式烹调师高级培训班后,提升了烹饪技术和经营理念,生意越来越红火,不仅实现家庭成员勤劳增收,还吸纳4名当地贫困人员就业,建卡贫困户变身致富领头人。

第三节　做优"内生援助"，抓实智力扶贫

一、做优教育能力提升援助

脱贫攻坚，全域帮扶。为贯彻落实成华区委、区政府"精准式帮扶"和"造血式援助"的指示精神，经丹巴县提议，2019年9月，"丹巴—成华班"在李龙村丹巴高中新校区应运而生。

"成华班"是基于传统网班模式下丹巴高中实际教学效果与预期存在较大差距的情况下，丹巴高中与华西中学结对，一对一量身打造的新网络模式教学。丹巴高中与成华区华西中学建立学业水平基本接近的"对接班"，统一设置合理的教学标高，统一使用有效的教辅资料和月考、半期考试题，期末统一参加成都市统考；同时建立直接的联合教研、备课、阅卷机制以及"双班主任制"。"成华班"的有效开展和运行，对助推丹巴高中的内涵发展水平和提升丹巴本土高考升学质量发挥着积极的作用。可以说，"成华班"既是成华区"N+1"教育扶贫模式的具体体现，也成为丹巴县重要的一项民生工程，受到家长和社会的关注，被华西都市报、成都日报和成都电视台等媒体报道。

"丹巴—成华班"管理举措包括：第一，组织领导和教师团队建设。校长任组长，分管副校长和行政中层任副组长，成员包括年级组长、班主任及科任教师。第二，管理分层和招生宣传，校长负责总体管理，加强巡课和督查；分管副校长负责成绩监管和分析；行政中层负责包班管理，组织每月一次的班级教师交流会；年级组长负责协调全年级教学任务和课程进度，并负责成华班教师"六认真"检查。学校全力协同丹巴县教体局做好招生宣传，显现出了效果，中等生源

段有了较明显的改善。第三，教学管理上，"成华班"文考分数控制在490分以上，人数35人以内。学生假期自主预习所有高一课程，组织入学考试。实施班主任坐班制和科任老师共管制（一岗双责），实施月考制度、联合阅卷、试卷分析面谈、阶段性成绩交流和滚动生源制度，实施联合备课和联合教研，严格科任教师优胜劣汰制度。实施师生互动管理和优生每期一周游学制度，严格学生纪律和习惯管理。

在"成华班"项目基础上，成华区进一步启动了教育人才、安居和捐赠项目。成华区投入财政资金1150万元，修建丹巴高中教师周转房两栋，质量和设计优良，供丹巴高中、县教研室等单位安居使用。成大附中、38中、华西中学、列五中学以及成华区教科院、成都市教育局招考办等单位来丹巴开展调研、慰问和教育教学交流活动，上公开课、办讲座，赠送校本教材、图书、体育器材等。成华区第五批对口帮扶工作队员肖笃勇，提前到受援校开展教学和管理工作，始终战斗在教学教研第一线；作为副校长，分管教研和教师发展工作，坚持推门听课和巡课，协助校长组织参与教育教学年会、学科竞赛等，学校荣获县"教研先进集体"表彰；行政值周和"师徒结对"工作做到率先垂范和以身作则；搞好建言献策，认真起草撰写《丹巴高中教育发展前期报告》《丹巴高中关于成华班的思考和意见》等报告文件，积极联系成都企业捐资助学，先后受到省、市、州的表彰，以及州、县媒体的采访报道。

二、做优干部能力提升援助

成华区坚持以打牢基础、夯实基层、增强丹巴自我发展能力为目标，做优"内生援助"，抓实智力扶贫，大力实施"智力派遣援助"行动。先后选派116名优秀干部人才到丹巴挂职，派遣147名业务骨干和专业人才蹲点指导。大力实施"素能提升锻造"行动，大力实施"固本强基培元"行动，对丹巴所有村（社区）书记、主任进行全员异地轮训提升,为丹巴编写首部本土教材《丹巴嘉绒文化》,开设"丹巴—成华班",丹巴发展内生动力不断增强。

一是抓干部培养,提升骨干队伍能力素质。2013年至2019年,丹巴县共40名优秀党政后备干部到成华区挂职学习,熟悉规范管理工作经验,为丹巴县干部队伍建设蓄足"源头活水";将丹巴领导干部培训纳入成华区干部培训计划,通过"传帮带""线上+线下""跟班+实训"等形式,先后开办成华区对口帮扶丹巴乡科级领导干部能力素质提升专题培训班和丹巴村(社区)干部能力素质提升专题培训班,培训丹巴各级干部280余名。

二是抓人才培育,提升藏区发展软实力。针对丹巴人才紧缺现状,充分发挥援藏干部人才懂经济、善管理、理念新、技术精等优势,历届援藏队员结对认亲近200户,"传帮带"当地干部500余人次,助力优化丹巴干部人才知识、专业、能力结构。

三是抓技术服务,构建长效合作机制。积极动员科研机构和部门积极为丹巴提供技术服务,发改、建设、交通、卫生等30多个部门开展结对交流工作,派遣专业干部到丹巴现场指导,分别就发展规划、道路及桥梁设计、工程质量监理等与丹巴展开深度技术服务,建立长期合作指导关系。

第四节 做实全域帮扶,留下带不走的"援藏队伍"

2016年12月16日,成华区对口支援丹巴县援藏工作"全域帮扶模式"街道—乡镇对接启动仪式在丹巴县政府举行,标志着成华区对口援建丹巴县"全域帮扶模式"全面启动。按照四川省委对口帮扶藏区统一安排部署,成华区根据丹巴县实际情况,实施"四大工程"精准帮扶，主动创新工作方式，以"全域帮扶模式"的新模式，全力加速推进新一轮对口援藏工作。

一、内抓管理，外输理念

成华区注重对援藏工作的思考和探索，打造的"成华援建"模式和涌现出的援藏典人物受到了中央、省、市媒体的关注报道。报道成华区引入品牌企业、社会资金参与丹巴县旅游产业发展的文章《多元投入助推跨越发展　藏汉同心共铸长治久安》，在国家民委《中国民族报》、省委政研室《调查与决策》上刊登。成都市援藏办《成都市援藏工作简报》专刊刊登了《成华区实施"干部人才双向培养工程"增强智力援藏工作活力》《成华区加强基础建设大力推进教育援藏事业发展》。通过援藏，在援藏工作队中间涌现出一批先进人物和先进典型。援丹工作队员裴丽娟、刘云洲夫妇，先后获得了成华榜样、成都榜样、成都"三严三实·勤廉兼优"先进个人，省学雷锋岗位标兵，入选四川省优秀共产党员等荣誉。省委领导在2015年的援藏干部座谈会上对成华区援藏教师裴丽娟的事迹高度赞扬，成都日报、成都商报、成都晚报、成都电视台等多家媒体连续大篇幅集中报道裴丽娟先进事迹，引起了社会舆论广泛反响。2017年以来，成华区援藏工作队连续三年被省委省政府评为先进集体，同时6名援藏队员被表彰为省级先进个人。

在援助丹巴县的工作中，成华区还特别注重"理念援藏"，立足于把成华先进的社会治理理念和经验带到丹巴，既抓经济发展，也抓民生改善，既抓社会管理服务，也抓机制体制创新。一是将社会治理网格化管理引入丹巴。成华区是四川省唯一的全国第二批社会管理创新实验区，成华区在社会管理创新上有诸多实践和探索。成华区运用社会治理网格化管理经验，先后在丹巴建成了东谷乡治安卡点、太平桥乡治安卡点。二是加强基层党组织建设。2014年初，由成华区投资120万元援建的革什扎乡布科村村民活动中心建成并正式投入使用，这一村级阵地的建设，进一步增强了基层党组织的凝聚力和向心力。成华区不仅为丹巴援建村民活动中心，还为其带来了成华的先进经验，对其做深、做细、做实基层社会管理工作提供了有益的借鉴。三是加强政府办公信息化建设。为加快丹巴信息化建设，成华区帮助丹巴建成了全州第一个政府系统云协同办公平台。实践证明，通过信息化平台的建设，极大提高了丹巴办公无纸化建设的能力，极大提高了丹巴机关办事效率。

二、对口街道—乡镇"一对一"

成华区与丹巴县15个乡镇进行"一对一"对接。双方根据自身条件和需求，对基层政权建设、乡村旅游发展、农牧产业发展、项目策划推广、结对认亲帮扶、城乡环境综合整治等方面的工作进行了深入交流，以最符合乡镇居民要求、最贴切乡镇发展需要、最高效实现脱贫奔康为目标，共同商议出"一对一帮扶"具体工作方案。成华区各街道、管委会相关负责人经常在到达丹巴县后，不顾长途的舟车劳顿和疲惫，第一时间就前往对口的乡镇走访了解情况，做"功课"，看"亲戚"。

成华区各个街道深入对口乡镇，制定了详细的针对性帮扶政策。比如，成华区龙潭街道对口帮扶的是丹巴县半扇门乡，街道工作人员通过走访调研新农村建设项目，仔细了解半扇门农牧产品种植、养殖等情况，在新农村建设、农牧产业发展、双方干部交流和技能培训等方面加强交流和帮扶，双方努力实现共同发力。又比如，成华区桃溪路街道对口帮扶丹巴县章谷镇，通过开展结对共建活动，进一步打造章谷镇文化墙长廊，与后山滑坡治理和白呷依村"两委"就建设情况等进行现场商讨，在基础设施建设、硬件提升、干部队伍培养培训、社区共建和教育帮扶等方面实施精准帮扶工作，并将城市社区的生活理念带到贫困山区。

三、对口部门"手牵手"

成华区统筹城乡工作局、商务局、发改局、教育局、文旅局、人社局、卫计局、民宗局等部门与丹巴县对应部门结对帮扶，并开展了相关工作对接。成华区各部门对口帮扶丹巴县各部门，采取"导师制"方式，以"传、帮、带"的形式进行帮扶，力争为丹巴留下一支带不走的"援藏队伍"。

成华区文旅局、成华区旧城改造公司与丹巴县文旅局就丹巴县旅游规划和资源开发进行深入探讨。成华区政府专门成立了丹巴旅游扶贫项目工作组，聘请专业旅游策划机构，与丹巴县文旅相关部门通力合作，按照打点穿线、以线带面的思路对丹巴旅游资源的开发及包装推介，进行了整体规划设计。

成华区发改局与丹巴县发改局携手合作，资源共享，优化项目建设，大型景点集中打造4A级旅游景区，小型景点打造"一山一特色，一村一亮点"的乡村旅游，以旅游产业发展带动农牧民增收脱贫奔康，充分利用丹巴县得天独厚的旅游资源，用"美丽战胜贫困"。

成华区人社局与丹巴县人社局重点对就业扶贫帮扶等项目开展指导。通过农村劳动力劳务品牌培训，深入开展成华—丹巴区域劳务合作，实现人力资源信息互通、资源共享，将帮助丹巴县探索建设"双创实训基地（孵化园）"。通过多渠道、多方式的交流合作，帮助提升丹巴县劳动力资源质量，提升丹巴服务业水平，从而提高丹巴旅游文化的品质和知名度。

成华区卫计局与丹巴县卫计局对接，双方从卫生系统专业技术力量、医疗系统管理、医院运行情况、医疗制度改革等方面开展广泛交流与合作，并将成华区"分级诊疗"、人才培训"导师制"等经验带到丹巴，协助丹巴县实施完成"导师制"人才培养计划。

四、对口企业"肩并肩"

成华区通过联系适合藏区发展的乳制品业、特色种养殖、农牧深加工、大型电商及农牧融资基金等企业共赴丹巴开展精准帮扶，助推丹巴县农牧产业发展。针对丹巴县农牧产业布局零散、规模小效益低、品牌意识薄弱等问题，成华区企业代表对丹巴企业的营销模式、精品化加工提升农牧产品附加值、怎样树立品牌意识、以品牌带动效益等方面内容提出合理化建议和针对性方案。比如，成都绿佳康农业发展有限公司在丹巴县引进并建设500亩特色水果示范园，带动当地特色水果的产业发展；成都口口鲜猫信息技术有限公司以"互联网+精准帮扶"模式搭建平台，为丹巴县农牧产品提供线上销售、线下配送及冷链仓储等服务，并共享公司的生鲜食品资源。

第五节 结论与启示

成都市成华区援藏工作队始终把对口帮扶作为重大政治任务和义不容辞的光荣使命，按照全省对口帮扶藏区彝区贫困县决策部署，聚焦"两不愁三保障"和"四个好"目标，围绕成华区委、区政府"全面整体攻坚，全域精准攻坚，全程分类攻坚，全员协同攻坚"工作思路，在工作中自我加压、勇挑重担、创新实干，倾心倾智倾力开展对口帮扶助力脱贫攻坚，为丹巴经济社会发展作出了积极贡献。从成华区对口帮扶丹巴脱贫攻坚的案例可以看出：

党的领导是根本。两地党委把这项工作作为重大政治任务，层层压紧压实责任，推动形成帮扶工作强大合力；主要领导坚持把这项工作扛在肩上、抓在手上、落实到行动上，始终做到亲力亲为、念兹在兹，切实把准帮扶工作方向；各级党组织务实践行先富帮后富、最终实现共同富裕的理念，积极发动广大党员干部积极投身对口帮扶工作，有力促进全域旅游引领全面小康工作成效明显。这充分体现出：只有把党的领导贯穿全过程，才能确保全域旅游引领全面小康工作思路在基层全面准确贯彻落实。

两地协作是关键。丹巴与成华全旅游引领全面小康帮扶工作取得阶段成效，得益于两地党委、政府的高度重视和无缝对接，得益于街道部门统筹联动和精准施策，得益于两地干部群众的大力支持和积极参与。这充分体现出：只有坚持帮扶和受扶两地无缝对接，全面准确把握丹巴需求，因地制宜，精准施策，才能形成全域旅游引领全面小康强大合力。

无私奉献是保障。援藏干部人才放弃大都市优渥的生活条件，响应组织号召投身对口帮扶事业，为丹巴经济社会发展作出重要贡献。其中，裴丽娟、刘云洲夫妇主动请缨带着孩子援藏，两年里足迹遍布15个乡镇127个村；龚举河倾情倾力把丹巴花椒带入成都市场，并通过提升丹巴花椒影响力和知名度，大幅度提高了群众收入，被当地群众亲切地称为"花椒哥"……像这样的典型不胜枚举。这充分体现出：正是由于援藏干部的无私奉献，他们才能克服艰苦环境在一线扎根，才能忍受背井离乡在藏区建功，才能扛起时代责任，在基层狠抓执行落实。

感恩奋进是核心。如今的丹巴群众切身感受到社会主义制度的优越性和祖国大家庭的温暖，脱贫攻坚的积极性主动性持续增强。如奇玛青青有感于成华区和丹巴县全域旅游引领全面小康产业扶贫行动，放弃在外务工的机会，回乡开办宝生居乡村酒店，用自己勤劳的双手创造了幸福生活，并带动贫困群众脱贫致富，共同建设了美好家园。这充分体现出：只有坚持"不等不靠"的思想，进一步激发自力更生、艰苦奋斗的内生动力，不断提升自身造血能力，才能更好更快建设美好家园。

第八章

乡村振兴：嘉绒儿女，伟大征程再起航

2014年以来，丹巴县以习近平新时代中国特色社会主义思想为指导，认真贯彻党中央和省、州委部署要求，坚持把脱贫攻坚作为最大的政治责任、最大的民生工程、最大的发展机遇，聚焦"两不愁三保障"目标，严格落实"七个坚持"（坚持执行现行扶贫标准，坚持精准扶贫精准脱贫基本方略，坚持把提高脱贫质量放在首位，坚持扶贫同扶志扶智相结合，坚持开发式扶贫和保障性扶贫相统筹，坚持脱贫攻坚与锤炼作风、锤炼队伍相统一，坚持调动全社会扶贫积极性）的工作要求，举全县之力、聚全县之智，坚决打赢脱贫攻坚战，确保脱贫路上不落下一户、不落下一人，2018年底全县顺利完成"摘帽"，脱贫攻坚阶段性任务就此完成。然而作为深度贫困地区，丹巴县主要领导和广大干部、群众深知发展的差距，在脱贫摘帽后，丹巴县没有停步，没有歇脚，而是继续以脱贫摘帽的毅力和决心大力实施脱贫巩固和乡村振兴战略，开启了乡村振兴的新征程。

第一节　念兹在兹，巩固脱贫成效不松手

脱贫巩固重在时效性，如果巩固措施实施慢了，则会大大增加扶贫成本。丹巴县采取扶贫和脱贫巩固同步进行的策略，在脱贫摘帽初期就进行了相关调研，及时聚焦全县54个已退出贫困村、2179户8300人已脱贫贫困人口开展巩固提升，以及因灾、因病等存在致贫

风险农户补短工作,建立了"缺啥补啥"的工作机制,形成了如下以"三个联动"为核心的工作制度。

定期摸排制度。全县15个乡(镇)成立专项工作组,落实专人,对照户脱贫"两不愁三保障"标准,每两月一次,到村、到户对所有农户进行摸排,重点核查农户收入是否达标,是否实现不愁吃、不愁穿,是否做到义务教育、基本医疗、住房安全有保障。如发现有不达标农户,要充分核实,仔细甄别,确保信息精准无误、不漏统、不漏项。同时以乡(镇)为单位填写摸排汇总表,经县级联系点领导、乡(镇)党委书记、乡镇长审核把关确认签字后,报送县攻坚办。

对标补短制度。县攻坚办及时收集汇总各乡(镇)摸排表,组织召开专题会议研判,全县按照"缺啥补啥"原则,分门别类进行梳理,对标对表,逐一逐项分解到对应县级职能部门。县级职能部门各司其职,各负其责,按照"两不愁三保障"标准,结合部门工作实际,及时研究落实项目、资金等具体帮扶措施,对标补齐短板,做到"缺啥补啥"补短工作"四个经得起",即经得起群众检验、经得起媒体检验、经得起各级检验、经得起历史检验。

台账管理制度。补短工作完成后,丹巴县各乡镇、各部门分期形成了"缺啥补啥"补短工作落实台账,经县级分管领导、单位主要负责人审签后,报送县攻坚办,县攻坚办定期收集汇总各乡(镇)、各部门工作台账,建立专卷存档,形成乡(镇)、县级部门、县攻坚办三者同步推进,做到件件有落实,事事有回音,条条有成效,做到真脱贫、不返贫、能致富,做到全县无临界户、无边缘户、无假脱贫户,实现到2020年与全国、全省同步全面建成小康社会的目标。

在巩固脱贫成效过程中,丹巴县积极开展"四不减"工作。全县以强力问责倒逼责任落实,严格按照"摘帽不摘责任、摘帽不摘政策、摘帽不摘帮扶、摘帽不摘监管"要求,持续推进35名县级领导、62个县级部门帮扶常态化、制度化,保证54名第一书记、108名驻村工作队员、2245名帮扶责任人帮扶责任、力度、成效"三不减"。同时,丹巴县根据国家、省、州督查检查、考核评估发现反馈问题进行深度整改,做到举一反三,补齐漏洞,进一步提高贫困人口满意度和脱贫质量。

在政策机制落实方面,丹巴县特别注重将脱贫攻坚与乡村振兴无缝衔接,以乡村产业振兴推动巩固脱贫成效。全县围绕大渡河流域乡村振兴产业带布局,加快推进了1万亩蔬菜基地、1万亩水果基地、1万亩花椒基地、4800亩羊肚菌、220亩中藏药材基地以及6个标准化示范养殖场项目建设。同时,积极培育壮大旅游产业,争创天府旅游名县,推进农旅、文旅深度融合,集中打造甲居、中路、梭坡3个景区、25个示范村,发展特色民居接待296户,加快群众增收步伐,实现稳步脱贫奔康。在村组建设中,丹巴县注重把乡村振兴战略作为巩固提升脱贫攻坚成果的重要抓手,全力实施村内道路、农田水利、安全饮水、通信网络、住房安全、增收产业等项目建设,进一步缩小了乡与乡、村与村、户与户之间的差距,做到小康路上不落下一户、不落下一人,实现共同推进,全面小康。这些政策措施为丹巴县提高脱贫质量提供了有力支撑。

第二节 携手奋进,探索藏区乡村振兴路

一、新时代新机遇,五大战略筑振兴路

从理论层面看,精准脱贫目标在于解决贫困群众基础的生存发展需求,而乡村振兴旨在减少城乡福利差异,同时要不断满足乡村居民的更高层次发展需要。[1] 乡村振兴可以被认为是对长久以来的城乡二

---

[1] 参见庄天慧等:《精准脱贫与乡村振兴的内在逻辑及有机衔接路径研究》,《西南民族大学学报(人文社科版)》2018年第12期。

元结构经济体制的一次系统反思,其目的在于减少城乡二元结构下工业主导农业和城市主导乡村的非均衡发展模式所造成的乡村凋敝。[①]乡村振兴不仅要从经济上改善城乡关系,而且要从经济、政治、文化、社会和生态五个方面对乡村进行全面升级,引导城乡资源配置优化,从而实现城乡融合发展和福利均衡。

从实践上看,国家乡村振兴实践乡村新战略,为贫困地区和民族地区绘就乡村新画卷带来了新机遇。党的十八大以来,以习近平同志为核心的党中央坚持把解决好"三农"问题作为全党工作重中之重,持续加大强农惠农富农政策力度,全面深化农村改革,农业农村发展取得了历史性成就,为党和国家事业全面开创新局面提供了重要支撑,也为实施乡村振兴战略奠定了良好基础。2017年10月党的十九大报告中首次提出了乡村振兴战略;随后在2018年1月中央一号文件《中共中央、国务院关于实施乡村振兴战略的意见》中提出,按照"产业兴旺、生态宜居、乡风文明、治理有效、生活富裕"的总要求,对农业农村农民进行改革,谱写了新时代乡村振兴的新篇章。其中产业振兴作为重点振兴对象,以农业供给侧结构性改革为主线,构建现代农业体系。2018年9月印发的《乡村振兴战略规划(2018—2022年)》,从农业、农村、农民三方面入手对乡村振兴规划进行了系统设计,为各地区各部门分类有序推进乡村振兴提供重要依据和行动指南。

四川乡村振兴助力乡村新发展,开创"三农"新时代,为丹巴乡村振兴提供了重要政策支持。四川把实施乡村振兴战略作为新时代"三农"工作的总抓手,按照"产业兴旺、生态宜居、乡风文明、治理有效、生活富裕"的总要求,统筹推动乡村产业振兴、人才振兴、文化振兴、生态振兴、组织振兴;并且以乡村振兴和新型城镇化双轮驱动的模式,统筹推进城乡空间的开发、保护和整治,加快推进农业农

---

① 参见张军:《乡村价值定位与乡村振兴》,《中国农村经济》2018年第1期。

村现代化，擦亮四川农业大省金字招牌，推动由农业大省向农业强省跨越。在《四川省乡村振兴战略规划（2018—2022年)》中特别提出：坚持质量兴农、效益优先，以农业供给侧结构性改革为主线，念好"优、绿、特、强、新、实"六字经，加快转变农业发展方式，构建现代农业产业体系、生产体系、经营体系，推动乡村产业振兴。这为四川乡村产业发展指明了方向，也为丹巴县乡村振兴提供了重要指导。

甘孜州乡村振兴加力乡村脱贫攻坚，开创产业发展新高地，为丹巴乡村振兴提供了本地化支持。甘孜州结合实际，按照"产业兴旺、生态宜居、乡风文明、治理有效、生活富裕"的总要求，积极谋划该州乡村振兴战略工作，提出以大渡河流域的康定、泸定、丹巴三县（市）为先行区，以"成都后花园、康养加休闲"为发展主题，率先开展乡村振兴示范区建设。同时紧抓脱贫攻坚、特色产业融合、生态宜居乡村建设、优秀文化传承等主要任务，实现示范区率先摘帽、率先奔康。此外，甘孜州紧扣乡村振兴时代主题，坚定农业农村改革步伐，以促进农业供给侧结构性改革为主线，扎实推进质量兴农、绿色兴农、品牌强农政策，推动农业农村发展体制机制的深刻变革，引领高原生态特色农业高质量发展，开创产业发展新高地。

在此背景下，根据本地地形地貌复杂，具有立体垂直气候特征，形成丰富的物种，有多种野生动物、植物的特点，根据农业种类多样、旅游资源丰富、文化资源多彩以及典型的半农半牧旅游藏区这一特色，丹巴县在乡村振兴实施初期，开展了大量思想动员和讨论活动，让全县上上下下统一认识，达成共识，形成了四个重要认识和思路，即：实施乡村振兴战略，有利于促进丹巴县城乡融合发展；有利于丹巴产业结构调整，构建现代产业体系，形成一、二、三产业融合，促进产值倍增；有利于挖掘丹巴深厚的文化底蕴；有利于提高农民技术，增加就业机会，提升农民综合素质，增加经济收入。

总体上，丹巴以不断增强发展内生动力和外在活力为核心要旨，以增加农民收入、提升农民生活品质为核心，围绕"一沟一品、一带一品"发展思路、"成都后花园、康养加休闲"的发展方向,筑牢"产业兴旺"基础,推动产业振兴、人才振兴、文化振兴、组织振兴,树立丹巴县域品牌,打造集旅游、文化、农业发展为一体的最美县城,让农民增收,生活富裕。主要思路是按照"宜农则农、宜旅则旅、能融尽融"的原则,重点围绕"旅游、文化、农业"三大产业,做好县域旅游、文化开发和保护、生态农业、旅游+文化+农业"三产"融合规划,延伸产业链,促进单一产业向多产融合转变。

战略定位方面,丹巴县制定了关于乡村振兴的"六大发展战略"。即:(1)依势发展,统筹联动战略。由于丹巴地形地势因素,县域内产业资源丰富,但呈多数散点状分布,因此丹巴县按照"一沟一品、一带一品"发展战略,以"五河"为线,高程为带,产业串联,优势互补,联动发展。(2)科技引领,创新推动发展战略。顺应市场,科技推动,利用大数据信息平台,发展智慧农业、智慧旅游,基于优势产业,发展示范点。(3)产业融合,提质增效升级战略。以优势农业产业为基础,以旅游、文化为依托,以文旅促农,农文旅结合,形成单一产业发展向多元化产业融合发展,实现产业升级。(4)文化传承,丹巴嘉绒文化保护战略。文化是一个民族奋斗不息的精神体现,文化具有向心力和凝聚力,是子孙后代了解和爱护自己民族的重要途径。丹巴文化丰富,丹巴县通过加强文化开发和保护措施,实现文化传扬,并进一步促进产业融合发展。(5)理念创新,推行人才引进战略。人才强国、人才强县,先进理念带动区域发展。丹巴县加大人才引进力度,组建人才技术团队,以先进技术促产业发展。(6)引进企业,联合发展战略,吸引企业入驻,注入社会资本,拓宽产业链,提升产业服务,增加产业附加值,形成一、二、三产业融合。

根据战略目标,丹巴县制定了适应于本区的乡村振兴的总体定位和目标,即:建设全国藏区乡村振兴示范区,突出旅游优势资源,完善旅游产业体系;开发保护文化资源,构建丹巴文化产业体系;发展丹巴优势生态农业，构建现代农业产业体系；整合丹巴产业资源，促进乡村产业融合；紧抓县域品牌建设，构建产业品牌体系；打造农旅文融合发展示范区、康养休闲度假胜地、藏区文化保护传承样板区、高山生态农业发展新高地。

二、依托藏区资源，三产融合振兴在望

（一）丹巴三产融合机制体系建设

丹巴县旅游文化具有独特的优势资源，吸引着大量的游客，具有巨大的消费市场，对农业、加工业等关联性产业带动强，是增加丹巴经济收入的重要途径。由此，丹巴县明确了以农业产业为基础，文化产业为灵魂，旅游产业为主导，加工产业为支撑的一、二、三产业融合的乡村振兴体系。主要包括：第一，以农业为基础，优化农业产业结构，主导带动，特色推动，农牧结合；科技引领、技术转化、生态循环；能人带头、企业联动、惠农惠民。依据丹巴县干热河谷气候、市场竞争力、相关产业带动强度等因素进行分析，重点发展苹果产业，适度发展道地中药材、食用菌、酿酒葡萄、甜樱桃产业，实施油菜、荞麦等大地农业景观种植、田间花海果树栽种；与旅游结合，发展休闲观光体验农业；畜牧业做好生猪养殖，稳定牛羊产业养殖，加强特色藏鸡散养、蜜蜂养殖和藏系黑绵羊保护。第二，以文化为核心，突出旅游主导优势，精品带动、多点联动，强化招商、保护开发，带动万众参与、资金聚集。重点发展嘉绒文化藏寨民居、千年古碉，莫斯卡、党岭、墨尔多神山等独特旅游景点，挖掘邛山土司官寨等未开发旅游资源；结合农业与文化，以身心调养、饮食康养、运动健养等多种形式，打造藏区康养休闲度假地；打造加工物流体系、电商物流体系。

丹巴县通过产业间的深度融合和相互支撑，促进形成"一心三区"的形态格局。"一心"即产业综合中心，"三区"即农业产业区、

旅游产业区、农旅文融合区，构建完善的乡村产业体系。在此过程中，依托得天独厚的特色农牧业资源、自然环境和人文风光，大力培育旅游业和特色农牧业。在结合丹巴县"建基地、搞加工、创品牌"的要求以及丹巴"一沟一品、一带一品"的产业布局，在以生态有机农业基地为基础、农产品加工业为主导、休闲观光产业为新增长点的实践中，通过全产业链的发展模式，以精深加工、手工文创产品、康养休闲、风情体验、山地运动等项目创新丹巴县产业业态，延伸丹巴县下游产业链，实现县域一、二、三产业深度融合。

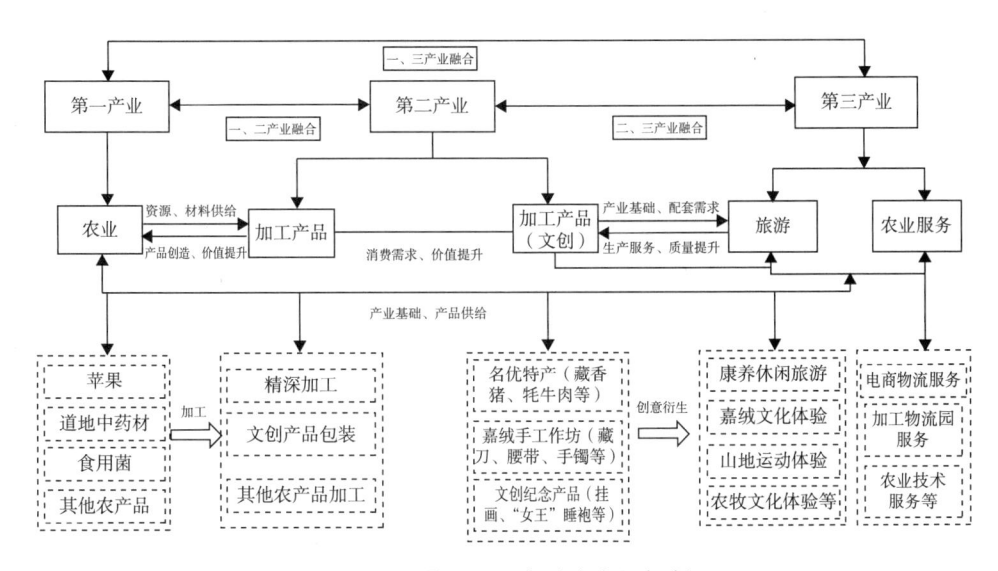

图 8-1 丹巴县三产融合发展机制

表 8-1 产业融合发展内容

产业融合发展区	产业融合发展主题	主要乡镇名称
农文旅融合发展区	以乡村田园资源，古碉文化、藏寨文化、东女文化等文化为核心的特色农文旅、康养休闲产业	聂呷乡、巴旺乡、中路乡、梭坡乡
文旅融合发展区	以民俗文化为特色的文创，文化与旅游结合的休闲旅游产业	革什扎镇、岳扎乡
农旅融合发展区	以自然景观、藏药资源为特色的农旅观光休闲旅游产业	丹东乡、边耳乡

续表

产业融合发展区	产业融合发展主题	主要乡镇名称
生态观光休闲区	以自然山水景观为特色，开展山地运动、观光休闲康养产业	东谷乡

为完善产业发展组织体系，丹巴县特别探索建立了产业融合发展指挥中心，总指挥为县委书记，负责丹巴县产业发展全面工作；指挥长为县委副书记、县长，协助总指挥长做产业发展相关工作，负责全县产业发展总部署；副指挥长为副县长，对总指挥和指挥长负责，协助指挥长做好产业发展具体工作，按分工督促产业发展工作推进，承办总指挥和指挥长交办的其他事务。同时，建立了产业融合发展指挥中心办公室，办公室主任为县农牧农村和科技局局长，办公室副主任为县农牧农村和科技局副局长，办公室成员单位包括县农牧农村和科技局、县财政局、县发展和改革局、甘孜州丹巴生态环境局、林业和草原局、县文化广播电视和旅游局、县卫生健康局、县交通运输局、县市场监督管理局等。该办公室在指挥中心统一指导下，负责产业发展牵头抓总、目标确定、项目下达、资金投放、社会动员、检查指导等工作，定期研究产业发展中重大问题，对产业发展作出总体评估和年度推进安排，负责贯彻落实国家和省州有关乡村振兴的重大战略部署，掌握全县产业发展进展情况，及时向指挥中心报告工作推进情况并提出相关建议。办公室下设以下几个小组，包括产业发展组（负责旅游产业、农业产业、文化产业发展管理工作，制订各项产业发展计划，并指导乡镇进行落实）、产业招商组（负责电商孵化园区、加工物流园区、旅游景区等招商工作）、资金保障组（负责产业发展项目资金保障和管理工作）、宣传报道组（负责县域产业发展宣传报道，营造全民参与、全社会动员的良好舆论氛围）、督查考核组（负责督查产业发展推进情况，量化考核重点项目建设，加强产业发展项目资金管理，强化产业发展中各级干部作风纪律）。

专栏：乡村振兴擦亮"中国最美乡村"金字招牌①

2018年以来，丹巴县全面启动乡村振兴战略，按照"宜农则农、宜旅则旅、成片打造、统筹整合"原则，确定首批重点打造梭坡"东女秘境"康养休闲示范区、美人谷·中路康养休闲和大甲居片区"最美乡村"康养休闲示范区共计25个示范村，完成了三个片区的规划设计，制定了片区打造的具体实施方案，农、旅、文融合发展。"中国最美乡村"的金字招牌被进一步擦亮。

康养度假、文化体验、探秘休闲、科普教育、民宿体验、特色产业，依托"中国最美丽的乡村"名片，丹巴县乡村振兴迈上了创建国家级（乡村）旅游度假区、打造国际乡村旅游目的地和藏区乡村旅游示范项目的新路。"公司+合作社+农户""观光农业+旅游业+文化产业""互联网+现代农业"等模式，将一、三产业完美融合，进而带动片区内村民致富增收。

安卡儿民族庄园是丹巴乡村旅游提档升级和政府推动农村"产业兴旺"的一个缩影。通过多年的积累，村民达拥一家投入380万元，建了这座传统元素与现代元素、嘉绒民居风格与德格民居风格相融合的藏式院落，让游客在生活细节中体验到藏区各种文化和谐交融的舒适感，达拥说："现在我们有41个床位，每年旅游收入达70万元。"

截至2019年初，丹巴县已整合项目资金、援建资金、债券资金和贷款资金3.8亿元，累计投入乡村振兴示范区建设项目资金9000万元。其中，三个片区完成观光农业种植1250亩、采摘园226亩，发展民居接待户299户，成立种养殖、乡村旅游等专

---

① 参见《甘孜州丹巴县：乡村振兴擦亮"中国最美乡村"金字招牌》，中央广电总台国际在线，http://sc.cri.cn/2019-03-21/7952786f-cc1c-cb07-d71b-dba1dbcab1ad.html?from=singlemessage&isappinstalled=0,2019-03-21。

业合作社4个。同时，基础设施建设、人居环境整治、人文素材收集工作也已全面启动。

（二）重点打造藏区特色生态农业

丹巴县以"绿色生态"为主题，以科技创新为动力，整合农业资源，通过加强设施服务建设，加大科技转化力度，打造立体的高山生态农业，形成了"1+4+N"农业产业体系。"1"个主导产业即苹果产业，"4"个特色产业即道地中药材产业、食用菌产业、酿酒葡萄产业、甜樱桃产业，"N"个其他产业主要包括玫瑰、油用牡丹、粮油产业、蔬菜产业、花椒产业、核桃产业、梨产业、畜禽和畜牧产业。

发展主导产业——苹果产业。丹巴受干热河谷影响，昼夜温差大，适宜种植苹果，因此该县选用了"秦脆"品种，发展有机苹果种植，发展现代苹果种植示范，提高苹果产量与质量，带动农户科学化、规范化种植。同时，进行丹巴老果园改造，走高端市场。通过"苹果+旅游"的发展模式，发展农业景观，形成了丹巴春季可赏苹果花、秋季可尝甜苹果的旅游休闲地。为此，丹巴县采取了"政府+企业+农户"的运营模式，其中政府组织农户不定期接受苹果种植培训，协调农户苹果种植与销售，企业做标准化种植示范，对全县农户苹果种植起到引领作用，对农户技术进行培训，销售优良苗种，收购达到要求的苹果，支付聘请农户工作的劳动报酬；农户则接受苹果种植培训，严格按照企业要求栽种，并进行科学生产。

丹巴县在发展苹果产业方面的特色在于，在品牌建设过程中特别引入了文化元素，塑造"丹巴苹果"品牌个性结合丹巴东女国故事，引入东女文化、美人文化，塑造"丹巴美人果"个性品牌，提升品牌形象，实现与消费者之间积极的情感沟通，培养了消费者对品牌的认知度和忠诚度。同时，该县创新了联结机制，完善了"丹巴苹果"品牌经营，做好企业与生产基地的联结，即企业按照目标市场的标准进行种植，通过"企业+合作社+农户+基地"的生产经营模式，采取订单生产、利润分成等有效办法，形成企户联合，不断提高产业的组织化程度，使生产有基地、流通有渠道、经营有组织、销售有市场。发挥政府职能，提供"丹巴苹果"品牌保障，政府应加强引导和扶持，推动"丹巴苹果"品牌的发展和壮大，促进形成一批具有相当经济实力和规模、管理水平、竞争力强的"丹巴苹果"品牌产品经销企业群。

采取多方合作方式发展菌类种植。丹巴县采取了政府引领、科研院所技术支撑、企业把控市场方向的"政府+科研院所+企业+农户"合作模式。该县重点瞄准的是羊肚菌种植。丹巴县羊肚菌种植受到耕地分散、面积较小、海拔高度限制、农户种植技术差、旅游景区及辐射范围严禁种植等因素影响。为克服不利因素并充分利用优势资源，该县结合旅游市场，发展了"羊肚菌+旅游"相结合的康养旅游，同时通过企业建立羊肚菌产中产后产业链，增加农户收入。其中，政府引进羊肚菌菌种企业，保证菌种质量；引进羊肚菌收购企业，为农户打通销售渠道环节。科研院所对丹巴县羊肚菌高山种植技术进行研究，对农户种植进行培训；企业保证菌种质量，做好羊肚菌收购；农民专业合作社保障农户物料提供，对农户进行日常培训及技术指导；农户则按照企业要求，进行羊肚菌种植，提高羊肚菌质量。另外，丹巴县还重点确立了椴木木耳种植，以"政府+企业+专业合作社+农户"运营模式为主，其中政府聘请木耳种植技术推广人员为农户进行培训，企业进行木耳收购和加工，专业合作社组织农户种植与培训，农户则接受技术培训并进行科学化种植。

此外，丹巴县确立了发展酿酒葡萄和甜樱桃种植产业的思路，充分利用丹巴县干热河谷气候资源，发挥丹巴种植酿酒葡萄的生态环境优势，通过科学种植，走"旅游+葡萄"的特色之路，打造集酿酒葡萄种植、采摘、酒庄、嘉绒文化为一体的农文旅产业融合地。同时，丹巴县利用丹巴独特自然资源，结合丹巴地形地貌，围绕休闲观光，发展大金川河、小金川河和大渡河流域甜樱桃采摘体验带，探索打造集农业种植、采摘、休闲观光于一体的乡村旅游带。

（三）设施与科技两手抓保障发展

为有效保障产业发展，该县以强化农村基础设施、农业科技等为主开展了相关保障建设工作。一方面，加强丹巴县农村公共服务设施建设，完善农业技术推广服务体系建设，充分利用防灾减灾监测点，确保农业科技成果转化率提高，农业生产科学、安全。丹巴县农民种养殖技术较低，处于传统种植技术阶段，已不适应当今现代化、高技术的种植。为此，丹巴县加强了县—乡（镇）—村三级农业技术服务推广站（点）建设，完善了农业技术服务推广体系，便于农民随时接受技术指导。利用县级农业研究和技术推广服务站，加强各类农业研究、配备设施建设，指导乡（镇）及农业技术推广服务站工作。重点建设村级农业技术推广服务点，村级农业技术推广服务点主要设立在行政村或自然村村委会，全县以此为依托，吸纳本村及周边村落农牧业能人加入技术服务推广队伍，日常为周边农户提供种养殖技术指导，并接受县级或乡（镇）农业技术推广服务人员指导。同时，加强县—乡（镇）—村三级农业信息化服务体系建设，根据丹巴县农业生产、运输、销售缺乏信息化网络的现状，为促进丹巴县农业信息化，依托"互联网+"行动计划，构建了丹巴县数字农业体系。该体系瞄准加强农业生产、运输、销售要素实时动态信息与农业生产投入要素信息数据采集与分析，促进农业生产动态监测、农产品溯源建立，加强了农业新品种选育、试种、良种引进、示范推广、标准化生产、农业技术推广，有利于实现农业科技信息共享。

建立县域农业信息中心。丹巴县探索建立了县域农业信息网络平台，通过该平台了解和监管农业生产、运输、销售动态数据，促进农业数据共享，便于农户、农业企业等农业经营主体及时了解农业情况；同时将县域企业农业生产、农产品数据嵌入县域农业信息网络平台，建立农业企业农产品溯源，并进一步分析县域农业发展趋势，从而为县域农业新品种研究、良种引进、示范推广等工作做好支撑。在此基础上，丹巴县开展了乡（镇）农业信息技术的指导，包括：建立乡（镇）农业信息服务站，主要观察各村农业数据，解决农业中的问题，对乡镇农业发展制定方案。建立村级农业信息服务点，随时对各村农业生产、运输、销售数据进行录入。建立农户农产品溯源信息，在乡（镇）农业信息技术服务站的指导下，为农户提供农业种植、生产、销售等方面的信息，指导农户进行生产，并为农户提供农业"远程诊断"信息平台，便于农户快速解决技术难题。

专栏："技术协会+致富能人"科技扶贫促进增收[①]

在甘孜州丹巴县兴康养鸡技术协会，2万多只土鸡、藏鸡正在葡萄架下悠闲觅食，葡萄藤上垂挂的一串串葡萄，让人垂涎欲滴。"我们养殖的这些鸡渴了喝山泉，饿了啄野草、觅虫子、吃纯粮，所以肉质非常鲜嫩。而养鸡产生的粪便成了葡萄树的有机肥料，产出的葡萄不仅色泽美而且口感非常好。"协会会长杨凤介绍说。

近年来，杨凤通过组建协会，打造养殖基地，发展和培育绿色、特色、无公害农产品，有效带动贫困群众脱贫致富，并在今年初举行的四川省第二届农村乡土人才创新创业大赛上获得了"脱贫攻坚特别奖"。

为了带动当地农户共同发展致富，杨凤在丹巴县半扇门乡关州村注册成立了丹巴县兴康养鸡技术协会。在养殖过程中，协会依托省、州、县科协、科技、财政等部门的大力支持，在葡萄架下放养土鸡及藏鸡，利用鸡粪生产沼气，解决燃料不足及棚圈保

[①] 参见《"立体种养"成就农民不凡事业 做大农业产业》，四川新闻网，http://gz.newssc.org/system/20180709/002459834.html，2018年7月。

暖等问题，沼气池废料又为培种育苗提供充足肥料，形成了低碳循环发展的生态产业链，既减少环境污染，又为农业生产提供优质的肥料资源，达到了绿色发展的目的，实现了农业提质增效、农民增收致富的目标。

同时，采取"协会+公司+合作社+基地+农户"的模式，建立了以源头控制、技术培训、指导监督和产品检测于一体的全程质量监管体系，并通过统一鸡苗供应、统一饲料配制、统一技术服务、统一销售模式"四统一"举措，强化规范管理，确保产品质量达到规定的标准和要求，致力于向消费者提供优质、安全的产品。通过多年努力，协会探索出了一套适合高原土鸡和冷水鱼生长的养殖技术，研制出了半自动喂养料槽，并具有独特的蛋鸡养殖中草药配方。

在科协、畜科所等单位专家的指导帮助下，杨凤还把自身的养殖经验整理成册，编制了《藏鸡饲养管理技术手册》，发放给农户，助力农户科学养鸡。同时，积极开展科普宣传活动，举办科普讲座、展览，发放资料，推广实用技术。近年来，协会开展养鸡技术培训30次，培训人员3000余人，发放科普资料2000余册，培育科技示范户112户，印发养殖、疫病防治等实用技术资料1.5万份，受益群众辐射到周边各县。

协会取得一定成果后，为了带动群众共同致富，作为甘孜州政协委员的杨凤，积极响应"我为脱贫做件事"的号召，投入精准扶贫工作中。协会通过流转贫困户的土地及荒山，助力贫困户增收。"目前，协会共流转10户贫困户的土地50余亩，实现户均增收3000—8000元。"杨凤说。同时，协会低价将土鸡苗销售给农户，并通过提供预防药品、免费技术指导、最低保价回收产品等方式进行带动帮扶。

2016年，协会为丹巴县31户建档立卡贫困户免费提供圈舍材料、鸡苗、饲养器具、饲料、药品等，采取入户技术培训、全程跟踪服务、签订高于内地同期批发价50%的回收合同等措施，帮助贫困户发展土鸡养殖，现已初见成效，其中8户贫困户户均增收1.2万—1.5万元，全面实现脱贫。为了达到长期帮扶目的，协会将31户贫困户吸纳为会员，并签订了长期扶持协议。2017年，为每户会员发放红利1000元。

杨凤说："2017年，协会又对23户建档立卡特困户进行定点帮扶，为贫困户发放鸡苗等，目前正在喂养阶段，土鸡回收后预计户均增收可达1.5万元以上。"同时，按照就近就业、重点聘用失地农民和下岗职工的原则，协会为当地农户提供就业岗位30余个，从事葡萄剪枝、松土、施肥、采摘等，目前已安置25名失地农民及下岗工人，人均年收入达到4万余元。"农户在养殖场务工，既能增收，又能照顾老人和孩子，真是一举多得，有效促进了农户家庭和谐、农村社会稳定。"杨凤说。

此外，为了开拓产业扶贫新途径，提升农户的养殖积极性，杨凤积极开展爱心捐赠活动，为东谷乡登巴村44户农户每户捐赠10只青年雪毛土鸡及预防药品，总价值2.1万余元；为巴旺乡聂拉村11户贫困户捐赠鸡苗176只及预防药品若干，价值7000余元；为康定市孔玉乡门坝村送鸡苗800余只及饲养器具、饲料、药品等，并与该村签订长期帮扶技术指导、回收产品合同；与水子乡各宗村，巴底镇俄鲁村、峡依村，半扇门乡大邑村，新龙县博美乡、乐安乡等县内外20多个村签订了长期帮扶合同。

"通过科技扶贫，目前，协会辐射带动县内外养殖户3000余户，其中160余户贫困户发展成为养殖大户，仅出售土鸡、土鸡蛋，年人均增收达2000元以上。基地散养土鸡的主饲料玉米、大豆等几乎都来自当地农户，此项又为合作农户人均年增收1000余元，"杨凤说，"截至目前，协会已帮助160余户贫困户摆脱了贫困。"

杨凤的努力也得到了社会各界的认可，先后获得丹巴县政协脱贫攻坚先进个人、甘孜州优秀政协委员、甘孜州十大就业明星、全国巾帼建功标兵等荣誉称号。2016 年，协会被省科协评为"省级科普示范基地"。

（四）挖掘丹巴文化促进产业融合

丹巴县文化资源丰富，文化底蕴浓厚。该县深入挖掘未开发的文化资源，打造核心文化，以点带面，整合资源，创新产品，通过"互联网+文化"的电商运营模式，打造了丹巴文化产业融合发展体系。

表8-2 丹巴县文化产品开发情况表

文化资源	文化产品链	文化产品
美食文化资源	酒文化产品链	咂酒、烧酒、青稞酒
	茶文化产品链	酥油茶、炒茶、牛奶茶、酒蒸蒸
	肉食文化产品链	香猪腿、巴古都、猪膘、血肠、腊肉
	面食文化产品链	糌粑、玉米面、玉米锅边子、玉米刀片子、玉米、蒸蒸饭、烧馍馍、搅团、面疙瘩、酸菜面块、酸菜包子、干酸菜
乡规习俗文化资源	婚俗文化产品链	巴旺婚俗、革什扎婚礼、二岔沟婚俗、婚恋习俗
	女性文化产品链	女性成人礼、东女文化、选美
土司文化资源	丹巴文旅区域品牌	古碉、藏寨、美人
传统工艺文化资源	手工艺产品链	藏服、藏饰、刺绣
游艺民俗文化资源	锅庄产品链	嘉绒锅庄、宝垒锅庄
	藏歌、藏戏产品链	嘉绒藏歌、小金山歌、啦啦调、藏戏《阿梅尼格东》《色尔尼斯吉》
节庆民俗文化资源	嘉绒藏族风情节产品链	

文化有效的长久保护方式是合理地开发和利用。丹巴的文化具有

独特性，该县通过引入载体的方式，将文化植入，运用科技的手段、文创的思维、先进的管理理念，将丹巴文化产业从初级状态逐步导向高质量高层级发展方向。文化产业的本质是"创意"，是以"文化创意"为核心，通过技术的介入和产业化的方式制造、营销不同形态的文化产品的行业。丹巴发展文化产业旨在开发文化产品、打造文化产品链。

丹巴的文化资源丰富，文化产业形成晚、规模小，通过一段时期的合理发掘和利用，该县文化产品及文化品牌逐渐和旅游、制造及传播行业紧密结合，初步形成了具有区域特色的文旅产业集群雏形。丹巴文化资源发掘主要包括以下六大类型的文化资源：美食文化资源、乡规习俗文化资源、土司文化资源、传统工艺文化资源、游艺民俗文化资源、节庆民俗文化资源。

丹巴文化产品主要分为两大体系：一是原汁原味展示嘉绒藏族风情的文化产品；二是通过第二次创意、创新，与时俱进，与当下社会审美及时尚相结合，人们争相购买、品鉴和体验的文化产品。丹巴的文化产品按使用功能分为以下四类：观赏类：嘉绒藏戏、歌舞等；品尝、品鉴类：丹巴美食文化产品；鉴赏收藏类：丹巴工艺文化产品；娱乐体验类：婚俗及节庆活动等，游客能够参与并深度体验，甚至是角色扮演的文化产品。

在开发方式及具体措施方面，以政府为主导，组织丹巴地区的基层文体组织、文旅行业从业的机构及个人积极参与，共同开发，整体受益。其中参与机构和个人可无偿获得部分文化产品的制作方法等，如改良和创新后的嘉绒藏家美食。政府获得文化产品开发产生的系列知识产权及为此带来的区域品牌效应，促进地方文旅产业的进一步繁荣。政府运作，考察、洽谈一些有条件的本土企业，以及专业的文化旅游产品设计开发公司共同开发，合作经营，对丹巴的体验性文化产品进行主题化、系列化的开发、运营。对工艺性文化产品进行创意设计、并趋于功能化，进行定制生产、批量生产。重点规划项目包括以下几项。

丹巴文化博物馆。丹巴文化资源核心主要有东女文化、土司文化、女性文化、聚落文化等，每一种文化都相互联系又相互独立。丹巴文化博物馆以"记忆·融合·展望"为发展思路，以时间为轴，将丹巴文化进行串联，于博物馆中体现，运用科技，让参观者从视觉、听觉、触觉"三觉"中感受丹巴文化。博物馆包括接待区、文化展示区（东女文化区、土司文化区、红军文化区、现代生活区、未来展望区）、文化产品购物区、特色美食餐饮区等，其中文化展示区通过3D全息影像技术、展示、解说、观看影视、影像剖析等多种方式，对丹巴文化进行传播，并对未来文化发展进行展望，让参观者从旁观者的角色转变为参与者。比如：利用3D全息影像技术，重现东女故国、土司王朝昔日辉煌的场景，参观者置身其中，感受当年生活的氛围；利用角色扮演，体会当年红军在丹巴战斗的艰辛；通过现场视频做题方式，了解丹巴服饰；通过听音室的设置，静听丹巴藏歌调式的不同；等等。

嘉绒情演艺中心。该中心通过以"嘉绒情、东女情"为主题，以故事演绎的形式，利用舞台科技和高质量的音效，打造大型文化演艺。该演艺以时间为线，串联文化，整合资源，利用光影技术，结合精湛的演员技术，以《东女神韵》《丹巴土司》《风情嘉绒》为三大主题，通过歌声、舞蹈、情景对白等多种形式，将嘉绒文化融入其中，让观众看完演艺对嘉绒文化进一步熟知。整体上，展现天人合一，被称为"童话世界"的嘉绒藏寨；展现具有西夏皇族后裔的气质禀赋、唐代"东女国"遗风流韵的丹巴姑娘气质；丹巴人民与红军共同战斗的艰苦岁月；丹巴人民庆祝节庆的载歌载舞场景；等等。将现实生活与舞台歌舞表演相结合，展现丹巴嘉绒藏族河谷农耕文明和民间歌舞文化，展示丹巴独特的旅游资源和人文风情，展示民族融合的和谐新生活。

农耕文化体验区。该体验区包含服务接待中心、传统农业生产场景展示区、传统农业生产工具展示区、农业耕作授课区、农业生产体验区。其中，传统农业生产场景展示区通过 3D 全息影像技术，让参与者融入其中，再现丹巴传统农业耕作生产场景。传统农业生产工具展示区则将嘉绒传统农耕器具进行展示，每个农耕器具赋予一个解说二维码，参与者可以通过聘请解说员或者扫描二维码听取语音解说的方式了解农业生产。农业授课区和生产体验区，通过对嘉绒农业气象、农耕土壤、种植、农业加工等进行授课，了解农业的知识，再进入生产体验区进行牛耕、小麦磨粉等体验。

丹巴文化研究中心。丹巴文化底蕴深厚，嘉绒藏族文化博大精深，做好文化的研究与挖掘，为文化的开发和保护奠定坚实的基础。丹巴文化研究中心设立在丹巴县文化主管部门办公室，主要负责丹巴文化资源的收集、存档、研究、文化专家资源库建设，负责承接举办全国或四川藏文化研究会议，以文化会议的形式带动丹巴消费经济增长。

特色旅游和节庆文化体验和宣传。一方面，瞄准嘉绒藏族风情节，借助现有的嘉绒藏族风情节，以丹巴的社会民俗文化为热点，辅以相关的民俗文化节、美食节、狂欢节等，在保护传统民俗节庆资源的基础上，结合社会发展和时代特征，增加新的旅游内容，增强节庆活动的参与性、趣味性。另一方面，瞄准嘉绒藏历年，嘉绒藏历年是纪念英雄阿尼格尔冬而沿袭下来的节日，丹巴自古以来就延续着过藏历年的习俗，不同于春节与其他藏区的藏历年，丹巴藏历年具有浓厚的地区特点和民族色彩。通过传统活动的神秘感和个性化来吸引游客前往，传承当地非物质文化遗产，体验异域风情，形成特色旅游项目。此外，还瞄准了墨尔多山转山会（庙会）开展活动，墨尔多节的设置是为了纪念大英雄阿尼格尔冬的生日，这一节日是嘉绒藏族地区最为隆重的节日。节庆期间，县内外各地区的信教群众都会如期赶来朝拜墨尔多神。丹巴县借助这一节庆充分展示丹巴地区的信仰民俗文化与游艺民俗文化，打造集祭祀神灵、交流感情、贸易来往于一体的综合性旅游节庆活动。另外，丹巴县借助山地文化节，利用丹巴县地形地貌的优势，以中路乡为核心，通过开展自行车越野、徒步等山地运动，将文化植入，让参与者了解丹巴文化；通过丹巴选美比赛，让观众了解丹巴女性文化、服饰文化。

在重点项目建设过程中，丹巴县依托文化的经营主体建设，强化了建设效果。包括培育本地文化传媒企业、引进文创企业，通过本地文化传媒企业与引进的文创企业合作，形成强强联合，取长补短，将丹巴文化通过文创的形式进行展示，通过文创产品、网红产品的打造，带动丹巴文化产业经济增收。丹巴县委托第三方公司，通过"互联网+文化"的模式，建立丹巴文化网络平台和网络销售渠道。通过新媒体的方式，以微信公众号、微博等媒介，利用经典的营销文案，结合选取丹巴文创产品爆款，通过丹巴文化淘宝官方平台，定期或不定期推出新颖主题，选取一至两个爆款，增加曝光度，提高点击率，提升购买率。

在文化品牌的建设及推广过程中，丹巴探索了产业融合提升文化品牌的建设模式。文化产业融合发展是丹巴文化产业发展的重要引擎，文化产业与众多业态的天然耦合性，让文化产业融合发展成为可能。文化产业可以借助旅游、科技、金融、制造业等相关产业搭建平台，实现文化的传播与交流，优化文化资源开发，从而带来市场化和规模化发展。为此，丹巴文化品牌的建设和推广注重融合发展，特别是旅游行业，文化与旅游的无限融合形成了文旅综合开发利用模式，也形成了独有的文旅品牌和推广方式。

专栏：甘孜山地旅游文化节开幕，在丹巴感受一场特别盛宴[①]

2019年5月19日，甘孜山地旅游文化节在风景秀丽、藏文化特色鲜明的丹巴县中路乡克格依村海子坪举行开幕式。开幕

---

① 参见《甘孜山地旅游文化节开幕，在丹巴感受一场特别盛宴》，四川新闻网，https://baijiahao.baidu.com/s? id=1634200645293932969&wfr=spider&for=pc，2019年5月。

式、实景歌舞剧《美人谷》和嘉绒藏族风情选美大赛预赛的舞台上，都有一座黑黄色的古碉造型，与村子里的真实古碉相为呼应。

中路乡有古碉，这既是该乡的文化符号，也是丹巴县的文化符号，所以在节会上一定得充分展示。中路乡10个行政村共有88座古碉，它们形式多样，有四角、五角、六角、八角的，以四角碉为主，角如刀锋，端正笔直。

克格依村有数座古碉，从外部观察，这些古碉立面由底部外墙面自下而上逐渐向内收紧，呈梯形柱体，墙下部厚度达1米左右，顶部厚度一般收至0.5—0.6米，碉楼的高度低者15米，多数在25—35米之间。

古碉是丹巴县藏族先民们的建筑杰作，具有悠久而灿烂的历史，丹巴县因此有"千碉之国"的美称。2006年5月，丹巴古碉群被国务院公布为第六批全国重点文物保护单位，目前正在申报世界文化遗产。

在嘉绒藏族风情选美大赛的排练、预赛、复赛和决赛过程中，选手都得穿着厚重的传统服装。嘉绒藏族服装最大的特点在于头帕，头帕被有的人戏称为三片瓦，年轻女子的头帕花纹复杂，多以鲜艳色彩的线条勾勒，中老年妇女的头帕图案简单，颜色平淡。

山地旅游文化节开幕期间，圣洁甘孜美食汇及丹巴县优势农产品展示展销会热闹举行。展销会上，丹巴百美文化产业发展有限责任公司在丹巴非物质文化遗产基础上，通过概念创意，开发的成人礼产品格外受到游客青睐。公司决定将石砌、纺织、弓箭舞、咂酒、刺绣等文创产品尽快推入市场。

文化节中文化产品展销无处不在。这些都是包含当地文化内涵的文创产品，比如藏族男子布娃娃、女子成人礼摆件、转经筒饰品等。节会是旅游发展的载体，文化是旅游发展的灵魂。

第九章

再谈丹巴脱贫攻坚经验

第一节　丹巴为什么能脱贫

2018年,在全县干部群众的共同努力下,丹巴已基本实现了脱贫摘帽。脱贫攻坚工作开展以来,全县农村整体面貌发生了翻天覆地的变化,贫困发生率从2014年的16.8%降至2018年底的0.52%,农村人均纯收入从2014年的7317元增长为2018年的13074元,年均增速15.6%,作为少数民族地区和深度贫困地区,取得这些成绩是来之不易的。回顾丹巴脱贫摘帽历程,之所以能够圆满出色地完成,核心在于坚持了适应于本地的脱贫机制,精准锚定短板,制定了有效措施。具体而言,包括以下几个方面。

锁定目标任务,注重顶层设计,科学谋划脱贫攻坚思路。丹巴县注重顶层设计,通过学习传达习近平总书记在十二届全国人大五次会议四川代表团重要讲话精神和省、州相关会议精神,研究制定了丹巴县2017年脱贫攻坚目标任务,将脱贫攻坚纳入全县目标绩效管理。同时,该县准确把握了全县贫困面广、量大、程度深的县情和发展不平衡不充分的阶段性特征,明确了"到2018年实现县'摘帽',2019年进一步巩固提升,在所在州率先完成脱贫攻坚任务"的工作目标;同时,确立了"锁定任务、聚焦标准、精准帮扶、保障有力"的工作思路,制定了落实例会研判部署、项目资金整合、帮扶力量汇聚、督查督导问效、强化攻坚纪律等工作方法,按照责任落实、政策落实、工作落实要求,切实做到扶真贫、真扶贫,脱真贫、真脱贫。

突出了党建引领,全面激发脱贫攻坚动力。丹巴县始终坚持党建引领脱贫攻坚,着力发挥基层党组织战斗堡垒作用和共产党员先锋模范作用,全面激发贫困群众内生动力。一方面,建强基层干部队伍,充实配强贫困村驻村工作队和非贫困村农技服务小组,制定出台了第一书记管理办法、驻村工作队员管理办法等,提拔重用脱贫攻坚一线干部,重点乡(镇)党政正职不脱贫不调整、不摘帽不调离、保持整体稳定。另一方面,强化基层组织示范引领,探索"党支部+合作社+龙头企业+农户""党支部带头+党员示范+群众参与"等模式,评定党员"六好"示范岗,培育致富带头人,实施了党员精准扶贫示范项目。

坚持扶贫与扶志、扶智并重,"治标"与"治本"结合。丹巴县深入实施了"润育工程",注重强化"感党恩、爱祖国、守法制、奔小康"思想,切实增强了贫困群众脱贫致富的内生动力,开办了"村级农民夜校""中心农民夜校",举办了各类教育培训,深入开展了"讲文明·爱卫生·树新风"和致富能手、文明户、遵纪守法户、孝顺媳妇等评比活动,用"身边人"讲"身边事",弘扬传统美德,引领新风正气;结合风气引导,全县积极推进乡村治理,健全自治、法治、德治相结合的乡村治理体系。

坚持集思广益,建立健全了脱贫攻坚机制。一是例会研判机制,15个乡(镇)和22个专项部门实行"周报制",汇总推进情况报县攻坚办;县攻坚办实行"周会制",梳理问题,即时化解,并将重大事项报县领导小组;县领导小组实行"月会制",分析研判攻坚形势,研究解决重大问题。二是项目推进机制,聚焦基础设施、扶贫产业等项目,整合使用资金,发挥资金效益,并按照责任、质量、时限"三定"要求,明确县级牵头领导和责任部门,倒排工期、挂图作战,严把工程质量,务求项目效果。三是精准帮扶机制,推行了以全县公职人员牵头,与扶贫对象结对认亲,链接扶贫专项部门、社会扶贫力量等的"1+1+N"帮扶机制,实现帮扶工作既"精"又"准"。四是督导问责机制,采取了明察暗访等形式,定期或不定期对脱贫攻坚工作情况进行督促检查,并严格落实问责办法,对识别不精准、工作不力的2个乡(镇)实行目标考核,做到扶贫工作延伸到哪里,监督就跟进到哪里。五是问题整改机制,针对各级督导检查、巡视巡察、考核验收反馈问题，严格落实"责任制+清单制+限时办结制"整改机制，逐一梳理、形成清单、建立台账，以点带面、举一反三，确保整改实效。六是微信平台推进法，层层建立脱贫攻坚微信群，即时发布扶贫政策、部署要求、工作动态和经验做法，常态化晒进度、谈感受、剖不足，实现脱贫政策传递快、发现问题整改快、经验成果推广快。

注重强化使命担当，扣紧压实脱贫攻坚责任。一是丹巴坚持落实党政主责，成立了以县委书记和县长任双组长的脱贫攻坚工作领导小组。该县脱贫攻坚工作领导小组累计召开领导小组会议39次、专题会议90余次，县委常委会、县政府常务会专题研究脱贫攻坚工作57次；出台了《关于集中力量打赢扶贫开发攻坚战确保同步全面建成小康社会的决定》等一系列重要指导性文件。二是突出部门主抓。全县50个县级部门结对帮扶54个贫困村，明确脱贫攻坚分管负责同志，每周派员进乡入村不少于2天，着重开展贫困户结对帮扶工作，特别是22个专项部门切实发挥行业部门优势。三是强化基层主推。乡（镇）立下"军令状"，实行党政"一把手"包总、副职包片、干部包村、村干部包户工作机制，统筹抓好贫困村与非贫困村、贫困户与非贫困户相关工作。四是深化干部主帮。全县35名县级干部既当指挥员，又当战斗员，包干负责15个乡（镇）及54个贫困村，并统筹组织联系乡镇县级帮扶部门力量，包括54名第一书记在内的162名驻村工作队员和54名农技员全覆盖驻村入户，1715名帮扶责任人包干负责贫困户政策宣传、感恩教育、文明习惯养成等工作，常态化开展倾情帮扶。

注重靶向施策，精准落实脱贫攻坚措施。补齐基础设施建设短板。全面完成贫困村幸福美丽新村和通村路硬化、文化室、卫生室及乡（镇）中心校、卫生院、便民服务中心建设。补齐产业扶贫短板。脱贫攻坚期间，全县通过落实贫困村产业扶持资金、非贫困村贫困户产业扶持资金、发放小额信贷、成立专合组织，实现了村有产业、户有致富门路、人有就业，贫困人口不愁吃、不愁穿。补齐教育扶贫短板。丹巴全面落实学前教育、义务教育、高中教育各项惠民政策，发放教育救助、建档立卡特别资助金，全县无贫困家庭适龄儿童辍学，贫困人口义务教育有保障。补齐健康扶贫短板。全县每个贫困村配齐一名乡村医生和一名乡（镇）卫生院驻村巡回医生，建立贫困群众健康档案，全面落实"十免四补助"政策，将贫困群众分级诊疗、合规转诊、慢病门诊治疗自付费用均控制在5%以内。补齐就业扶贫短板。围绕"就地就近就业、异地转移就业和自主创业"，实现"每个有劳动力的贫困家庭至少有一人就业"。补齐生态扶贫短板。建立生态与灾害监测机制，全力维护人民群众生命财产安全，实现生态改善和脱贫攻坚"双赢"。注重打好防止返贫攻坚战。丹巴县通过开展已脱贫户、已退出村"回头看""回头帮"工作，让22个专项部门和"五个一""三个一"帮扶力量做到责任不减、政策不减、力度不减。同时，按照打赢脱贫攻坚战三年行动统一部署，超前谋划脱贫"摘帽"后剩余贫困人口帮扶和后续巩固提升工作，确保了脱贫成果经得起历史和实践检验。

第二节　丹巴脱贫亮在何处

聚焦帮扶能力、帮扶动力，形成帮扶合力，为民族地区扶贫干部能力培养、扶贫机构职能发挥提供了参考。在政府主导的扶贫格局下，帮扶者本身的能力、动力尤为重要。丹巴县特别注重帮扶主体的能力培育和动力激发，一方面，注重激发履职热情，增强"想为"意识。采取了一系列符合实际、关心爱护基层扶贫干部的贴心举措，让扶贫一线干部感受到阵阵暖意，更进一步强化责任感、进取心和精气神，激发了一线干部的履职热情，树立了"想为"之意识，点亮了共产党人坚守责任、无私奉献的"星星之火"。通过扶贫干部的"榜样"之火、"厚爱"之火、"减压"之火，点燃脱贫决胜的"燎原之势"，激励丹巴县广大党员干部和困难群众阔步向着全面小康的目标奋进。另一方面，注重强化扶贫责任，坚定"敢为"决心。思想是行为的先导，行为是思想的具体表现，为有效激发脱贫攻坚一线干部干事创业激情，确保尽锐出战、全力以赴，按时打赢全面脱贫攻坚战，丹巴县以"抓党建、求创新、强本领、促脱贫、勇担当"为中心加强干部教育培训，坚定理想信念、强化宗旨意识，提升脱贫攻坚队伍的凝聚力、向心力和战斗力。此外，注重提升服务水平，提高"能为"本领，丹巴县在选人用人管人上既"不拘一格"又"一以贯之"，下足功夫"选+管+育+用"四部曲，通过大胆选人、严格管人、精心育人、放手用人，着力打造了一支沉得下身、迈得开腿、干得了事的基层工作队伍。

探索出了深度贫困地区产业扶贫的特色路径，为民族地区产业发展和稳定增收提供了借鉴。丹巴县特别提炼出了以科技扶贫和农户融入市场为核心的产业扶贫模式，其中值得借鉴和可以复制的脱贫亮点，主要是科学技术"引进来""走出去"措施。丹巴县通过县财政拨付从省内和省外引入特聘农技员和农业经理人。特聘农技员包括专业农技员、种养殖大户、致富带头人和种养殖能手等，发挥技术功能，负责技术指导和扩散；农业经理人是指销售职业人，发挥市场功能，负责联系市场和提供价格。最重要的是二者都会对本土人员进行培训，逐渐成为新型的本土化农技员和经理人，形成可持续的人员机制。在此过程中，丹巴县让农户逐步适应经济作物的种植、销售，实现了传统小农向现代农民的转变。

探索出了生态脆弱地区灾害防治、生态保护与脱贫增收协同推进的模式。丹巴具有民族地区地质灾害频发、生态治理难以及旅游产业发展受阻等不利特征。针对如此生态困境，丹巴县生态建设扶贫按照"灾害防治—维持生态—发展经济"的模式开展协同治理和解决区域贫困问题，其中灾害防治以灾前预警、灾害救治和灾后恢复的方式有条不紊地实施具体措施为主；维持生态主要结合生态建设方案，实施生态建设工程进行生态治理，为后续发展生态经济，实现产业增收奠定基础；最后发展生态经济主要从生态旅游出发，结合农文娱合作社等行业，共同促进和协调发展生态产业，实现贫困地区增收致富，从而达到生态保护和脱贫攻坚双面效益的目的。整体看，丹巴以灾害治理为出发点，夯实生态治理基础，以生态建设为核心，建立管服八大机制，以生态旅游为产业支撑，发展可持续经济，从而促进绿色减贫，实现了"脱贫攻坚"和"生态保护"的双重目标，给其他民族地区生态文明建设提供借鉴和参考，对民族地区实现绿色脱贫有重要价值，对民族地区实现未来可持续发展有重大意义。

聚焦提升文明素养，锁定养成好习惯、形成好风气目标，为促进民族地区精神扶贫和现代文明与传统文化衔接融合提供了参考。丹巴县从嘉绒民族文化入手扶"志气"，在精准扶贫伊始便注重文化扶贫，充分挖掘了嘉绒文化底蕴，结合嘉绒文化地方特点，以村组织和家庭为依托，把思想观念引导放在重要位置，强化感恩教育，引导群众感恩感激，将贫困群众的感恩教育常态化，变"要我脱贫"为"我要脱贫"。丹巴县持续性抓群众感恩教育、政策宣讲，进一步强化群众"感党恩、爱祖国、守法制、奔小康"意识，激发群众内生发展动力。同时，大力开展环境卫生整治，通过洗头、洗脸、洗澡、洗衣服、洗被子、清扫庭院、规整物品，做到干净、整洁、卫生的"五洗一清一规三做到"活动，发动群众讨论、互动，村村开展争评卫生文明先进贫困户活动，积极引导群众养成好习惯、形成好风气。每年年末岁初之际，丹巴县都会集中一个多月的时间，开展"润育工程"暖冬行活动，通过慰问、宣讲、举办活动等形式，让丹巴县农牧民群众感受党和全社会的关怀，激发其感恩意识，改变其以贫困为荣的惰性思想，让群众争取上进，知荣辱而自立。通过文明示范评议活动、丰富的文化活动和知识宣讲等形式潜移默化地引导藏区贫困群众塑造依靠自我发展能力脱贫的自尊、自立、自主脱贫思想，增强藏区贫困群众脱贫意愿，从而强化了藏区贫困群众精神脱贫内在动力。

第三节 民族地区脱贫之思

我国是一个统一的多民族国家，少数民族人口占全国总人口的8.5%，民族自治地方面积占全国国土总面积的64%。受历史、自然和地理等因素的综合制约，少数民族地区农村贫困呈现整体性、长期性、脆弱性、不稳定性等特征，一直是国家扶贫开发工作的重中之重与难中之难。在脱贫攻坚期间592个国家扶贫工作重点县中，位于民族八省区的有232个，位于民族地区（包括民族八省区、其他地区的民族自治州、自治县）的有299个。2015年，民族八省区常住人口占全国总人口的比重为14.2%，而贫困人口的比重却占全国农村贫困人口的32.5%；农村贫困发生率为12.1%，比全国农村平均水平高出6.4个百分点（国家统计局住户调查办公室，2016）。同步全面建成小康社会，不落下一个地区一个民族，是党中央对全国人民作出的庄严承诺。

习近平总书记2017年在山西主持召开深度贫困地区脱贫攻坚座谈会时强调，脱贫攻坚工作进入目前阶段，要重点研究解决深度贫困问题。务必深刻认识深度贫困地区如期完成脱贫攻坚任务的艰巨性、重要性、紧迫性，以解决突出制约问题为重点，强化支撑体系，加大政策倾斜，聚焦精准发力，攻克坚中之坚，确保深度贫困地区和贫困群众同全国人民一道进入全面小康社会。少数民族贫困地区与深度贫困地区高度重叠，研究其脱贫攻坚问题，对促进少数民族地区乃至整个国家经济社会的持续、健康发展，对民族团结、国家的和谐稳定、长治久安，都具有重大战略意义。

长期以来，我国高度重视少数民族地区的扶贫开发。尤其是精准扶贫精准脱贫战略实施以来，民族地区脱贫与发展取得了巨大成效，但必须清醒地看到，脱贫攻坚任务仍然十分艰巨，剩余贫困人口大多集中在深度贫困地区。这些地区致贫因素复杂，生态环境脆弱，自然灾害频发，基础设施和社会事业发展滞后，贫困人口占比和贫困发生率高，人均可支配收入低，集体经济薄弱，脱贫任务繁重，越往后脱贫成本越高、难度越大。少数民族地区深度贫困既有与其他地区深度贫困的共性特征，更有特殊的异质性，集中表现在以下方面。

1. 致贫因素多元交织循环，陷入深度贫困陷阱

首先，我国少数民族地区大多分布在自然环境恶劣、边远封闭的地区，生态环境脆弱、自然灾害高发，土地贫瘠，地理区位偏远加上交通不便，导致了市场交易费用偏高，资本、人才、技术难以引进，发展制约瓶颈突出，陷入"贫困—环境—发展"的恶性循环。

其次，我国少数民族地区人口增长速度较快。《2015年全国1%人口抽样调查主要数据公报》显示，截至2015年，我国汉族人口为12.56亿人，占91.46%；各少数民族人口为1.17亿人，占8.54%。同2010年第六次全国人口普查相比，汉族人口增加3021万人，增长2.46%；各少数民族人口增加356万人，增长3.13%；少数民族人口增长率高于汉族人口增长率（国家统计局，2016）。人口过快增长的另一面，是少数民族地区人力资本水平不足。相关研究表明，进入21世纪以来，各少数民族人口的受教育水平呈现较大幅度提升，但与全国相比，目前6岁及以上的少数民族人口中，接受过初中及以上学校教育的人口比例仍然偏低，少数民族人口的平均受教育年限、技能劳动力占比也依然偏低（郑长德，2014）。另外，少数民族贫困地区的自然环境恶劣、医疗卫生条件较差，并处于地方病高发区，也导致人口身体素质下降，人力资本欠缺，陷入"人口激增—人力资本

低下—贫困"的恶性循环。根据加里·斯坦利·贝克尔（Gary Stanley Becker）的"质量—数量替代"理论，人口的快速增长一般会促使父辈减少对子辈的教育投资，导致子辈的人力资本低下，出现贫困的代际传递（姚洋，2013）。

再次，少数民族深度贫困地区传统文化中某些生产、消费、生活等传统价值观念和生活方式对贫困形成有着不可忽视的影响。受地理位置偏远、交通不便、通用语言障碍等的限制，大部分少数民族贫困地区的人们与外界的联系较少，观念受到限制。受祖辈世代传承下来的生活方式、生活习俗的影响，形成了以相对低物质供给为特征的经济社会文化生存性均衡，表现出很大程度的"现代性伦理"缺失（李小云，2017）。在外界看来，大多数贫困人口安于现状，生活期望值不高，温饱成为其理想追求，但这其实是有其内在逻辑的。此外，长期的游牧和农耕生活方式，导致人们不太愿意受到时间和工作的约束，容易养成自由但相对散漫的习惯，脱贫致富的主观能动性难以实现自我激发。少数民族地区贫困人口的这些心理、精神和行为特征，基本符合美国人类学家奥斯卡·刘易斯（Oscar Lewis）提出的贫困文化理论（刘易斯，2014）。

最后，历史因素也是少数民族地区形成深度贫困的重要原因。一方面，从社会发育历程来看，一些少数民族直接从奴隶社会、封建社会甚至原始社会"一步跨千年"过渡到社会主义社会，未能经过完整的社会发展阶段，社会发育程度低。另一方面，受到各种综合因素的影响，少数民族往往分布在自然环境较差的高寒、边远山区，形成"信息孤岛"，难以融入信息化社会和经济全球化浪潮中，自主分享改革发展成果的能力不足。

值得注意的是，少数民族深度贫困地区的多维致贫因素并不是以单维度的形态独立存在的，而是互为因果，相互交织，累积循环，如果不能成功阻断其传递，则会逐步加深，最终形成深度贫困陷阱。

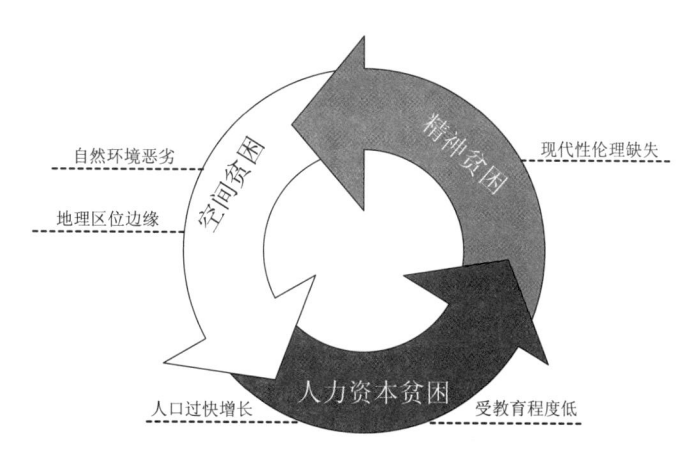

图9-1 少数民族地区深度贫困形成机理简图

2. 极端贫困程度深，陷入脱贫"死库容"

深度贫困，顾名思义，就是指其贫困程度深，是脱贫攻坚最底部分的最穷、最难脱贫的"死库容"。少数民族地区深度贫困分布区域广，贫困发生率高，人均可支配收入不仅低于全国的平均水平，而且低于全国贫困地区的平均水平，基础设施和公共服务水平低。

3. 特殊贫困现象凸显，陷入脱贫与返贫拉锯战

少数民族地区深度贫困除普遍性特征外，脱贫攻坚中的一些特殊问题值得高度关注，如慢性贫困、黑户死角和失依儿童等，不仅脱贫不易，而且返贫问题突出，形成脱贫与返贫的拉锯战，增加了稳定脱贫难度。

第一，慢性贫困问题。"慢性贫困"是指贫困状态持续多年（一般为5年或5年以上，甚至伴随穷人一生）并且可能将贫困传递给下一代，形成代际传递。蓝红星（2013）通过对四川6个国家扶贫工作重点县和1个省定贫困县的实证研究发现，778户贫困家庭中，58%的家庭贫困时间在5年及以上，17%的家庭贫困时间在2—4年之间。同时发现处于父辈贫困家庭的子女容易陷入贫困状态，贫困的代际传递现象严重。

第二，黑户死角问题。第六次全国人口普查发现，2010年全国没有户口的黑户人口数量超过1300万人，其中少数民族聚集地区是主要分布区域。他们没有户口，长期游离在正常社会之外，无法享受教育、医疗等基本公共服务（冯明亮等，2015）。即使在短期内帮助其落户，但由于长期的社会参与和社会福利的缺失，其自身发展能力已完全落后，即使给予政策扶持，也很难稳定脱贫。

第三，失依儿童问题。失依儿童是指由于各种原因失去生身父母抑或其他各种原因，无法得到成年人的正式照顾的且只能由社会中他人或是机构支持才能维持生活的16岁以下儿童。以大小凉山彝区为例，有部分儿童陷入"失依"困境（郭宇等，2013），他们面临着生活困难、情感脆弱、社会歧视等现实问题，是社会中一个特殊的弱势群体。大小凉山彝区18岁以下的贫困人口数量达到9.33万人，占贫困人口总数的18.02%，其中不乏失依儿童[①]，他们是稳定脱贫的难点和急需关注的重点。

4. 内生动力不足，陷入低水平发展均衡状态

少数民族深度贫困地区，从区域层面来看，造血功能不足，主要是支柱产业匮乏。支柱产业（The Pillar of Economy），是指在国民经济中生产发展速度较快，对整个经济起引导和推动作用的先导性产业。支柱产业具有较强的连锁效应，诱导新产业崛起，对为其提供生产资料的各部门、所处地区的经济结构和发展变化有着深刻而广泛的影响。而少数民族深度贫困地区正是因为支柱产业的缺乏，造成了新兴产业发展缓慢，税收等地方财政收入少，大量资金、人力外流，进一步限制了区域的自身发展能力，致使停留在一个低水平均衡状态，难以向上突破，造成了区域整体性贫困。

从个体层面来看，贫困者自身能力不足，突出表现在文化程度低、人力资本弱等方面。少数民族深度贫困地区教育发展滞后，贫困人口文化程度普遍不高，限制了其原始的人力资本以及后期在"干

---

① 数据来源：四川省扶贫和移民工作局编《四川省扶贫开发建档立卡（2013）数据汇总资料》。

中学"积累后续人力资本的发展潜力。加上生存环境恶劣,地方病问题突出,因病致贫现象突出。以四川高原藏区为例,因病致贫农户达到了26.8%,贫困人口中长期患慢性病、患大病或残疾的人占贫困人口的比例高达36.32%,共计94.5万人。[①] 因病导致贫困人口的劳动力弱,缺乏自主脱贫能力。

针对以上问题,需要厘清贫困治理思路,优化治理路径。在思路上以多维贫困治理为主线,聚焦贫困缺失维度,坚持"双轮驱动",精准施策,实现区域整体发展与个体可行能力的全面提升。在战术上突出重点,补齐最短的短板,锁住贫困恶性循环的关键因子,逃离贫困陷阱。在脱贫路径上实施绿色减贫,集中优势资源倍增投入,构建特殊政策支持,阻断代际传递,整合多元力量,实现精准扶贫精准脱贫。

1. 实施两个"双轮驱动",夯实深度贫困脱贫基础

首先,坚持区域扶贫攻坚与精准扶贫"双轮驱动",既通过改善区域层面的软硬件环境,为个体脱贫发展保驾护航,又通过个体的脱贫致富,提升区域的整体发展能力,实现区域发展与个体脱贫的良性互动。区域层面,要加大对交通、邮电、供水供电、商业服务、科技服务、生态环境、文化教育、卫生事业等基础设施建设投资,营造优良的区域发展环境。在基础设施建设提质过程中,要充分考虑益贫性,避免贫困排斥,优先满足贫困对象的参与意愿与参与机会。实施"互联网+"计划,将产业发展、社会发展、商业交易等与现代信息科技结合,消除"信息孤岛",连接现代文明,降低交易成本。大力发展比较优势产业,根据区域资源禀赋、地理区位、市场需求等,选择优势特色产业,延长产业价值链,通过一、二、三产业融合发展,发展"第六产业"。个体层面,要多维精准帮扶微观贫困个体,因户

---

① 数据来源:四川省扶贫和移民工作局编《四川省扶贫开发建档立卡(2014)数据汇总资料》。

施策、因人施策，对处于不同地理环境、不同致贫原因、不同贫困深度和广度的贫困对象采取差异化的帮扶措施、帮扶手段和帮扶力度。要增强个体发展能力，赋权增能，提升可行能力，提高农牧民的思想文化素质，普及现代文明生活方式，引导形成现代性伦理规范。

其次，坚持扶贫开发和农村最低生活保障制度"双轮驱动"。做好建档立卡贫困户与农村低保贫困户的有效衔接。把扶贫开发作为贫困农牧民脱贫致富的主要途径，鼓励和帮助有劳动能力的扶贫对象通过自身努力摆脱贫困；把社会保障作为解决温饱问题的基本手段，逐步完善社会保障体系，从而进一步确立"扶贫促进发展、低保维持生存"的工作定位。

2. 实施绿色减贫发展，增强可持续发展稳定脱贫能力

发展不足依然是少数民族深度贫困地区要全力解决的首要问题，但是这种发展应该是更高质量、更有效率、更加公平、更可持续的发展。因此，少数民族深度贫困地区应以绿色减贫发展为理念，着力破解长期制约其发展的瓶颈问题。

绿色减贫发展，核心是构建绿色发展与减贫的相互正向反馈机制，重点是建立以生态优先为前提的绿色产业体系，以增长动力转型为手段，探索以益贫性发展为目标的包容性发展（Inclusive Development）模式。一方面，推进绿色发展，对原有经济系统进行绿色改造，以此来重塑经济结构，改变发展方式，促进可持续发展。另一方面，促进实现生态资源资产化，让贫困人口从生态建设与修复中得到更多实惠，提高贫困人口参与度和受益水平，生态脱贫一批；增加重点生态功能区转移支付，提供贫困地区生态综合补偿政策供给，推动地区间、流域间横向生态补偿制度创新，激发以内生动力为核心的绿色减贫发展。

3. 实施扶贫资源投入倍增计划，保障脱贫攻坚高位推进

少数民族深度贫困地区脱贫成本越来越高，难度越来越大，必须超常规扶持，集中优势资源，实施扶贫投入倍增计划。第一，集中政策资源，支持构建特殊政策，将扶贫政策与发展政策有效衔接，包括

金融、生态、产业、文教、卫生等支持，为其脱贫和发展提供强有力的起飞助推力。第二，集中优势技术资源，向少数民族深度贫困地区大规模投入科技物资设备，加强信息基础设施建设，派遣科技特派员，为扶贫攻坚提供技术支撑。第三，集中精英人才资源。选派各类优势人才进驻少数民族深度贫困地区，开展扶贫组织、技术指导等工作，弥补区域人才资源的不足，同时选派当地各级各类优秀人才赴高等院校、专业培训机构进行短期学习回炉再造，从内外两个方面弥补少数民族深度贫困地区扶贫人才不足的现实。第四，集中金融资源投入。放宽准入条件，支持各类金融机构在少数民族深度贫困地区发展。建立和完善少数民族深度贫困地区的金融服务网络，提高金融服务能力。整合国家扶贫贴息贷款政策、区域财政资金、创业基金、保险服务等，为区域企业和个体扶贫脱贫与发展提供金融服务与支持。

4. 阻断贫困代际传递，解决慢性贫困

贫困代际传递既是少数民族地区深度贫困的重要表征，也是深度贫困的关键影响因子。阻断贫困代际传递，无疑是少数民族地区逃离深度贫困陷阱的重要路径。

在现有扶贫政策下，要更加注重"第二代"发展式扶贫支持。扶贫政策设计要从目前主要瞄准"父辈"转变到父辈、子代通力协作的扶贫支持。孩童时期是开发一个人人力资本的最关键也是最佳时期，后天的营养状况、卫生状况、教育状况等对孩子具有终生影响。因此要加大对儿童营养改善，医疗保障和教育投入，提高人力资本发展。实施女童教育"优先"发展计划。民族地区的女性，无论是未成年女性（包括女童）还是成年女性，受传统文化、宗教等影响，其社会地位相对男性来说都较低。一个家庭的母亲对子女成长的影响比父亲对子女成长的影响更加显著。但是民族地区父辈中的母亲，因其自身知识水平有限，对孩子的家庭教育（以知识为主）明显不足，最终导致"男女不平等—母亲受教育少—子女家庭教育缺失—陷入贫困—强化男女不平等"。因此，在反贫困政策设计中，应着眼长远，从保证女童的受教育权利着手，更为重要的是提高女性的知识文化水平。实施青少年成长环境改造计划。儿童福利需求是多维的，要通盘考虑面向贫困儿童的生活照顾、教育、医疗等保护措施，建立综合性的儿童保护机制。提供对贫困家庭的青少年服务，建立一支服务于农牧社区和农牧民家庭的社工队伍。另外，继续加大建设公办幼儿园、卫生室、儿童活动场所和设施等；建立少数民族贫困地区的网络远程教育系统，让他们看到大山之外的世界，与现代文明对接。

5. 强化多元主体协同，合力高效推进脱贫攻坚

少数民族地区深度贫困对象内生动力不足，自主脱贫困难，更需要外部力量助推。要充分调动政府、市场、社会、贫困者自身的积极性，实现多元主体协同扶贫，形成贫困治理合力。政府的法定责任要求其必须协调好社会效率与公平的关系，在通过效率激发社会经济发展活力的同时，也通过分配调节彰显社会主义公平与正义，以维护社会的和谐稳定。市场讲求效率优先、优胜劣汰，这也正是其在扶贫开发中的优势所在，市场能够优化配置扶贫资源，实现扶贫投入产出的最大化。社会组织则具有政策宣传的客观优势、调查研究的独立优势、技能培训的专业优势和参与政府购买服务的组织优势。贫困者自身也是其脱贫的主体力量，只有贫困者自身拥有了摆脱贫困的主观意愿，外界施加的协助其脱贫的资源、能力和机会，才会发生作用。因此，多元主体协同的扶贫管理，即政府、市场、社会以及贫困者自身，按照分工原则，根据自身比较优势，各司其职，相互合作，相互监督，相互促进，以达成共同的目标，即贫困者脱贫。

更为重要的是，少数民族深度贫困地区自生能力的培养离不开基层组织的建设，建强党支部、村委会是少数民族深度贫困地区发展致富的坚强依靠。只有建强支部，切实加强少数民族深度贫困地区农村基层党组织建设，使其成为带领群众脱贫致富的坚强战斗堡垒，精准扶贫工作才有内在驱动力，少数民族深度贫困地区自我造血长效机制才能真正形成。

附 录

丹巴村级建制调整情况

本书中采用的村名为 2020 年之前村级建制下的名称，丹巴县人民政府于 2020 年 5 月已对部分村名进行了调整，为方便读者比较参考，现将村级建制调整情况列出如下：

一、章谷镇（原有村级建制 12 个，调减村级建制 4 个，调整后剩余村级建制 8 个）

1. 将各宗村、吉宗村合并，新村命名为各宗村，村委会驻原各宗村村委会驻地。

2. 将水子三村、大马村合并，新村命名为大马村，村委会驻原大马村村委会驻地。

3. 将纵宁村、俄满村、俄多村合并，新村命名为边古村，村委会驻原俄满村村委会驻地。

二、格宗镇（原有村级建制 12 个，调减村级建制 3 个，调整后剩余村级建制 9 个）

1. 将格宗村、马尔村合并，新村命名为格宗村，村委会驻格宗村。

2. 将林帮村、鱼日村、白玉村合并，新村命名为羊马村，村委会暂驻原白玉村村委会驻地。

3. 将王家山村、川主庙村合并，新村命名为龙坝村，村委会暂驻原川主庙村村委会驻地。

4. 新建江口新村，村委会驻江口移民安置点。

三、梭坡乡（原有村级建制 11 个，调减村级建制 3 个，调整后剩余村级建制 8 个）

1. 将八梭村、左比村合并，新村命名为左比村，村委会驻原左比村村委会驻地。

2. 将宋达村、泽公村合并，新村命名为泽公村，村委会驻原泽公村村委会驻地。

3. 将东风村、莫洛村合并，新村命名为莫洛村，村委会驻原莫洛村村委会驻地。

四、太平桥乡（原有村级建制 12 个，调减村级建制 3 个，调整后剩余村级建制 9 个）

1. 将太平桥村、大石寨村合并，新村命名为太平桥村，村委会驻原太平桥村村委会驻地。

2. 将纳布村、纳粘村合并，新村命名为纳粘村，村委会驻原纳布村村委会驻地。

3. 将一支碉村、黑风顶村合并，新村命名为黑风顶村，村委会驻原一支碉村村委会驻地。

五、半扇门镇（原有村级建制 22 个，调减村级建制 6 个，调整后剩余村级建制 16 个）

1. 将阿娘沟二村、阿娘沟三村合并，新村命名为阿娘沟二村，村委会驻原阿娘沟二村村委会驻地。

2. 将半扇门一村、半扇门二村合并，新村命名为半扇门村，村委会驻原半扇门一村村委会驻地。

3. 将火龙沟一村、火龙沟二村合并，新村命名为火龙沟二村，村委会驻原火龙沟一村村委会驻地。

4. 将火龙沟三村、火龙沟四村下组合并，新村命名为火龙沟一村，村委会驻原火龙沟三村村委会驻地。

5. 将火龙沟四村上组、大邑村合并，新村命名为大邑村，村委会驻原大邑村村委会驻地。

6. 将喇嘛寺一村、喇嘛寺二村合并，新村命名为喇嘛寺村，村委会驻原喇嘛寺一村村委会驻地。

7. 将腊月山二村、腊月山三村合并，新村命名为腊月山三村，村委会驻原腊月山二村村委会驻地。

六、墨尔多山镇（原有村级建制 22 个，调减村级建制 5 个，调整后剩余村级建制 17 个）

1. 将李龙村、折龙村合并，新村命名为岭垄村，村委会驻原李龙村村委会驻地。

2. 将岳扎坝村、八龙村合并，新村命名为岳扎坝村，村委会驻原岳扎坝村村委会驻地。

3. 将班古桥村、科尔金村、甲尔木村合并，新村命名为科尔金村，村委会驻原班古桥村村委会驻地。

4. 将前进村、各岗村合并，新村命名为前进村，村委会驻原前进村村委会驻地。

七、巴底镇（原有村级建制 22 个，调减村级建制 6 个，调整后剩余村级建制 16 个）

1. 将大坪村、小坪村合并，新村命名为二基坪村，村委会驻原小坪村村委会驻地。

2. 将色足村、协日村合并，新村命名为色足村，村委会驻原色足村村委会驻地。

3. 将邛山一村、邛山二村合并，新村命名为邛山村，村委会驻原邛山一村村委会驻地。

4. 将崃依村、水卡子村合并，新村命名为崃依村，村委会驻原崃依村村委会驻地。

5. 将齐鲁村、俄鲁村合并，新村命名为齐鲁村，村委会驻原齐鲁村村委会驻地。

6. 将尔波村、木尔约村合并，新村命名为木尔约村，村委会驻原木尔约村村委会驻地。

八、巴旺乡（原有村级建制 9 个，调减村级建制 1 个，调整后剩余村级建制 8 个）

1. 将瓦苏村、德洛村合并，新村命名为德洛村，村委会驻原德洛村村委会驻地。

2. 将莫日村 43 户 136 人、瓦苏村 22 户 60 人、德洛村 18 户 50 人合并新建为格呷村，村委会驻格呷移民安置点。

3. 将莫日村、扎科村合并，新村命名为扎科村，村委会驻原扎科村村委会驻地。

九、甲居镇（原有村级建制 15 个，调减村级建制 4 个，调整后剩余村级建制 11 个）

1. 将喀咔一村、喀咔二村、喀咔三村合并，新村命名为喀咔村，村委会驻原喀咔三村村委会驻地。

2. 将敖日村、妖枯村合并，新村命名为幺姑村，村委会驻原敖日村村委会驻地。

3. 将高顶一村、高顶二村合并，新村命名为高顶村，村委会驻原高顶二村村委会驻地。

十、东谷镇（原有村级建制 14 个，调减村级建制 4 个，调整后剩余村级建制 10 个）

1. 将拔冲村、邓巴村合并，新村命名为拔冲村，村委会驻原邓巴村村委会驻地。

2. 将东谷村、国如村合并，新村命名为东谷村，村委会驻原东谷村村委会驻地。

3. 将三卡子村、二卡子村合并，新村命名为祚雅村，村委会驻原三卡子村村委会驻地。

4. 将纳交一村、纳交二村合并，新村命名为纳交村，村委会驻原纳交一村村委会驻地。

十一、丹东镇（原有村级建制 12 个，调减村级建制 2 个，调整后剩余村级建制 10 个）

1. 将日卡村、牙科村合并，新村命名为牙科村，村委会驻原牙科村村委会驻地。

2. 将牧业村、莫斯卡村合并，新村命名为莫斯卡村，村委会驻原莫斯卡村村委会驻地。

十二、革什扎镇（原有村级建制 18 个，调减村级建制 4 个，调整后剩余村级建制 14 个）

1. 将瓦角村、瓦足村、妥皮村 12 户 39 人合并，新村命名为瓦足村，村委会驻原瓦足村村委会驻地。

2. 将妥皮村 11 户 27 人、三道桥村合并，新村命名为三道桥村，村委会驻原三道桥村村委会驻地。

3. 将西刷村、巴郎村、布科村合并，新村命名为布科村，村委会驻原布科村村委会驻地。

4. 将前进村更名为燕窝沟村，因前进村村名与丹巴县墨尔多山镇前进村重名，且燕窝沟村为前进村地标地点，为便于区分，将前进村更名为燕窝沟村。

参 考 文 献

1. 习近平：《做焦裕禄式的县委书记》，中央文献出版社 2015 年版。
2. 《习近平关于社会主义生态文明建设论述摘编》，中央文献出版社 2017 年版。
3. 丹巴县人民政府网站：《丹巴概况》，http://www.danba.gov.cn/danba/c102381/zjdg.shtml，2020 年。
4. 张跃平、徐凯：《深度贫困民族地区贫困特征及"扶志"与"扶智"的耦合机制建设——基于四川甘孜、凉山两州的调研思考》，《中南民族大学学报（人文社会科学版）》2019 年第 5 期。
5. 方玉梅：《习近平新时代中国特色社会主义经济思想的逻辑理路——基于马克思主义政治经济学的分析框架》，《社会主义研究》2018 年第 6 期。
6. 赵艳霞：《精准扶贫呼唤"精准"的人才队伍》，《人民论坛》2017 年第 1 期。
7. 李舟、周超：《对舒尔茨人力资本理论的理解与思考》，《江南论坛》2019 年第 6 期。
8. ［美］西奥多·W. 舒尔茨：《论人力资本投资》，吴珠华等译，北京经济学院出版社 1990 年版。
9. 赵曼：《西部少数民族地区人力资源开发的困境探析》，《科技信息》2010 年第 22 期。
10. 王东霞：《如何运用心理学理论提高员工的工作积极性》，《经济导刊》2011 年第 8 期。

11. 官磊:《高职教育视角下的精准扶贫探析》,《高教学刊》2019 年第 19 期。

12. 康巴卫视网:《甘孜州丹巴县甲居三姐妹:从"贫困者"到"扶贫者"的创业故事》,http://kbtv.sctv.com/xw/qxxw/201811/t20181105_3999661.html,2018 年。

13. 四川机关党建:《甘孜州丹巴县:坚持党建引领促脱贫攻坚》,http://ww.scjgdj.gov.cn/B000000118/201905/71493.html,2019 年。

14. 郑功成:《灾害经济学》,湖南人民出版社 1998 年版。

15. 何爱平:《区域灾害经济研究》,中国社会科学出版社 2006 年版。

16. 王晓毅:《绿色减贫变绿水青山为金山银山》,http://news.cyol.com/content/2017-06/05/content_ 16152445,2017 年 6 月。

17. 甘孜州国土资源局:《防范严密 预警及时——丹巴县 2014"8·9"泥石流成功避险的启示》,《甘孜日报》2015 年 5 月 28 日。

18. 万健琳:《习近平生态治理思想:理论特质、价值指向与形态实质》,《中南财经政法大学学报》2018 年第 5 期。

19. 罗教卫:《丹巴县生态扶贫见成效》,《甘孜日报》2018 年 8 月 15 日。

20. 秦杨:《发展乡村生态旅游促进精准扶贫》,《人民论坛》2019 年第 3 期。

21. 袁飞、陈斌:《丹巴:用美丽战胜贫困》,《甘孜日报》2016 年 10 月 25 日。

22. 四川新闻网:《丹巴县腊月山三村的脱贫巨变》,http://local.newssc.org/system/20170406/002150429.htm,2017 年 4 月。

23. 贺敬平:《学深悟透做实习近平扶贫论述 精准施策打好万宁脱贫攻坚战》,《海南日报》2019 年 10 月 22 日。

24. 中华人民共和国中央人民政府网站:《图解:国务院关于印发"十三五"脱贫攻坚规划的通知》,http://www.gov.cn/xinwen/2016-12/02/content_ 5142360.htm,2016 年 12 月。

25. 何得桂、徐榕:《贫困治理中激发贫困群众内生动力的有效路径研究——以陕西省扶贫扶志实践为例》,《地方治理研究》2019 年第 4 期。

26．李俊杰、吴宜财：《民族地区产业扶贫的经验教训及发展对策》，《中南民族大学学报（人文社会科学版）》2019年第5期。

27．牛胜强：《乡村振兴背景下深度贫困地区产业扶贫困境及发展思路》，《理论月刊》2019年第10期。

28．梁倩：《深度贫困地区金融精准扶贫困境及政策建议探析》，《农村经济与科技》2019年第18期。

29．郭纹廷：《西部少数民族地区脱贫攻坚的困境及对策研究》，《天津师范大学学报（社会科学版）》2019年第5期。

30．巧巧：《乡村振兴背景下少数民族地区人才问题探析——以科尔沁右翼前旗义和塔拉嘎查为例》，《法制与社会》2019年第27期。

31．肖怡然、李治兵、董法尧：《乡村振兴背景下民族地区农村剩余劳动力就业问题研究》，《农业经济》2019年第9期。

32．魏丽华：《培育新型战略性城市增长极亟需破解的难题》，《长白学刊》2011年第3期。

33．王素艳：《少数民族地区产业精准扶贫研究》，《内蒙古财经大学学报》2019年第5期。

34．李树生、李海娟：《我国人口结构对居民家庭消费的影响研究》，《价格理论与实践》2019年第6期。

35．朱泓嘉：《人口年龄结构对消费的影响》，《合作经济与科技》2019年第22期。

36．周建军、曹文凯、梁丽利：《人口老龄化对我国住房消费的影响分析》，《湖南大学学报（社会科学版）》2019年第33期。

37．王立艳：《"二孩"政策对山东省居民消费的影响》，《中国集体经济》2019年第29期。

38．张令娟：《劳动力流动对农村居民消费结构的影响：基于微观数据的分析》，《商业经济研究》2019年第18期。

39．施乐、杨丽娟、刘建英、卢一文：《民族地区科技扶贫现实困境与路径选择》，《合作经济与科技》2019年第9期。

40．李贵利、唐平等：《科技"精准快"扶贫模式——福田农业成果转化模式》，《中国热带农业》2015年第5期。

41．庄天慧、刘洪秀、张海霞：《新阶段西南民族地区农户扶贫需求实证研究——基于1739户农户的调查》，《农业经济问题》2011年第32期。

42．殷锐、罗小锋、李容容、黄炎忠：《信息化背景下农民为何青睐农技员到田间地头开展农技推广？》，《农业现代化研究》2018年第4期。

43．谭上勇等：《试析农业基础设施供给不足的根源与破解方法》，《南方农业》2019年第9期。

44．梁世夫、郑海霞：《集中连片特困地区扶贫产业发展的规模特征及其经济效率评价——以武陵山片区恩施自治州为例》，《中国农业资源与区划》2020年第2期。

45．张华：《促进产业扶贫持续健康发展》，《通辽日报》2019年11月2日。

46．丹巴县农牧和科技局：《关于丹巴县特色农牧产业"十三五"规划建议》，2015年。

47．庄天慧、孙锦杨、杨浩：《精准脱贫与乡村振兴的内在逻辑及有机衔接路径研究》，《西南民族大学学报（人文社科版）》2018年第12期。

48．甲美：《丹巴县激发村民感恩意识》，《甘孜日报》2019年3月4日。

49．陈建兵：《甘孜州宣传思想文化工作注重打通"最后一公里"藏区群众乐享"文化大餐"》，《甘孜日报》2014年2月12日。

50．人民网：《直击四川深山里"开学第一课" 丹巴孩子同步听成都老师授课》，https://baijiahao.baidu.com/s?id=16436162937135119 01&wfr=spider&for=pc，2019年9月。

51．中央广电总台国际在线：《甘孜州丹巴县：教育扶贫发力于当下着力于未来》，http://sc.cri.cn/20190220/2121c248-c821-3b04-7bd4-7b41c69dea89.html，2019年2月。

52．成华区援丹工作队：《2012—2018年成华区对口帮扶丹巴县经济社会发展工作情况汇报》，2019年。

53．成华区援丹工作队：《关于成华区对口援藏资金规范管理和项目高效推进工作经验的报告》，2019年。

54．张军：《乡村价值定位与乡村振兴》，《中国农村经济》2018年第1期。

55．中央广电总台国际在线：《甘孜州丹巴县：乡村振兴擦亮"中国最美乡村"金字招牌》，http://sc.cri.cn/2019-03-21/7952786f-cc1c-cb07-d71b-dba1d bcab1ad.html？from=singlemessage&isappinstalled=0，2019年3月。

56. 四川新闻网：《"立体种养"成就农民不凡事业　做大农业产业》，http://gz.newssc.org/system/20180709/002459834.html，2018年7月。

57. 四川新闻网：《甘孜山地旅游文化节开幕，在丹巴感受一场特别盛宴》，https://baijiahao.baidu.com/s？id=1634200645293932969&wfr=spider&for=pc，2019年5月。

后　记

脱贫攻坚是实现我们党第一个百年奋斗目标的标志性指标，是全面建成小康社会必须完成的硬任务。党的十八大以来，以习近平同志为核心的党中央把脱贫攻坚纳入"五位一体"总体布局和"四个全面"战略布局，摆到治国理政的突出位置，采取一系列具有原创性、独特性的重大举措，组织实施了人类历史上规模空前、力度最大、惠及人口最多的脱贫攻坚战。经过8年持续奋斗，现行标准下9899万农村贫困人口全部脱贫，832个贫困县全部摘帽，12.8万个贫困村全部出列，区域性整体贫困得到解决，完成了消除绝对贫困的艰巨任务，脱贫攻坚目标任务如期完成，困扰中华民族几千年的绝对贫困问题得到历史性解决，取得了令全世界刮目相看的重大胜利。

根据国务院扶贫办的安排，全国扶贫宣传教育中心从中西部22个省（区、市）和新疆生产建设兵团中选择河北省魏县、山西省岢岚县、内蒙古自治区科尔沁左翼后旗、吉林省镇赉县、黑龙江省望奎县、安徽省泗县、江西省石城县、河南省光山县、湖北省丹江口市、湖南省宜章县、广西壮族自治区百色市田阳区、海南省保亭县、重庆市石柱县、四川省仪陇县、四川省丹巴县、贵州省赤水市、贵州省黔西县、云南省西盟佤族自治县、云南省双江拉祜族佤族布朗族傣族自治县、西藏自治区朗县、陕西省镇安县、甘肃省成县、甘肃省平凉市崆峒区、青海省西宁市湟中区、青海省互助土族自治县、宁夏回族自治区隆德县、新疆维吾尔自治区尼勒克县、新疆维吾尔自治区泽普县、新疆生产建设兵团图木舒克市等29个县（市、区、旗），组织中国农业大学、华中科技大学、华中师范大学等高校开展贫困县脱贫摘帽研究，旨在深入总结习近平总书记关于扶贫工作的重要论述在贫困县的实践创新，全面评估脱贫攻坚对县域发展与县域治理产生的综合效应，为巩固拓展脱贫攻坚成果同乡村振兴有效衔接提供决策参考，具有重大的理论和实践意义。

脱贫摘帽不是终点，而是新生活、新奋斗的起点。脱贫攻坚目标任务完成后，"三农"工作重心实现向全面推进乡村振兴的历史性转移。我们要高举习近平新时代中国特色社会主义思想伟大旗帜，紧密团结在以习近平同志为核心的党中央周围，开拓创新，奋发进取，真抓实干，巩固拓展脱贫攻坚成果，全面推进乡村振兴，以优异成绩迎接党的二十大胜利召开。

由于时间仓促，加之编写水平有限，本书难免有不少疏漏之处，敬请广大读者批评指正！

本书编写组

责任编辑：李媛媛
封面设计：姚　菲
版式设计：王欢欢
责任校对：王春然

图书在版编目（CIP）数据

丹巴：高山峡谷里的脱贫致富曲/全国扶贫宣传教育中心 组织编写. —北京：人民出版社，2022.10
（新时代中国县域脱贫攻坚案例研究丛书）
ISBN 978-7-01-025226-1

Ⅰ.①丹…　Ⅱ.①全…　Ⅲ.①扶贫-案例-丹巴县　Ⅳ.①F127.714

中国版本图书馆 CIP 数据核字（2022）第 197691 号

丹巴：高山峡谷里的脱贫致富曲
DANBA GAOSHAN XIAGU LI DE TUOPIN ZHIFU QU

全国扶贫宣传教育中心　组织编写

人民出版社 出版发行
（100706　北京市东城区隆福寺街99号）

北京盛通印刷股份有限公司印刷　新华书店经销

2022年10月第1版　2022年10月北京第1次印刷
开本：787毫米×1092毫米 1/16　印张：16.25
字数：218千字

ISBN 978-7-01-025226-1　定价：49.00元

邮购地址 100706　北京市东城区隆福寺街99号
人民东方图书销售中心　电话（010）65250042　65289539

版权所有·侵权必究
凡购买本社图书，如有印制质量问题，我社负责调换。
服务电话：（010）65250042